PSICANÁLISE DE CASAL E FAMÍLIA

Blucher

Comisión de Psicoanálisis de Familia y Pareja CPFP - FEPAL

Comissão de Psicanálise de Casal e Família CPCF - FEPAL

PSICANÁLISE DE CASAL E FAMÍLIA

Reflexões latino-americanas

Organizadoras

Adriana Navarrete Bianchi

Paulina Zukerman

Psicanálise de casal e família: reflexões latino-americanas

SÉRIE FEPAL: PSICANÁLISE LATINO-AMERICANA
COORDENADORA CIENTÍFICA MARINA MASSI

Publisher Edgard Blücher
Editor Eduardo Blücher
Coordenação editorial Rafael Fulanetti
Coordenação de produção Andressa Lira
Produção editorial Departamento de produção
Preparação e revisão de texto Samira Panini
Diagramação Departamento de produção
Capa Laércio Flenic
Colaboração Leo Mangiavacchi (designer – Fepal)
Imagem da capa iStockphoto

Blucher

Rua Pedroso Alvarenga, 1245, 4º andar
04531-934 – São Paulo – SP – Brasil
Tel.: 55 11 3078-5366
contato@blucher.com.br
www.blucher.com.br

Segundo o Novo Acordo Ortográfico, conforme 6. ed. do *Vocabulário Ortográfico da Língua Portuguesa*, Academia Brasileira de Letras, julho de 2021.

Dados Internacionais de Catalogação na Publicação (CIP)
Angélica Ilacqua CRB-8/7057

Psicanálise de casal e família : reflexões latino-americanas / organizado por Adriana Navarrete Bianchi, Paulina Zukerman. - São Paulo : Blucher, 2024.
326 p. (Série Fepal / coordenadora Marina Massi)

Vários autores
Bibliografia
ISBN 978-85-212-2263-7

1. Psicanálise 2. Casais – Psicanálise 3. Família - Psicanálise I. Bianchi, Adriana Navarrete II. Zukerman, Paulina III. Massi, Marina IV. Federação Psicanalítica da América Latina V. Serie

24-4080 CDD 150.195

Índice para catálogo sistemático:
1. Psicanálise

Sobre a série

O projeto da Série Fepal é fruto de dois anos de trabalho como Coordenadora Científica da Fepal, durante a gestão 2022-2024, presidida por Wania Maria Coelho Ferreira Cidade.

A integração dos colegas e a produção latino-americana foram alguns dos marcos norteadores das atividades da equipe da Coordenação Científica. São pontos de encontro no *trabalho coletivo* que potencializa e abre horizontes para uma produção viva e criativa, capaz de enriquecer teoricamente, tecnicamente e clinicamente a Psicanálise.

No programa inicial da Coordenação Científica da Fepal (2022-2024), um dos objetivos principais era a função articuladora e agregadora entre as diversas áreas da Fepal, promovendo um diálogo permanente entre seus membros e entre os diversos projetos que vinham sendo realizados e os que se iniciaram em nossa gestão.

O objetivo era de integração, respeitando a criatividade, a diversidade e a autonomia, no âmbito interno das comissões de trabalho vinculadas com a Coordenação Científica: Comissão de Formação e Transmissão da Psicanálise, Comissão de Investigação, Comissão de

Casal e Família, Comissão de *Working Parties* e o Grupo de Estudos de Psicossomática.

Desse modo a Série Fepal nasce, para além das comissões da Coordenação Científica, da integração e da parceria com outras diretorias, e pretende ser um veículo de expressão e difusão dos trabalhos produzidos no âmbito da instituição Fepal.

Os cinco livros que dão início à Série Fepal vêm completos de história de trabalho e dedicação de muitos colegas psicanalistas implicados com uma compreensão mais profunda sobre as questões de desamparo, étnicas, sociais, de gênero e ambientais de nosso continente.

Compartilhamos da necessidade de, como psicanalistas, conhecer o mundo ao qual pertencemos para que possamos, de forma mais encarnada, colaborar com nossos pacientes, com os casais e famílias, com o trabalho em instituições, comunidades, grupos, e desenvolver a escuta analítica que é o nosso ofício e arte.

Meus profundos agradecimentos para todos que tornaram viável a realização deste projeto editorial.

Marina Massi

Coordenadora científica da Série Fepal

Agradecimento

Agradecemos a todos que, de alguma forma, somaram esforços para que conseguíssemos navegar pelos *espaços Entre* de forma consistente e entusiasmada e, em especial, a Ana Velia Vélez de Sánchez Osella, Mariana Navarrete Bianchi e Nilton Cesar Bianchi, que nos deram uma preciosa colaboração na tradução deste livro.

Conteúdo

Prefácio

Adriana Navarrete Bianchi

Desde a década de 1970, o mundo ocidental vem entrando progressivamente em um processo de transformações cada vez mais rápidas e radicais, tanto nas estruturas sociopolíticas e culturais, quanto nos padrões e nas normas tradicionais de convivência entre os sujeitos. Com isso, experimentam-se mudanças impactantes na subjetividade individual e grupal. Esse novo contexto é tão mobilizador que, para lidar com ele, foram criados conceitos antes inimagináveis, como o de liquidez. O amor e a modernidade passaram a ser descritos como líquidos por Bauman, e as organizações, como fluidas, segundo Lewkowicz, uma vez que tudo, dos relacionamentos às instituições, estaria imerso em um ambiente instável.

Apesar de, em meados do século XX, analistas renomados como Wilfred Bion e Pichón Rivière, entre outros, terem se dedicado à investigação de fenômenos grupais, foi a partir das décadas de 1960 e 1970 que houve um aumento significativo nas contribuições para pensar o trabalho psicanalítico com mais de um sujeito em sala de análise.

Em abril de 2006, após um longo percurso – no qual inúmeros autores latino-americanos começaram a produzir trabalhos dedicados a pensar essa nova área que é a Psicanálise de Casal e Família, como resposta à necessidade de lidar com os novos conflitos e desafios do sujeito contemporâneo –, Janine Puget, Isidoro Berenstein e Sonia Kleiman obtiveram a aprovação da maioria das Sociedades que compõem a Federação Psicanalítica da América Latina (Fepal) para criar a Comissão de Psicanálise de Casal e Família dessa instituição.

Como porta-vozes de toda uma produção de psicanalistas latino-americanos, alcançaram uma conquista muito importante ao ganharem reconhecimento institucional nessa área do pensamento e da prática psicanalítica, que era considerada extramuros. Essa conquista é ainda mais emblemática quando se constata que foi na Fepal onde, pela primeira vez no mundo, se criou formalmente uma Comissão que representava a Psicanálise de Casal e Família, o que é revelador da potência e da fertilidade do pensamento psicanalítico em nosso meio, e dessa condição devemos nos orgulhar.

Talvez a América Latina, por ser uma terra de encruzilhadas culturais de diferentes povos e migrantes, seja mais permeável à ousadia... De qualquer forma, é uma fonte de ideias originais, especialmente nessa área, capaz de oferecer novas visões e perspectivas, acostumada como está às expressões às vezes dramáticas de nossa realidade em constante transformação.

Como a Psicanálise de Casal e Família é uma área ainda pouco difundida no universo psicanalítico, já que a grande maioria dos institutos de Psicanálise de nosso continente não têm formação nessa área, nossa presença é pouco visível. Ainda que tenhamos um lugar um pouco isolado na Psicanálise, um estado instável de dentro/fora, podemos, porém, considerar que isso tem suas vantagens, pois a partir daí existe a possibilidade de abrir espaços para pensar o novo e o diferente, questionar certezas, criar e aprofundar conceitos, o que possibilita trazer um enriquecimento teórico à comunidade psicanalítica.

Diante deste desafio de expandir fronteiras, cada coordenador e cada um dos membros que já compuseram essa Comissão se esforçaram para consolidar e "contagiar" outros psicanalistas com suas diferentes perspectivas teóricas e formas de pensar a clínica, o que abre inéditas possibilidades para o trabalho psicanalítico.

Atualmente, encontramos o desafio de lidar com pensamentos que navegam por um maniqueísmo do tipo "Nada mudou" ou "Tudo mudou", referentes à essência da natureza humana ou às necessidades, valores e lógicas de hoje em comparação às de gerações anteriores e culturas diferentes, ou à importância da transmissão de experiências passadas, etc. Entre esses dois polos, entendemos que há um espaço rico a ser explorado, um ENTRE. Cada uma dessas afirmações categóricas pode corresponder à constatação de uma realidade específica; mas, separadamente, elas certamente não abrangem toda a complexidade das múltiplas realidades existentes. Se ousarmos caminhar no ENTRE, esse "centro" vazio, esse espaço entre dois, sempre oscilante, certamente teremos mal-entendidos, sempre possíveis, mas também surpresas inusitadas.

No espírito de abrir espaço para a complexidade e para a diversidade, desde agosto de 2021, junto com os colegas da atual Comissão, trabalhamos, em cada reunião, em cada encontro ou evento realizado, para criar espaços ENTRE nos quais possamos pensar sobre o novo e o atual, respeitando tanto a tradição psicanalítica, quanto as diferentes escolas teóricas dentro da própria Psicanálise de Casal e Família.

Criamos então *espaços Entre as ciências, espaços Entre as sociedades, espaços Entre os membros da Fepal, espaços Entre os coordenadores e representantes e espaços Entre as comissões*, nos quais cada uma deles contribuiu com um aspecto diferente: a *divulgação* da abordagem da Psicanálise de Casal e Família; a *informação* teórica e clínica a todas as Sociedades da Fepal interessadas em se aprofundar e aprender sobre essa área; o *intercâmbio* entre as diferentes federadas como forma de integrá-las e possibilitar o conhecimento de aspectos da realidade de cada uma delas; e a promoção do *fortalecimento* da Psicanálise de Casal e Família por meio da cooperação com outras comissões, associações e instituições que trabalham com a Psicanálise neste âmbito.

Como resultado do diálogo produzido em cada espaço ENTRE, reunimos neste livro 24 artigos de autores oriundos de todas as regiões da América Latina. A maioria dos textos é proveniente de atividades realizadas pela Comissão – alguns são trabalhos apresentados em eventos realizados na América Latina em outras instituições ou em congressos. Entendemos que, com isso, seguimos o caminho aberto por nossos pioneiros fundadores ao continuar dando voz aos analistas de todas as regiões latino-americanas em seu pensar e fazer na área de Psicanálise de Casal e Família.

Os temas dos trabalhos transitam entre o teórico e o clínico, o histórico, o artístico, o filosófico e o reflexivo, por meio dos quais há a oportunidade de se pensar o amor e os amores, o íntimo e o público, a trajetória da família, a violência, os mal-entendidos, a transgeracionalidade, o suicídio, as relações passionais, a contemporaneidade e seus desafios, entre outras coisas. Dessa forma, esperamos haver conseguido registrar neste livro algumas das expressões do pensamento contemporâneo latino-americano, possibilitando um espaço para "escutar" a diversidade e a diferença, sem tentar agrupar os trabalhos de forma harmoniosa por temas ou abordagens teóricas, mas apenas pelo seu espaço de origem e interesse em pensar essa área. É significativo que este livro seja publicado nos dois idiomas oficiais da Fepal, o espanhol e o português, pois oferece, assim, a possibilidade de circulação de pontos de vista e conhecimentos entre todas as regiões da América Latina e até mesmo além de suas fronteiras.

Encontro ENTRE – História e Psicanálise

Famílias: passado e presente

1. Uma visão histórica[1]

Mariana Cantarelli

I

Não há dúvida de que somos contemporâneos de uma série de transformações na *subjetividade*. Seguindo o cânone contemporâneo, deveríamos dizer *subjetividades*. Para além do uso do singular ou do plural, a evidência se nos impõe. Há novas *subjetividades*. No consultório e no hospital, mas também na escola e na universidade, embora a lista pudesse incluir todas as instituições, encontramos novas *subjetividades*. Ou seja, com novas formas socialmente disponíveis de pensar, sentir e agir. De nos configurarmos e ligarmos socialmente, de estarmos no mundo.

Desse modo, pensamos, *as novas subjetividades* significam, antes de qualquer coisa, um campo de problemas teóricos atualmente abordados pelas disciplinas humanas e sociais. As problematizações da especificidade dos vínculos em geral e dos vínculos do casal e da família em particular, em tempos de fluidez (por contraposição à solidez dos vínculos modernos), fazem parte das interrogações deste campo e constituem um aporte fundamental de pensamento.

1 Apresentado no 1º Encontro ENTRE História e Psicanálise – Famílias: passado e presente. Encontro on-line da Comissão de Psicanálise de Casal e Família – Federação Psicanalítica da América Latina (CPCF – Fepal) dia 28 de maio de 2022.

Sobretudo aqueles pensamentos que não desprezam, mas não celebram as novas subjetividades, procurando antes dar conta das operações postas em jogo em cada caso.

No entanto, novas *subjetividades* também designam algo mais. Poderíamos dizer uma espécie de mal-estar. A pergunta sobre as novas *subjetividades* não se esgota em uma interrogação sobre sua especificidade (o que muda, o que permanece, o que se transforma) em torno das famílias, dos casais, dos sujeitos contemporâneos. Essa é apenas uma face da moeda. A outra face poderia ser formulada da seguinte forma: o que fazer (o que fazemos) perante e com estes novos sujeitos que põem em causa os nossos saberes profissionais, clínicos, teóricos e institucionais, todos eles constituídos em tempos mais sólidos do que os atuais. Em outras palavras, diante dessas mudanças subjetivas e sociais, como intervir e com quais ferramentas, quais de nossos saberes nos permitirão dar conta dessas novas formas de subjetividade, de vinculação e de sofrimento.

As perguntas sobre o estatuto das mutações das subjetividades e como se situa o nosso saber face a essas mutações atravessam os ofícios, as profissões e as disciplinas que trabalham com os sujeitos, como destaca o sociólogo François Dubet em *O declínio da instituição* (Dubet, 2022). Por isso mesmo, essas questões são inevitáveis na medida em que as condições sociais de produção das subjetividades e dos sofrimentos (mas também dos nossos ofícios, profissões e disciplinas) estão em processo de mutação.

Se pensarmos historicamente, a psicologia moderna e a psicanálise nascem como uma reflexão sobre um sujeito particular: o sujeito cartesiano e moderno constituído pelas instituições disciplinares em geral e pela família nuclear em particular. Não se trata de um sujeito qualquer. Nem de qualquer configuração familiar, mas de uma específica que produz um tipo de sofrimento associado às suas marcas subjetivas e sociais. Assim, quando nos questionamos sobre a mudança de condições, estamos a questionar-nos sobre estas variações:

qual é a especificidade das novas subjetividades? O que há de novo? O que há de velho? Que tipos de sofrimento estão a emergir em torno de sujeitos que vivem numa era mais fluida do que sólida? De que falamos quando falamos de ligações fluidas? Mas também como é que o nosso conhecimento se transforma à luz dessas novas subjetividades?

Levando em conta esse contexto de transformações, qual poderia ser a contribuição de uma reflexão histórica sobre esse tema? Nesse território de mutações, com que recursos poderia contribuir uma História da subjetividade enquanto discurso centrado na investigação dos modos de pensar, sentir e agir socialmente construídos?

De acordo com o historiador Ignacio Lewkowicz, o objeto de estudo do discurso histórico em geral (e da história da subjetividade em particular) não é o passado, mas a mudança social. Deste modo, o passado funciona como um campo de treino epistemológico, se me permitem a metáfora esportiva, para a construção de ferramentas conceptuais ao serviço da investigação das mudanças atuais no plano da subjetividade da família e do casal.

Neste encontro, não pretendo ensaiar uma resposta exaustiva e abrangente a estas questões de enorme dimensão. Interessa-me, antes, discutir alguns tópicos deste processo de transformação das subjetividades familiares e conjugais que, suspeito, poderão contribuir para refletir e, com sorte, habitar os tempos que vivemos. Comecemos então.

II

Em primeiro lugar, interessa-me analisar a crise do patriarcado como um marco epocal. Para além das modalidades que este processo adquire em cada sociedade (pois existem diferenças entre a América Latina e a Europa, entre países e regiões da América Latina, entre sociedades urbanas e rurais, entre classes sociais de um mesmo país), a tendência é clara. O patriarcado já não é o que era. E isso significa, entre outras coisas, que essa máquina de produção de subjetividade já não tem a capacidade de produzir, à escala anterior, modelos, representações e práticas sobre a família e o casal.

No entanto, antes de passarmos à caraterização desse processo, vale a pena esclarecer pelo menos duas questões. Quando falamos de patriarcado, estamos falando de uma lógica social, cultural, política e econômica que se caracteriza, entre outras coisas, pela dominação dos homens sobre as mulheres e seus filhos, e que se reproduz através de várias instituições. Entre outras, a família. No entanto, para que isso seja possível, a intervenção do patriarcado não se limita à esfera doméstica, mas vai para além dela. Para que o patriarcado exista, é necessário muito mais do que famílias patriarcais. É necessária uma sociedade patriarcal.

Em segundo lugar, quais são as causas dessa crise? Segundo o sociólogo Manuel Castells, no volume II de *La sociedad de la información. O poder da identidade*, a crise do patriarcado está ligada a quatro fatores:

1. A transformação da economia e do mercado de trabalho em estreita associação com o acesso das mulheres ao ensino superior e universitário. Como sabemos, a entrada das mulheres no mercado de trabalho traduz-se em poder econômico para as mulheres, mas também na possibilidade de entrarem na esfera pública sem a tutela masculina.
2. A evolução tecnológica da biologia, da farmacologia e da medicina permite controlar cada vez mais a gravidez. A maternidade deixou de ser um destino inevitável, pelo menos para as mulheres de determinados sectores socioculturais.
3. A conversão do feminismo, especialmente a partir da III e IV ondas, num ator que intervém na cena política e questiona publicamente o patriarcado e o seu modo de vida. Não há dúvida de que o questionamento público do patriarcado tem um impacto na esfera doméstica por intermédio de discussões entre homens e

mulheres, mas também entre gerações sobre as formas de habitar o espaço privado. O slogan dos feminismos – "O pessoal é político" – inclui novas esferas de desconstrução.

4. A divulgação de modelos alternativos de casal e família, no mundo hiper conectado e global de hoje, constitui uma forma de desconstrução do cânone heteronormativo. As redes sociais oferecem-nos narrativas sobre famílias e casais alternativos. Basta olhar para o nosso Facebook ou Instagram para observar traços da cena pós-patriarcal.

A coincidência desses fatores corrói o patriarcado como lógica social. E, com ele, as instituições modernas da família e do casal. Detenhamo-nos agora nas origens destas instituições e reflitamos depois sobre alguns aspectos das suas transformações atuais.

III

A família, como é teorizada pela psicologia e pela psicanálise, é uma construção moderna que nasceu no contexto do processo de migração do campo para a cidade e com a Revolução Industrial.

No mundo pré-moderno, apesar das suas múltiplas diferenças, a família é uma comunidade estendida que reúne parentes de diferentes gerações na mesma casa e na mesma terra. A família moderna, pelo contrário, é uma configuração nuclear. Nesse movimento do campo para a cidade e por razões heterogéneas, a família reduz o número dos seus membros. Dessa forma, e como tendência geral, deixa de ser uma comunidade estendida para se tornar uma família tipo.

No entanto, essa variação não é exclusivamente quantitativa, mas intensamente qualitativa. Implica, antes, uma *revolução afetiva* no campo das subjetividades. A comunidade tradicional é um dispositivo de reprodução e de transmissão do patrimônio. Em suma, a linhagem é mais importante do que a reunião à volta da mesa. Por essa mesma razão, a família pré-moderna é mais uma unidade produtiva e reprodutiva do que uma unidade emocional ou afetiva.

Pelo contrário, a família moderna é uma unidade fundamentalmente emocional que se constitui contra a comunidade, a linhagem e a tradição. A família moderna enfraquece os laços com o mundo exterior e reforça os vínculos internos. Ela nasce desta operação de distanciamento e, com ela, da própria noção de intimidade. Há um interior e um exterior para a família moderna. Além disso, há especialistas no interior reprodutivo (as mulheres) e no exterior produtivo (os homens).

No entanto, a centralidade que a afetividade adquire na família moderna pode ser lida em vários vínculos. E aqui interessa-me destacar dois. Por um lado, no vínculo do casal; por outro, no vínculo paterno-filial. E, especialmente, no vínculo materno-filial.

Como salientou a historiadora Stepahnie Coontz em *História do Casamento. Como o amor conquistou o casamento* (Coontz, 2006), o amor romântico é também uma construção moderna. Se definirmos um casal como uma relação afetivo-sexual resultante da decisão livre de duas pessoas de partilharem um projeto de vida, não há dúvida de que se trata de uma construção recente. Nas sociedades pré-modernas, as mulheres não decidem sobre esse assunto. Mas os homens também não. Na medida em que o casamento é um dispositivo a serviço da reprodução patrimonial, esta aliança é mais uma união entre famílias do que entre indivíduos. Por essa razão, os critérios de seleção dos parceiros não são afetivos, eróticos, estéticos etc. Também não cabe aos futuros cônjuges decidirem. Como dizia Aristóteles, o casamento é demasiado sério para ser governado por um sentimento como o amor.

Nesse sentido, a modernidade não é muito aristotélica. Para o homem e a mulher modernos, o amor romântico e o casal são o território do eu, e os critérios de seleção do parceiro são afetivos, eróticos, estéticos etc. Invertendo essa fórmula, o casamento moderno é mais uma união entre pessoas (homem e mulher, evidentemente) do que entre famílias. Essa inversão introduz, convém sublinhar, uma mudança radical na história do matrimônio: a partir de agora, ele torna-se instável.

Mas a revolução afetiva moderna não se limita ao amor romântico. A nova afetividade perpassa tudo, incluindo os vínculos paterno-filiais e, especialmente, materno-filiais. Para além da especificidade que essa relação adquire em cada situação histórica, é inegável que a dimensão afetiva está sempre presente. Talvez como um produto da relação biológica. No entanto, como investigou o historiador Philippe Aries em *A criança e a vida familiar no Antigo Regime* (Aries, 1986), a modernidade construiu uma nova sensibilidade social sobre a infância por meio de vários dispositivos (escola, pediatria, literatura infantil, psicanálise infantil etc.) que entenderam esta fase da vida como uma etapa diferencial e decisiva na história de um sujeito.

Contudo, nesse novo esquema, a mãe será fundamental. A função materna, enquadrada na intimidade do lar, deixará de ser um empreendimento coletivo da comunidade estendida e passará a ser um território (quase em solitário) da mãe. Com a família moderna, nasceu a possibilidade de uma intimidade sem precedentes entre mãe e filho.

IV

Sigmund Freud teorizou sobre essas subjetividades familiares e de casal. No entanto, o nosso mundo vincular parece distanciar-se dessas formas. Para enfatizar a intensidade dessas mudanças, o sociólogo Zygmunt Bauman, usou uma metáfora bem conhecida e muito citada para descrever a especificidade dos vínculos contemporâneos: a liquidez (Bauman, 2003). O sociólogo, que retoma o espírito da arquetípica frase marxista: "Tudo o que é sólido esvai-se no ar", *do Manifesto Comunista*, recorda-nos que os nossos pés já não estão assentes em terreno firme, porque as referências são escassas e os vínculos já não estão destinados a durar.

Para atenuar o choque provocado pelo fato de se pisar um terreno volátil, poderíamos pensar que a Modernidade também fez o seu trabalho de demolição de crenças, tradições e deuses. Mas também é necessário acrescentar que essa tarefa de demolição foi a primeira parte de um jogo de duas fases. Demolição e construção. Substituição de referências religiosas e tradicionais por referências laicas. Mas o conceito proposto por Bauman convida-nos a refletir sobre um cenário diferente: esta Modernidade é líquida. As referências estão se dissolvendo e, no entanto, não parecem surgir novas.

Porém, para avançarmos nessa descrição, voltemos às noções de casal e de família. De acordo com uma antiga definição antropológica, a família é estruturada com base numa aliança vitalícia entre duas pessoas (uma mulher e um homem) casadas em primeiras núpcias e que produzem descendência por intermédio de relações sexuais. Essa aliança baseia-se, continua a definição, na proibição do incesto.

Quando revemos essa definição, que não tem mais de 80 anos, torna-se evidente a distância conceptual em relação às configurações atuais da família e do casal. Em primeiro lugar, porque atualmente uma família não resulta necessariamente de uma união de fato. As famílias monoparentais recordam-nos essa possibilidade. Mesmo que a união adquirisse o estatuto de casamento, ninguém assumiria a sua condição vitalícia, para além dos juramentos de ocasião. O aumento dos divórcios e das separações reflete essa tendência. Do mesmo modo, o casamento legal já não é sinônimo de heterossexualidade, pelo menos na maior parte do mundo. Além disso, as alterações tecnológicas no domínio da biologia, da farmacologia e da medicina, de que já falamos, fazem com que a descendência não resulte necessariamente de uma relação sexual entre um homem e uma mulher. Não há dúvida de que o panorama está mudando.

Mas essas mudanças no estatuto dos vínculos (de sólidos a fluidos) não implicam apenas uma mudança na definição da noção de casal, mas de qualquer relação afetivo-sexual, por mais estável que seja. Consideremos, por exemplo, o seguinte: se a instituição moderna do casal nasce do afastamento das escolhas românticas individuais do tecido social, a instabilidade é inevitável; nas sociedades atuais, estes vínculos tornam-se ainda mais instáveis. Em primeiro lugar, porque se consolidaram os processos de desritualização que o amor romântico sofreu durante o século XX. Pense-se, por exemplo, no desaparecimento de rituais como o pedido de casamento ou a cerimônia pública de noivado. Por outro lado, porque a desritualização dos vínculos afetivo-sexuais é contemporânea de um outro processo: a expansão do uso de aplicativos de namoro como espaço de socialização afetivo-sexual sob critérios fundamentalmente de consumo. Abre-se, então, para os sujeitos, um intercâmbio sem limites ou restrições. Surge, inevitavelmente, a pergunta: que consequências subjetivas terá tal situação?

Uma última observação sobre a instituição moderna do casal. Como já assinalámos anteriormente, a própria noção de casal é uma construção recente e moderna. A sua novidade reside, como já dissemos, na substituição de critérios de seleção familiares e de linhagem por critérios individuais e afetivos. Nessa mudança, o casal ganha volume e se torna uma instituição total. O casal moderno se torna o mundo, o mundo é pensado a partir desse dispositivo vincular. No entanto, a fluidez do nosso tempo leva-nos a questionar a possibilidade ou a viabilidade do casal como instituição total. E não estou pensando apenas na crise da monogamia em particular. Questiono antes as experiências subjetivas, talvez dos mais jovens, em que o vínculo do casal é apenas mais um vínculo e não o organizador da existência.

V

Até aqui discutimos sobre as transformações nas configurações familiares e de casal no contexto da crise do patriarcado. Mas gostaria de me debruçar sobre um último tema ligado às subjetividades contemporâneas.

No contexto dos processos de transformação social, política, cultural, tecnológica e econômica, as sociedades modernas foram forjadas com base numa clara distinção entre os espaços público e privado, desempenhando este último um papel central como ninho da subjetividade. Neste espaço de intimidade, constituiu-se uma subjetividade que – pela primeira vez na história da humanidade – foi pensada como um indivíduo. Ou seja, na primeira pessoa do singular. Sobre a história desse "eu" como interioridade no campo da subjetividade, há muito a historicizar. A história dessa percepção subjetiva é longa e complexa. E não temos tempo para a rever aqui. No entanto, vale ressaltar que a psicologia e a psicanálise fazem parte desse processo. Tanto Santo Agostinho como Freud contribuíram para a formação dessa interioridade.

Mas, como salientamos, a nossa subjetividade está em processo de mutação. Num mundo hiper conectado e globalizado como o nosso, as barreiras entre o público e o privado diluem-se. E, nalguns casos, até desapareceram. Desse modo, a experiência subjetiva assume outras formas à medida que a vida quotidiana se torna um espetáculo público pelas e nas redes sociais. Como assinala a antropóloga Paula Sibila em *A intimidade como espetáculo*, a subjetividade intro-dirigida (pensemos, por exemplo, no diário íntimo como modalidade de autorreflexão do eu) transforma-se em configurações alter-dirigidas (pensemos nas narrativas nas redes sociais que se constroem com o olhar do outro e nos likes). Nesse quadro, a experiência da intimidade perde peso e ainda mais centralidade para a produção de subjetividade.

Contudo, nessa nova interface entre o público e o privado, emerge um outro tipo de experiência do eu. Talvez mais centrada no corpo e no seu desempenho do que nos meandros da psique ou nos abismos da alma. Essas mudanças nos espaços de manifestação do eu convidam-nos a refletir sobre essas formas subjetivas. Porque, nessa cultura das aparências e dos espetáculos, o mal-estar e o sofrimento são também convidados para o encontro. E é por isso que será também necessário investigar as formas assumidas, nesse contexto, pelo mal-estar na cultura.

VI

Um último aspecto. Quando problematizamos as variações das subjetividades, problematizamos também as variações das formas de sofrimento. Se nas sociedades antigas, homens e mulheres sofriam pela distância, maior ou menor, do que deveriam ser ou do que a comunidade esperava deles; nas sociedades modernas, o sofrimento estava vinculado à tensão que atravessava os sujeitos entre os desejos pensados na primeira pessoa e o imperativo social. A sociedade contemporânea, por outro lado, confronta-nos com outras formas de sofrimento. Novas e associadas à fragmentação e à desvinculação. Até mesmo com a falta de certezas e incertezas. As variações dessas formas subjetivas de sofrimento nos colocam diante de novos desafios. Talvez esta reflexão sobre a História e a Psicanálise nos permita continuar a rever tanto as novas subjetividades como as novas estratégias.

Referências

Dubet, F. (2002). *El declive de la institución. Profesionales, sujetos e individuos en la modernidad*. Barcelona.

Coontz, S. (2006). *Historia del matrimonio. Cómo el amor conquistó el matrimonio*. Barcelona.

Aries, P. (1986). *El niño y la vida familiar en el Antiguo Régimen*. Barcelona.

Bauman, Z. (2003). *Modernidad Líquida*. México.

2. Uma visão psicanalítica[1]

Maria Aparecida Quesado Nicoletti

Introdução

Entender o tema casal e família nos dias atuais, tendo como contexto a intersubjetividade entre as pessoas, sempre é uma tarefa difícil. É possível constatar isso, usando apenas o senso comum e acompanhando as notícias diárias que nos informam sobre novas configurações familiares, divórcios, violência familiar, feminicídio, leis de proteção à mulher, entre muitas outras.

Temos acompanhado um conflito de casal estabelecido entre parceiros excepcionalmente notáveis, seja porque integram o meio cinematográfico de Hollywood, seja pelos detalhes escabrosos sobre sua vida matrimonial, que ambos despejam na internet, no transcorrer de um processo judicial transformado em drama televisivo, assistido por bilhões de pessoas espalhadas por todo o planeta. Esse drama se presta a exemplificar as incontáveis formas de agressão que um homem e uma mulher, unidos pelo matrimônio, podem praticar, um contra o outro.

1 Apresentado no 1º Encontro ENTRE História e Psicanálise – Famílias: passado e presente. Encontro on-line da Comissão de Psicanálise de Casal e Família – Federação Psicanalítica da América Latina (CPCF – Fepal) dia 28 de maio de 2022.

As mudanças socioculturais, econômicas e políticas pelas quais passamos ao longo do século XX são absolutamente inéditas na história mundial e suas consequências continuarão a repercutir em múltiplas esferas da vida humana no planeta. No entanto, o imaginário popular ainda parece conceber a ideia de casal como a união entre duas pessoas heterossexuais, cujo objetivo principal, ainda que não consciente, é conviver em um mesmo espaço e formar uma nova família, gerando pelo menos um filho.

Esse "modelo mental" ainda predominante, que já dura cerca de cem anos e ficou conhecido como "configuração nuclear de família", está claramente sendo submetido a tensões reformadoras, criadas pelas características sociais, políticas e tecnológicas da nossa época. Com efeito, na segunda metade do século passado e nas primeiras duas décadas deste nosso século XXI, noções como sexualidade, papéis dos sexos no casamento e limites da vida em família, sofreram e continuam sofrendo mudanças muito significativas.

Em termos psicanalíticos históricos, provavelmente a mudança mais importante ocorrida na dinâmica das relações de casal estabelecidas para fins duradouros, tenha sido a invenção do casamento por amor, em contraposição ao casamento arranjado por interesses políticos e econômicos que predominou por muitos séculos (Moguilanski; Nussbaum, 2011, p. 17).

Em um espaço de tempo curtíssimo, quando se toma como referência os registros históricos, as descobertas sobre as forças intrapsíquicas postas em movimento, no limiar do século XX, com a invenção do inconsciente por Sigmund Freud, foram sendo rapidamente enriquecidas por psicanalistas europeus, norte-americanos e sul- americanos.

Ao longo de sua trajetória, Freud usou sua mente treinada, tanto na observação de doentes, quanto em pesquisas neurológicas, para identificar manifestações comportamentais e narrativas apresentadas pelas suas pacientes, em sua maioria diagnosticadas como histéricas. Prestando particular atenção às narrativas dessas pacientes e ao comportamento que apresentavam durante as sessões, Freud elaborou a teoria sobre a existência de um novo aparelho psíquico, que descreveu, sucessivamente, nas suas duas tópicas:

1. Consciente – Pré-consciente – Inconsciente;
2. Id – Ego – Superego.

Não há espaço e nem tempo para examinarmos aqui como isso aconteceu. O que me parece caber aqui é esboçar um breve resumo sobre como usamos atualmente o imenso legado psicanalítico de raiz freudiana, modificado por tantas mentes psicanalíticas e, especificamente, as que povoam o campo da psicanálise de casal e família.

Psicanálise individual e psicanálise de casal/família: algumas especificidades

Em que pese o fato inegável de que Freud dedicou grande parte de seu esforço para conhecer e compreender o mundo intrapsíquico, cabe dizer que ele não ignorou a existência das forças interpsíquicas, postas em movimento pelo grupo, seja este uma agremiação, seja a multidão reunida em alguma praça, seja o grupo familiar. Sobre este último, Freud se referiu, em diversos dos seus textos, de forma mais ou menos velada, à noção de família.

Por exemplo, quando afirmou, a respeito do instinto social, somente estimulável pela presença do grupo: "nossa expectativa é que o instinto social não seja primitivo e que possa ter origens no interior de pequenos grupos, como o composto pela família" (Freud, 1922). Ou então quando se aproximou da noção de família para falar de psicopatologia individual, como em 1895, com o caso Elizabeth von R, no qual ele vinculou sintomas somáticos a uma particular dinâmica familiar (Freud, 1972). Seguiram-se outros exemplos como em 1905, acerca do Caso Dora (Freud, 1974), no qual mostrou-se interessado nas relações familiares dos doentes, afirmando que Dora tinha um lugar determinado pela dinâmica familiar, devido à sua morbidade, conferindo sentido intersubjetivo aos sintomas que a paciente apresentava e afirmando que toda doença é intencional e é expressão de uma modalidade vincular particular. Essas referências que Freud fez, de forma passageira, à família, transformaram-se, no nosso tempo, em campo de pesquisas que confirmam a importância do grupo familiar para os processos de subjetivação do bebê.

Ao longo dos anos, diversos autores, de diferentes partes do mundo, passaram a apontar dinâmicas psíquicas diferentes daquelas que Freud havia mencionado, ao se referir à metapsicologia. Algumas dessas especificidades foram descritas por psicanalistas no trabalho com crianças, como as relações objetais (Klein, 1946); a ideia de maternagem suficientemente boa (Winnicott, 1999) e a noção de apego (Bowlbi).

O início da abordagem psicanalítica de casal e familia

Já a partir dos anos 1940, alguns autores passaram a elaborar teorias especificamente voltadas para a análise de casal e família, como a noção do vínculo (Pichon Revière (1991), Berenstein e Puget (1997), cuja evolução levou a teorias, como as alianças inconscientes (Kaës, 2014), os organizadores familiares (Eiguer, 1989) e diversas outras que hoje nos servem de orientação para o trabalho psicanalítico com casais e famílias. Com eles, chegamos aos nossos dias, nos quais a psicanálise de casal e família me parece estar suportada por corpo teórico suficientemente bem desenvolvido, no que se refere ao modelo de casal moderno, isto é, ao casal formado por parceiros heterossexuais, com poucos filhos, cuja união estável/matrimonial passa por períodos evolutivos que conhecemos razoavelmente bem, que podem resultar na consolidação do vínculo longevo do casal ou na sua dissolução.

Quando comparo as narrativas de vida de casais heterossexuais que buscam ajuda psicanalítica, não raramente me deparo com situações que confirmam a frequentemente referida dificuldade que existe para separar, no atendimento de casal e família, o material psíquico individual. O que ouço, no atendimento é material produzido pelos dois participantes no vínculo, o que me leva à confirmação empírica da teoria que considera o vínculo de casal como paciente na sessão psicanalítica. Centrar a atenção no vínculo de casal não quer dizer que a subjetividade individual não é levada em conta. Pelo contrário, a apreensão do significado e da importância da transgeracionalidade nas dinâmicas de casal e família constitui um dos pilares do trabalho psicanalítico.

Algumas considerações sobre o casal homoafetivo

Quando o contexto psicanalítico é o de casal e/ou a família homoparental, o corpo teórico que dispomos para lidar com a intersubjetividade me parece muito menos desenvolvido do que o que encontramos no contexto hétero. Acredito que ainda não podemos contar com uma homonormatividade que nos ajude a entender se os organizadores familiares são similares aos que conhecemos no casal/família hétero. Também sabemos muito pouco sobre como, uma vez formados, os casais homoafetivos consolidam seus vínculos, e em que bases subjetivas o fazem. De forma que a psicanálise tem ainda um longo caminho a percorrer para entender melhor as origens intrapsíquicas e o papel das condições contextuais de época que aparentemente se entrelaçam na formação intersubjetivas desses casais.

Onde estamos nos dias atuais

Para esta apresentação, escolhi esboçar em linhas gerais os fundamentos teóricos da psicanálise de casal/família com os quais trabalho atualmente. Na minha experiência, geralmente o casal está sofrendo e se encontra como que psiquicamente paralisado por algum tipo de conflito, para o qual, nenhum dos parceiros na dupla parece capaz de encontrar uma saída que permita desfazer as posições intrassubjetivas cristalizadas que os mantêm presos na repetição de acusações mútuas, mal estar no vínculo e afetos negativos, que tornam a vida comum muito difícil.

De maneira sintética, vou abordar a problemática que origina os conflitos que mais frequentemente trazem casais/famílias para o meu consultório privado, localizado em São Paulo. Enquanto refletia sobre como organizar esta minha fala sobre tema tão extenso e complexo, decidi formular duas perguntas que servissem de eixo orientador para o desenvolvimento desta minha aproximação ao tema psicánalise de casal/família no presente. São as questões:

- Como a psicanálise de casal e família explica a existência frequente de casais formados na vigência da união conjugal por amor, se ver imobilizado na rede de ressentimentos mútuos que transforma em sofrimento contínuo o amor inicial que existia entre a dupla?
- Qual é o quadro de referência psicanalítica básico que utilizo para estabelecer o setting terapêutico para casais/famílias em conflito e para as consequências da situação sobre a vincularidade da dupla e de sua nova família?

Começando pelo quadro de referências que utilizo na prática

No mundo real, a *família ideal não existe* ou é rara. O que se encontra são casais e famílias enredados em vicissitudes no amor conjugal, amor filial e amor fraterno. A *estrutura afetiva necessária* para levar a bom termo a *função familiar* é complexa em razão da dinâmica com que o casal moderno é formado, a partir do fenômeno que Moguillansky e Nussbaum (2011) denominaram "a ilusão apaixonada do amor recíproco aliada à sexualidade, como receita para a felicidade" que sabemos, o que não se dá totalmente por acaso; ela se delineia, antes mesmo que o casal inaugural se conheça. De fato, cada um deles, no primeiro encontro, traz consigo as "sementes" do arranjo inconsciente de grupo, estruturado em torno do conceito de "organizadores grupais" (Eiguer, 1989, p. 18).

Os organizadores familiares são constituídos por dinâmicas psicossociais que orientam o par na aproximação social e sexual que resulta na formação da família nuclear moderna. Tais dinâmicas, em geral, são categorizadas como: "escolha do parceiro"; "construção conjunta do Eu familiar" e "fantasmatização". Em cada uma dessas etapas, que estão presentes nas atitudes, ações e desejos dos sujeitos que buscam formar um casal, as forças subjetivas que os guiam estão situadas no nível inconsciente de seu aparelho psíquico. Tanto na escolha do parceiro, quanto na construção conjunta dos vínculos de casal e família, predomina a ilusão do amor recíproco.

Relacionamento sexual adulto e formação do casal

De acordo com Mary Morgan (2021),

> *na passagem da adolescência para a etapa adulta do nosso desenvolvimento psíquico, nos separamos psiquicamente, de nossos pais, assumindo o controle de nosso corpo e da nossa sexualidade. E então, para a maior parte de nós, decidimos estabelecer um relacionamento sexual adulto e nos tornarmos um casal, embora, como afirma Weddell, desenvolver tal capacidade pode, para alguns, exigir muitos anos e várias tentativas diferentes. (tradução livre)*

De fato, a clínica nos mostra que a capacidade de instituir relacionamento adulto de casal varia muito no processo de formação do casal moderno. E isso ocorre mesmo quando seus organizadores estão razoavelmente bem encadeados. Esse desenvolvimento, quando ocorre, se dá em meio a riscos que, após algum tempo, ameaçam a continuidade dos vínculos de casal, seja pelas injunções da nossa cultura, seja pela carga transgeracional que os parceiros formadores do casal trazem consigo, no momento da escolha do parceiro. Teoricamente, o vínculo de casal se instala de maneira que haja a criação de um relacionamento sexual adulto entre os parceiros e que essa instituição origine a criação de um "terceiro simbólico"; um espaço mental instituído pela dupla que permite que ambos disponham de um lugar para pensar a relação de casal em termos da fundação de seus vínculos, centrados em relações sujeito-sujeito e não em identificações projetivas baseadas em relações objetais inconscientes, que levam um ou ambos os membros da dupla a vivenciar ilusões fusionais e formas desagregadoras de comportamento.

Não raramente, situações de conflito entre os parceiros no casal, são motivadas por problemas de identidade e heranças transgeracionais negativas presentes já na fase de escolha do parceiro. Via de regra, tais situações não são reconhecidas pelos envolvidos na busca por um parceiro e seus efeitos sobre o vínculo de casal passam a se materializar como conflitos que parecem entrar em modo de repetição de acusações mútuas que, se não devidamente cuidado, por meio de procedimentos de análise de casal, podem levar à ruptura irreversível do vínculo.

Algumas palavras de alerta sobre o atendimento psicanalítico do idoso e a psicanálise de família

No processo de envelhecimento, pode-se identificar, do ponto de vista psicanalítico, uma intersecção que existe entre a realidade biológica inquestionável da velhice, a qual pavimenta, inapelavelmente, a estrada da finitude e a realidade psicanalítica da "desnarcisação" do sujeito idoso, provocada, tanto por determinantes intrapsíquicos, quanto pela exclusão social e o abandono, que não são raros, nesses dias atuais. Essa é uma situação que torna solitária e aterradora a caminhada rumo ao destino final da existência humana.

Anthony Guiddens (1991) chama essa situação de "sequestro da experiência", significando que, na modernidade, o contato direto das pessoas com situações e eventos do dia a dia da família, que as ligam com os temas gerais da vida, se tornam raros e, por isso, é comum encontrar pessoas despersonificadas. Menos do que a separação entre pessoas, arremata Guiddens, o isolamento existencial é o fenômeno "sequestrador".

Na minha prática clínica com idosos percebo a existência de analisandos que, apesar de viverem em seus próprios lares, geralmente com autonomia conferida pela situação financeira confortável e pela ausência de doenças gravemente incapacitantes, enfrentam problemas emocionais.

Esses problemas podem ocorrer, tanto com pacientes institucionalizados, como em pacientes que vivem de maneira autônoma. Nestes últimos, a procura pelo trabalho analítico geralmente parte dos filhos e o que os motiva, em geral é a constatação de sofrimento do seu parente idoso ou a existência de conflitos vivenciados nas relações entre os membros da família. O trabalho analítico fica favorecido quando, a despeito dos afetos negativos, oriundos de conflitos interpessoais e de sentimentos de culpa, o vínculo de família se mantém presente. A presença do vínculo é sugerida não apenas pela atitude inicial da família, que propicia os meios para a análise e se mostra receptiva a mudanças, mas também pela sua participação ativa no processo de criação de ambiente familiar favorável para que o idoso possa desempenhar novos papéis e, em decorrência disso, perceber no convívio familiar, oportunidades de reinvestimento narcísico, que lhe permita articular o seu presente e delinear uma possibilidade de futuro.

Conclusão

Apesar das dificuldades com que os casais e as famílias se defrontam na atualidade, o desejo de casar e constituir família tem grande apelo. A família ainda é a principal maneira com que nos organizamos para gerar filhos e viver em sociedade. É dentro dessa mesma matriz social, nem sempre favorável ao desenvolvimento de subjetivação funcional, que o recém-nascido iniciará seu viver e será exposto às forças governadas pelos princípios do prazer e da realidade, cujos efeitos dependerão, do ponto de vista psicanalítico, de alguns elementos intersubjetivos que governaram, tanto a fase da busca do parceiro(a) para a formação do casal, quanto a produção interpsíquica adulta do casal.

Quando algo não vai bem nesse cenário, o psicanalista de casal e família pode proporcionar, com o emprego de teorias e técnicas apropriadas, tanto a compreensão dos significados inconscientes que o casal ou a família ignora, quanto a construção de um espaço interpsíquico para pensar o presente e o futuro da relação.

Referências

Berenstein, I.; Puget, J. (1997). *Lo vincular: clínica y técnica psicoanalitica*. Paidós.

Eiguer, A. (1989). *Um divã para a família* (180p.). Artes Médicas.

Freud, S. (1972). Fragmento da análise de um caso de histeria. In: Freud, S. *Fragmento da análise de um caso de histeria*; Três ensaios sobre a teoria da sexualidade e outros trabalhos 1901-1905 (p. 5-119). Imago. (Edição standard brasileira das obras psicológicas completas de Sigmund Freud, v.7)

Freud, S.; Breuer, J. (1974). Casos clínicos. In *Estudos sobre a hysteria*. Edição Standard Brasileira das Obras Psicológicas Completas de Sigmund Freud (v. 2, p. 61-231). Imago. (Edição Standard Brasileira das Obras Psicológicas Completas de Sigmund Freud, v. 2).

Group Psychology and the Analysis of the Ego. (1922). *International Psycho-Analytical Press*, p. viii, 134. (Tr. J. Strachey.)

Guiddens, A. (1991). *Modernity and Self-Identity – Self and Society in the Late Modern Age* (256 p.). Stanford University Press.

Kaës, R. (2014). *As alianças inconscientes*. Ideias&Letras.

Melanie, K. (1946). Notes on some schizoid mechanisms. *J. Psycho-Anal*, London.

Moguilansky, R; Nussbaum S.L. (2011). *Psicanálise vincular: teoria e clínica* (270 p). Zagodoni.

Morgan, M. (2021). Aspects of time and space in analytic work with couples. *International Review of Couple and Family Psychoanalysis* (p.523-525). Disponible en: https://aipcf.net/revue/wp-content/uploads/2021/12/11- AIPCF_N.-25_2-2021-MORGAN-anglais.pdf . Acceso en: 02 mayo 2022.

Pichon Rivière, E. (1991), Teoria do vínculo (4ª ed.). Martins Fontes.

Winnicott, D.W. (1999). *Os bebês e suas mães*. Martins Fontes.

Encontro ENTRE – Arte e Psicanálise

Casal e Família: o íntimo e o público

3. Entre Arte e Psicanálise implicadas: segredos de família entre-dois[1,2]

João A. Frayze-Pereira

Em primeiro lugar, quero agradecer à Fepal e à Comissão de Psicanálise de Casal e Família o honroso convite para participar deste *II Encontro Entre – Arte e Psicanálise*. É com prazer que estou aqui com vocês.

Eu pensei em fazer inicialmente alguns breves apontamentos sobre como entendo a relação entre Arte e Psicanálise, apenas para contextualizar a reflexão que farei depois, considerando o que nós, psicanalistas, podemos aprender no contato com a Arte.

Então, em primeiro lugar, entendo que a Arte é um campo de conhecimento, assim como é a Medicina, a Física, a Química, a Astronomia, a Filosofia e a própria Psicanálise. E como qualquer campo de conhecimento, a Arte possui especificidades que exigem pesquisa para que se possa trabalhar com ela e a partir dela. No entanto, essa condição específica da arte costuma ser ignorada em certos escritos psicanalíticos sobre obras de arte, como se tais obras não

1 Esta edição é uma versão ampliada do texto "Entre arte e psicanálise implicada: um campo entre-dois", publicado, em 2022, na Revista de Psicanálise Reverie da SPFOR, volume XV, n. 1, pp. 36-50.

2 Apresentado no 2º Encontro ENTRE – Arte e Psicanálise – Casal e Família: o íntimo e o público, organizado pela Comissão de Psicanálise de Casal e Família da Federação Psicanalítica da América Latina (CPCF-Fepal) em 26 de novembro de 2022.

possuíssem um lugar na história da arte, como se o processo da sua criação não contasse com critérios culturais e estéticos específicos. Em geral, nesses escritos, a obra é apenas um suporte para a projeção de representações teórico-conceituais ou para a livre associação do psicanalista que mais revela a si mesmo do que a obra comentada. Trata-se de um modo de operar que ficou conhecido como *psicanálise aplicada à arte* que, segundo André Green (1992), "é uma das doenças infantis da psicanálise". Quer dizer, com a psicanálise aplicada, o analista pratica o reducionismo, ou seja, a obra de arte como um outro, como um desconhecido, é reduzida às representações, conceituais ou pessoais, familiares ao intérprete que, então, confirma a validade dos modelos dos quais ele partiu. E, nessa medida, o círculo do mesmo fica narcisicamente garantido. Em suma, a interpretação de uma obra, com base apenas na livre associação, revela mais o intérprete do que a obra, como sucedeu a Freud (1914) no seu contato inicial com o Moisés de Michelangelo. Mas, sabemos que Freud não se limitou ao contato com as emoções – admiração e terror – despertadas nele pela obra. Ele foi além, realizando um estudo original com os recursos teórico-conceituais que dispunha em sua época, alargando a sua leitura da obra e de si mesmo.

Ora, o que Freud escreveu sobre *O Moisés de Michelangelo* vale para todos nós que apreciamos o contato com as artes. Ou seja, na relação com uma obra, há que se ter um primeiro tempo – *o tempo da experiência* – segundo o qual a percepção do espectador vai ao encontro da realidade sensível que se oferece a ele sem reconhecer nela formas e conteúdos fixos. E, nesse sentido, quer o psicanalista esteja diante de obras de arte, quer esteja diante de seus pacientes, cabe a ele suspender seus preconceitos e aguardar a manifestação das maneiras de ser dos seus outros para, então, elaborar uma interpretação. Nessa medida, entendo a *experiência* como uma silenciosa abertura para o que não é nós mesmos e que em nós se faz dizer; ou seja, a experiência é o que nos abre para tudo aquilo que é outro e exige de nós *criatividade* para que desse desconhecido possamos ter algum conhecimento (Frayze-Pereira, 2010).

Assim, considerando que o ponto básico para qualquer reflexão ou pesquisa sobre arte é a própria obra de arte, é preciso admitir que é ela que abre o debate, que suscita interpretações, que articula o diálogo entre artista e espectador e que solicita alguma teoria que possa lhe dar legibilidade, respeitando a sua singularidade.

E, em princípio, não é muito diferente o que observam Christopher Bollas (1992) e Julia Kristeva (1993) para a clínica psicanalítica. Ou seja, se cada paciente é uma singularidade a ser acolhida, cada situação clínica é um "microcosmo específico" e "cada tratamento torna-se um idioleto, uma obra de arte" que requer do intérprete um trabalho criativo "no interior do continente freudiano". Ou seja, para cada paciente, para cada sessão, deve-se propor uma interpretação implicada com aquele paciente, naquela sessão e naquele momento do processo. E, nesse sentido, quer estejam diante de pacientes ou de obras de arte, caberá ao psicanalista deixar surgir a poética que eles encarnam para, então, considerar as teorias compatíveis que poderão amparar a interpretação. E quando o ser a interpretar não for um paciente, mas uma obra de arte, segundo Civitarese (2019), o processo transferencial também deverá ser respeitado como definidor do campo de implicação afetivo e emocional *entre-dois*, isto é, entre intérprete e obra de arte, entre psicanalista e analisando.

A partir dessas considerações iniciais, podemos começar a pensar sobre o que a Arte tem a oferecer à Psicanálise. E, em poucas palavras, o que as obras nos oferecem ou nos ensinam é que o pensamento não pode se fixar num dos polos das dicotomias tradicionalmente conhecidas (visível ou invisível, coisa ou consciência, sujeito ou objeto). Ao contrário, o que as artes nos ensinam é que o intérprete precisa mover-se num campo *entre-dois*, de modo que experiência e pensamento se articulem, cada um passando por dentro do outro, cada um remetendo-se ao outro sem cessar. E, segundo a filósofa Marilena

Chauí (1994), a realidade que impede a fixação num dos polos de qualquer dicotomia é a do próprio corpo, isto é, um ser sensível que é ao mesmo tempo o que sente, que é sensível enquanto sente, isto é, que é capaz de realizar reflexão. Trata-se de uma reflexão corporal que transcende a dicotomia sujeito/objeto e que transforma a percepção que temos de como acontece o conhecimento.

Ou seja, precisamos entender que o "corpo reflexivo", tal como apresentado por Merleau-Ponty (1964) ao longo de sua extensa obra, transforma o modo como entendemos o conhecimento do mundo, das coisas, dos outros e de mim mesmo. É o corpo reflexivo, isto é, um ser visível-vidente, tocante-tangível, sonante-sonoro que, por sua própria natureza, transcende a dicotomia sujeito-objeto. Por exemplo, quando uma das minhas mãos toca a outra, como colocar uma delas como sujeito e a outra como objeto? Na experiência do ver, como determinar quem vê e quem é visto, se o corpo não é nem simplesmente coisa vista nem apenas vidente? É a ambígua experiência reflexiva do corpo consigo mesmo, com as coisas e com os outros, que revela o embaralhamento da distinção sujeito-objeto. E, como Merleau-Ponty demonstra são as artes moderna e contemporânea que constituem o campo privilegiado no qual essa experiência ambígua acontece de modo mais evidente.

A partir daí, podemos dizer o que as artes nos ensinam. Elas nos ensinam sobre a impossibilidade de um pensamento desencarnado, pensamento abstrato que "manipula as coisas e renuncia a habitá-las" – como afirmou Merleau-Ponty (1964). Ou seja, o que o artista mostra ao psicanalista é basicamente como ele trabalha no campo simbólico, isto é, transcendendo o imediato e encontrando para ele um sentido novo por intermédio de uma ação orientada em função do possível. Nessa medida, ao frequentar o campo das artes, como espectador, o psicanalista acaba se situando entre elas e desta situação é ele quem sai transformado. Ele terá que abrir mão da sua condição de sujeito do conhecimento positivo, separado do objeto, terá que abandonar a adesão aos procedimentos metodológicos consagrados para abordar este objeto, portanto, terá que abandonar a prática da psicanálise aplicada e adquirir uma postura compatível com uma *psicanálise implicada*, como eu a entendo, isto é, como *trabalho num campo entre-dois*, isto é entre experiência e pensamento, entre o eu e o outro, entre o sujeito e o objeto, entre a arte e a psicanálise.

Posto isso, podemos nos perguntar como pensar a relação entre vida e obra, por exemplo, entre a vida do artista e as obras que criou.

Como se sabe, essa questão retoma um antigo tema da Teoria da Arte (o tema "vida de artista"), abordado pela primeira vez, no século XVI, por Vasari (Bazin, 1986). E, considerando essa problemática, há alguns anos, realizei uma pesquisa com artistas plásticos para registrar histórias de vida artística (Frayze-Pereira, 2005). Nesse sentido, acompanhei alguns artistas em seus ateliês, realizando entrevistas e observações, durante aproximadamente cinco anos. E, a respeito deles, posso dizer que são artistas consagrados, de várias gerações, com inserções variadas no meio artístico, no mercado de arte nacional e internacional, trabalhando com linguagens, como pintura, gravura, cerâmica, fotografia e instalação. E, embora muito diferentes, do ponto de vista de suas obras, eles revelaram alguns aspectos comuns. Por exemplo, todos acabaram mostrando estar em busca de si mesmos mediante o processo de trabalho e, para todos eles, as suas obras faziam parte de suas famílias. Além disso, considerando o fato de eu estar interessado na vivência singular de cada artista durante seu processo de trabalho – vivência que quase sempre os artistas procuram ocultar dos terceiros (é seu segredo) – transformou a minha posição de pesquisador na de testemunha dos aspectos dolorosos, rememorados por eles, numa situação de proximidade afetiva crescente. Foi assim que me tornei o depositário de segredos pessoais, transformando a minha proposta de pesquisa numa demanda de escuta da parte deles que, durante a semana, telefonavam para mim, convidando-me a aparecer em seus ateliês, pois tinham algo a mostrar, o que quase sempre era algo a me falar pessoalmente. E, nesse sentido, os segredos relatados pelos artistas, além das descobertas perceptuais e técnicas envolvidas no processo de elaboração das obras, referiam-se a questões familiares, quase sempre relacionadas à arte.

Por exemplo, em certa ocasião, uma artista relatou-me que decidiu divorciar-se do marido porque a triangulação entre ela, sua obra e o marido se tornou insuportável, pois ela "não poderia viver separada de sua obra, mas poderia viver separada do marido". E esse era um segredo que ela não revelou no processo de divórcio. Outro exemplo: dos artistas entrevistados, alguns possuíam filhos que se encaminharam para as artes, iniciaram uma carreira e logo desistiram por motivos obscuros, cercados pelos entrevistados de uma aura de mistério. E um dos artistas, ao falar que tinha dois filhos que se tornaram artistas como ele, também ficou hesitante ao revelar que considerava um mais talentoso que o outro e, às vezes, mais talentoso do que ele próprio. E para esse artista, dado que todo criador tem seu mestre, que aparece num momento-chave da existência, quando se define o talento, a excepcional capacidade para o trabalho artístico, esta situação com os filhos era problemática, pois como poderia ele ter sido "mestre de dois filhos tão desiguais, um mais talentoso que o outro, sendo justamente o menos talentoso o que teve mais sucesso?". Essa situação era considerada um segredo de família, revelado a mim com angústia, pois atravessado por rivalidade e inveja do pai em relação aos filhos. E a questão do segredo mostrou-se indicativa de uma temática muito mais ampla.

Com efeito, segundo Denise Morel (1990), psicanalista que realizou uma pesquisa sobre o processo de criação em famílias de artistas, podem-se encontrar, numa mesma família, um "portador de talento" e um "portador de sintomas", ou, ainda, um único membro que pode ser o portador de uma dupla função, sendo genial e louco, por exemplo. O fato é que, na maioria das famílias, encontramos traços de coisas mais ou menos claras ou confessáveis sobre as quais os interessados silenciam e cuja existência, às vezes, é esquecida. É nesse sentido que, numa entrevista, os segredos são evitados, passam por pesados silêncios, que invariavelmente se referem às situações que transformam tudo o que se liga à pessoa envolvida num tabu, em assunto a ser negado, por exemplo, o suicídio de um antepassado, um abuso sofrido, a violência cometida por outro... Não é o caso de entrar aqui na questão dos níveis de segredo, na questão da necessidade psíquica de áreas secretas como foram abordadas na psicanálise por Piera Aulagnier (1976). É importante notar, entretanto, que a maior parte das tensões nas famílias desses artistas não é traumática, mas engendra um traumatismo psíquico se não puder ser pensada. Então, a impossibilidade de pensar o acontecimento bruto dá lugar a uma clivagem entre o suposto acontecimento e o pensamento sobre ele que será recusado pelo sujeito. Essa não integração determinará uma transmissão ao longo das gerações de parcelas não elaboradas do acontecimento transformado em tabu. Trata-se de uma "transmissão transgeracional" cujos efeitos são reconhecidos no bloqueio da circulação de fantasias ou na emergência de sintomas. E são esses que muitas vezes atormentam o artista e o assaltam até que ele seja capaz de transformá-los em obra de arte. Sabemos que é próprio do artista procurar as palavras certas, as imagens mais expressivas, os sons mais significativos, como observa Denise Morel, para "tentar dizer o indizível, representar o irrepresentável ou fazer ressoar o silêncio dos não-ditos". Nessa medida, cabe a ele, sendo ou não portador de sintomas, mas seguramente portador de um talento, transformar os acontecimentos brutos, considerados traumáticos, numa imagem assimilável.

Assim, na posição de observadores-participantes de sua época, os artistas contemporâneos trabalham com as linguagens da fotografia, do cinema, do vídeo e das instalações, as quais são utilizadas como recursos privilegiados para dar forma ao transitório, à precariedade e à parcialidade das situações vividas por eles em segredo. Nessa medida, experimentando os fundamentos da cinematografia, como a edição da imagem e do som, a busca de novas soluções narrativas entre o documentário e a ficção, eles elaboram questões muito diversas, como: a da supressão da palavra e a inacessibilidade de certos discursos; a purgação e a semiparalisia provocados por traumas pessoais; a natureza precária da identidade individual e a ambiguidade do contato entre os membros de uma família ou ainda a reinvenção desse relacionamento como maneira de estar no mundo. Assim, alguns dos artistas que entrevistei chegaram a fazer proposições plásticas referidas à elaboração dessas problemáticas pessoais. No entanto, dado o compromisso que contraí com eles, não seria possível comentá-las publicamente, pois a exposição de suas obras inevitavelmente revelaria suas identidades. Assim, decidi considerar obras de outros artistas que pude observar em exposições de arte contemporânea. São obras sem nenhum glamour. Porém, a atitude artística adotada pelos artistas lembra certo modo de trabalhar em psicanálise. A seguir, apresento alguns exemplos.[3]

O primeiro deles é o trabalho da inglesa Gillian Wearing. Recorrendo ao vídeo e à fotografia desde o início dos anos 1990, essa artista aborda estranhos nas ruas ou por meio de anúncios classificados em jornais, convidando-os a colaborar com ela para criar narrativas sobre pessoas reais. Em parte inspirada nos *reality shows* em que pessoas são filmadas dentro de suas próprias casas, Wearing explora a divergência entre identificação privada e expressão pública, entre aqueles aspectos de si mesmas que as pessoas tentam esconder e aqueles que querem revelar. Muitas de suas obras centram-se em torno de questões relativas a situações vividas secretamente por membros de uma mesma família.

Em 2005, dentro do programa do Museu de Arte Moderna de Paris, essa artista apresenta o resultado de um vídeo-projeto,

3 As obras que serão referidas a partir desse momento encontram-se disponíveis na internet. O leitor interessado em visualiza-las poderá digitar o nome do artista e o título da obra para ter acesso às imagens comentadas no texto.

elaborado desde 2000, intitulado *Trauma*. Num espaço bastante pequeno, os espectadores se acotovelam para assistir a um vídeo em que pessoas ocultas por máscaras bizarras, quase inafetivas, relatam suas experiências traumáticas de infância, marcadas por abandono, humilhação, violência física e abusos sexuais. São indivíduos comuns, selecionados pela artista para participar do projeto. As máscaras servem não apenas para manter a privacidade e o anonimato dos indivíduos, como também para evocar de maneira paródica a questão compartilhada por todos eles: uma infância morbidamente perdida no interior das próprias famílias. Apresentado num ambiente confessional claustrofóbico, o vídeo, direto e opressivo, pode levar os espectadores ao limite do insuportável. E não por acaso, alguns se retiraram, visivelmente inquietos, antes de terminar a projeção. E esse trabalho, como quase toda a obra de Gillian Wearing, busca fazer um retrato perturbador das relações interpessoais no interior das famílias inglesas, urbanas e contemporâneas, denunciando as implicações nefastas para a identidades dos indivíduos quando não conseguem dizer não às violações sofridas no seio da família e à servidão aos outros, seus parentes próximos.

Cabe lembrar que a relação entre o tema da família e a linguagem visual, existe desde o advento da fotografia, no século XIX. Mas, na arte contemporânea, segundo o crítico da arte Hal Foster (1996), os trabalhos que usam essa linguagem evidenciam a postura do artista contemporâneo que se distancia da atitude do artista moderno, pois é análoga à do repórter ou do etnógrafo, como testemunha crítica de sua própria época.

Outra artista importante nessa linha de trabalho é Candice Breitz. Sul-africana radicada em Berlim, ela busca interrogar os estereótipos e as convenções visuais da cultura de massa. Apropriando-se de fotografias e fragmentos visuais de filmes e vídeos, Breitz recontextualiza-os em enquadres destituídos de qualquer glamour.

Numa instalação concebida especificamente para o Castelo de Rivoli, em Turim, e para a Bienal de Veneza, em 2005, a artista interroga as funções materna e paterna, considerando as famílias contemporâneas. A instalação chama-se *Mother+Father* e questiona o cânone da crença sobre a família ideal, tal como a indústria cinematográfica produz, podendo convencer o público a aceitar o que veem na tela como realidade. A mãe é aquela que vive de renúncias e se deprime. E o pai é o homem economicamente bem-sucedido, nem sempre satisfeito com esse sucesso, superprotetor com relação aos filhos, mas nem sempre com relação à esposa. Segundo Breitz sugere, Hollywood compõe um *cast* de personagens idealizados que pretendem plasmar e modelar o espectador à sua imagem. Nessas mostras, ela usa as imagens de atrizes e atores famosos para a sessão *Mother* e para a sessão *Father.* Recortadas de seus contextos fílmicos originários, as imagens que registram as performances dos atores e atrizes compõem uma nova montagem, em telões distintos, um para cada intérprete, mas todos ao mesmo tempo, uns diante dos outros. Ou seja, cada ator/atriz é apresentado num fundo negro, separado de seus companheiros de cena. Porém, mantidas as performances originais de cada um, desenvolve-se uma interação diabólica na qual todos praticamente dizem as mesmas coisas uns para os outros, acompanhados de um repertório de gestos que é basicamente idêntico. Mães falam com mães e pais com pais. E nesse face a face violento, a estereotipia dos papéis desempenhados pelas mães e pais da família hollywoodiana aparece nitidamente. Além disso, a desconstrução que Breitz opera com a reciclagem das imagens visa capacitar o espectador para a percepção do falso *self*, para a crítica ao uso das imagens na mídia e para uma reflexão sobre os motivos que subjazem a esse uso. Além disso, também denuncia a hipocrisia que caracteriza os filmes sobre famílias contemporâneas em que os segredos permanecem não ditos porque não podem ser ouvidos.

Outro exemplo, sobre o qual cabe um comentário mais demorado, nos é oferecido pela obra da francesa Louise Bourgeois. Em São

Paulo, por exemplo, no Museu de Arte Moderna, há uma obra dessa artista – uma escultura em bronze, uma aranha imensa que já ficou famosa, pois foi instalada em inúmeros espaços públicos do mundo todo, numa espécie de homenagem globalizada e singular à mãe da artista, que faleceu quando esta era muito jovem. O nome da peça não é aranha, mas justamente *Maman*. E, como era o costume da artista registrar num diário anotações sobre as suas obras, detalhando impressões, lembranças e aspectos do seu processo construtivo, sobre *Maman*, ela escreveu o seguinte: "Minha mãe era deliberadamente paciente, inteligente, razoável, sutil, calmante, delicada, indispensável, sabia e útil como uma aranha [...]" (Tranberg, 2001). Podemos pensar que há certa ironia nesse depoimento, considerando até que ponto as características enunciadas são compatíveis com os monstros criados pela artista, expostos nos locais públicos. Quer dizer, Louise engrandece a sua mãe com a poderosa figura da aranha. E, em princípio, essas peças podem sugerir que família e maternidade são questões importantes para essa artista. Mas, ela narra a história de sua família como um romance que começa assim "– Fui criada num ambiente familiar disfuncional e promíscuo, no qual ninguém falava sobre sexo. Superficialmente, o sexo não existia. Mas, na verdade, não se pensava em outra coisa. Meu pai dormia com qualquer uma, inclusive Sadie, a tutora inglesa que morava em nossa casa" (Tranberg, 2001).

Louise nasceu em Paris, em 1911, e viveu em Nova York durante muitos anos até sua morte, em 2010. Na França, sua família possuía e operava uma empresa de tapeçaria, o que permite fazer analogias entre o tear das tecelãs, inclusive o de sua mãe, e as teias e as aranhas que povoam sua obra. Em suas narrativas autobiográficas, a artista indica que a dor é seu campo de trabalho e matéria para a sua poética. A esse respeito, ela diz "– Não se pode negar a existência das dores. Não proponho remédios ou desculpas. Simplesmente quero olhar para elas e falar sobre elas. Sei que não posso fazer nada para eliminá-las ou suprimi-las [...]. O que posso fazer é dar-lhes forma e significação". E são vários os incidentes dolorosos relembrados pela artista na fatura de suas obras. Por exemplo, em certa ocasião o pai recortou a figura de uma menina na casca de uma laranja. Segurando-a no ar e chamando a atenção de todos, ele observa "– Esta é Louise, que não tem nada entre as pernas!". Dado o intenso sentimento de humilhação diante da risada de todos, a resposta da artista foi pegar um pão branco, amassá-lo com saliva e modelar com ele a figura de seu pai para, em seguida, cortar os membros com uma faca. Bem mais tarde, Louise cria peças inspiradas na lembrança dessa primeira solução escultórica. Pode-se pensar que as suas operações artísticas são elaborações de ações agressivas sobre certos objetos, isto é, operações que podem ter sido organizadas por um movimento de reparação, de restauração do objeto percebido como ameaçado ou destruído fantasiosamente.

Assim, por exemplo, a artista cria a monumental instalação em látex *The destruction of the father* (1974). Sobre ela a artista escreveu uma fábula. Ela diz:

> *Há uma mesa de jantar... O pai está se pronunciando, dizendo à platéia cativa como ele é ótimo... Isso acontece dia após dia. Uma espécie de ressentimento cresce nas crianças. Chega o dia em que elas se irritam com a sua constante agressão verbal. Há tragédia no ar. Ele já fez demais esse discurso. As crianças o agarram e o põem sobre a mesa. E ele se torna a comida. Elas o dividem, o desmembram e o comem. E assim ele é liquidado... Trata-se de um drama oral... Então ele foi liquidado, da mesma maneira que havia liquidado seus filhos. (Bourgeois, 2000, p. 115)*

Mas ainda é possível associar a instalação à caverna de um predador com estalactites, estalagmites, uma presa semidevorada ou um palco de teatro de marionetes que encenam a questão do canibalismo.

De qualquer maneira, pode-se dizer que *The destruction of the father* é a cena ficcional de um crime recuperado pela arte.

Poderíamos pensar estarmos diante de uma artista portadora de sintoma, de uma obra que permite associações entre arte e loucura, que se prestaria a uma leitura psicanalítica. No entanto, essa leitura seria óbvia dado que a artista é uma leitora de Freud, de Lacan e, sobretudo, de Melanie Klein, referência importante de sua obra. *The destruction of the father*, entretanto, inspira-se no Freud de *Totem e tabu* (1913). Mas, além disso, cabe lembrar que a artista **é politicamente** envolvida com o movimento feminista, desde os anos 1960, que não escreve livros nem defende teses acadêmicas, mas é autora de uma obra que discute o lugar da mulher num mundo artístico falocêntrico. Foi depois da morte do marido, o historiador da arte Robert Goldwater, pai de seus 3 filhos, que ela passou a rever o seu passado traumático pela ótica do feminismo. *The destruction of the father* resulta desse período. E, como dizem os críticos, Bourgeois é a única capaz de fazer arte conceitual que se apresenta como erótica. No retrato feito por Mapplethorpe – *Playful mother* (1982) –, a artista embala outra obra dela mesma – *Fillette* (1968) – um objeto concebido via surrealismo como um objeto abjeto, no sentido de ser ambivalente, isto é, quando pendurado pelo arame, é um objeto que desperta repulsa, um pedaço de carne castrado; mas, no colo da artista, parece um objeto de amor. E ela mesma dispensa qualquer interpretação psicanalítica convencional, ao expor sua articulação pessoal entre bebê e pênis. Além disso, pode-se dizer que, com essa obra, psicanaliticamente, Bourgeois também propõe uma apropriação do falo simbólico.

Ou seja, analisando o percurso de Louise Bourgeois, podemos ficar perplexos com a presença das concepções psicanalíticas na elaboração de sua obra. Assim, na fotografia feita por Mapplethorpe, ao se apresentar como mãe da boneca-falo, segurando o objeto debaixo do braço, Louise faz um deslocamento da mãe patriarcal para a mãe brincalhona e agressiva. E, ao dar forma à fantasia de agressão para com o falo-bebê, demonstra como a artista-mãe pode simular um sujeito que faz uso da agressividade. Nesse sentido, deve ser lembrado que a imagem fotografada por Mapplethorpe se tornou um ícone das exposições do conhecido grupo *Bad girls*, em Los Angeles e em Nova York. Realizadas pela primeira vez nos anos 1960 e 1970, esses eventos construíram uma genealogia de *Bad girl's mothers* e, depois, em 1990, a genealogia das *Bad girl's daughters*. E Louise é considerada a mãe de todas as *bad girls* que constituíram uma matrilinhagem artística extensa e bem conceituada, que inclui, além de Louise Bougeois inúmeras outras artistas consagradas como Yoko Ono, Cindy Sherman, Rachel Witheread etc. São nomes expressivos de artistas que, desde a década de 1960, constituíram uma grande família artística através da qual o poder masculino, no campo da arte foi não excluído, mas bastante questionado. Assim, na fotografia feita por Mapplethorpe, Louise fez de si mesma a imagem da mãe que sorri ironicamente para a supervalorização patriarcal do falo, que parodia a metonímia da criança e do pênis, em cujas mãos o falo se torna apenas um pênis, isto é, perde o status de significante privilegiado para se transformar em mais um objeto, entre outros, de agressão e de desejo. E essa não é uma fantasia psicanalítica *per se*, mas antes, uma fantasia artística provocativa que interroga a psicanálise. E, nessa medida, como observa a crítica de arte Nixon (1997), pode-se dizer que não foi uma "mãe má", figura fálica poderosa e persecutória que levou Louise a se tornar artista (ex.: a litogravura *Bad mother*, 1997); muito menos uma "mãe inteiramente boa", figura idealizada e nutritiva (ex.: a escultura *Bread*, 1998). Ao contrário, ela se tornou uma artista poderosa graças à atividade ambígua entre a boa e a má, ou seja, a atividade de uma "mãe suficientemente má". Essa conclusão, entretanto, não pode ser generalizada. Por exemplo, uma das artistas brasileiras contemporâneas mais importantes, Anna Maria Maiolino[4], desenvolveu a série

4 Anna Maria Maiolino foi homenageada com o Leão de Ouro pela Carreira, na 60ª Bienal de Veneza, 2024.

Fotopoemação. Com esse trabalho, ela cria poemas visuais por meio de atos performativos captados pela fotografia. São peças que foram criadas no contexto repressivo do Brasil dos anos 1970, abordando questões políticas pelo viés mais sutil da subjetividade e da sua condição de mulher.

Na foto *Por um fio*, de 1976, a artista faz um autorretrato ao lado da sua mãe e de sua filha, ligadas por um fio de macarrão, cada ponta na boca de uma delas. Nesse belo retrato de três gerações de mulheres unidas por algo muito simples, Anna transfigura em arte esse elemento simples que, de forma depreciativa e limitadora é, em geral, indicativo da condição e do lugar doméstico da mulher na família tradicional. Mas, "não há como não pensar, aqui, na forte ligação do cordão umbilical – uma conexão física que, depois de cortada, torna-se um vínculo emocional e psicológico, misterioso e potente" (Vídeo *Arte por um fio/By a thread*). Nesse caso, Anna Maiolino pode ser vista como uma mulher que se tornou artista graças a uma ação artística suficientemente boa, que a situou num campo temporal entre-dois, isto é, entre filha e mãe, entre passado e futuro, no presente.

Em suma, as manifestações artísticas contemporâneas, que brevemente comentamos, mostram que um tema candente é a relação arte/vida atravessada por segredos relativos à vida familiar. Com as linguagens da fotografia, do vídeo, da escultura e da instalação, não apenas para apresentar o tema, mas sobretudo para problematizá-lo, as artistas interrogam o campo simbólico que estrutura secretamente as relações familiares contemporâneas, as funções pai e mãe e a identidade pessoal. Com isso, fica evidente que é próprio da arte contemporânea subverter o instituído e interpelar o público com linguagens que propõem algo desconhecido com o qual nem sempre é fácil se implicar para pensar. Nesse sentido, pode-se estabelecer analogia entre esse modo de fazer arte e certa tendência da psicanálise contemporânea que, segundo Civitarese (2019), renuncia à aplicação de uma grade de leitura e privilegia a implicação com a obra, praticando a curiosidade e a interrogação dos sentidos, num trabalho que se realiza num campo entre-dois.

Referências

Aulagnier, P. (1976). Le droit au secret: condition pour pouvoir penser. *Nouvelle revue de psychanalyse*, 14.

Bazin, G. (1986). *Histoire de l'histoire de l'art*. Albin Michel.

Bollas, C. (1992). *The Freudian moment*. Karnac.

Bourgeois, L. (2000). *Destruição do pai/reconstrução do pai: escritos e entrevistas 1923-1997*. Cosac & Naify.

Chauí, M. (1989). Merleau-Ponty: obra de arte e filosofia (p. 467-492). In A. Novaes (Org.). *Artepensamento*. Companhia das Letras.

Civitarese, G. (2020). *Perder a cabeça*. Dublinense.

Foster, H. (1996). *The return of the real*. MIT Press.

Freud, S. (1974). Totem e tabu. En S. Freud, *Edição standard brasileira das obras psicológicas completas de Sigmund Freud* (Vol. 13, 13-194). Imago.

Freud, S. (1974). O Moisés de Michelangelo. En S. Freud, *Edição standard brasileira das obras psicológicas completas de Sigmund Freud* (Vol. 13, pp. 249-280). Imago.

Frayze-Pereira, J. A. (2005). A pesquisa do campo artístico como extensão da clínica. En L. Barone (Coord.), *A psicanálise e a clínica extensa* (pp. 401-416). Casa do Psicólogo.

Frayze-Pereira, J. A. (2010). *Arte, dor: inquietudes entre estética e psicanálise* (2ª ed). Ateliê.

Green, A. (1992). *Révélations de l'inachèvement*. Flammarion.

Kristeva, J. (1993). *Nouvelles maladies de lâme*. Fayard.

Maiolino A. (2020). *Arte por um fio* (*By a Thread*). Disponible en: https://artsandculture.google.com/asset/por-um-fio-fotopoema-cao-series-anna-maria-maiolino/LAH-gVc3-ahieA?hl=it

Merleau-Ponty, M. (1964). *L' oeil et l' esprit*. Gallimard.

Morel, D. (1990). *Ter um talento, ter um sintoma*. Escuta.

Nixon, M. (1997). Bad enough mother. En R. Krauss et al. (Eds.), *October, the second decade, 1986-1996* (pp. 156-178). MIT Press.

Silva, M.C.P. (2003). *Herança psíquica na clínica psicanalítica*. Casa do Psicólogo.

Tranberg, D. (2001). *Louise Bourgeois "Spiders", Rockfeller Center*. Cleveland Plain Dealer. www.nycjpg.com/2003/pages/0526.html, retrieved on google on January, 30th, 2007.

4. Intimidade[1]

Addys Attías de Cavallin

Intimidade: entre o privado e o público

Intimidade, do latim *Intimus*, superlativo de dentro ou de mais dentro.

Intimidade como desejo ou tentativa de conexão do nosso mundo interior com o do outro: nos tornarmos o outro?

O íntimo diz respeito às nossas verdades e não verdades, com o particular que me define, o simplifico como: eu-meu-mim-comigo. O que é autenticamente meu, corpo, pensamentos, sentimentos, eu sou tudo isso que me define.

Para tocar o conceito de intimidade devemos colocar a incompletude, e a partir desse conceito há a intenção de intimidade com o outro, como uma tentativa de suprir nossa carência, nossa condição de seres separados. Hoje o imediatismo tenta apagar a separação entre o privado e o público. O privado saiu de moda, parecendo que para validá-lo tiramos a essência tornando-a pública; aqui a tecnologia tem tanta força que parece apagar fronteiras e o íntimo entra no mundo publicitário disfarçado com o que se espera neste momento: a "sociedade do espetáculo", precisando então disfarçar e decorar

---

1 Apresentado no 2º Encontro ENTRE – Arte e Psicanálise – Casal e Família: o íntimo e o público, organizado pela Comissão de Psicanálise de Casal e Família da Federação Psicanalítica da América Latina (CPCF-Fepal) em 26 de novembro de 2022.

o que vamos mostrar com o slogan de pertencer a esse mundo belo e feliz, com o mandato de deixar de fora o doloroso, os fracassos, o isso acontece com os outros. E parece imoral não ser leve, alegre, necessitando do reconhecimento do rebanho; ainda assim, continua "o mal-estar na cultura" devido à exigência de sucesso que nos coloca a tensão de alcançar a meta estabelecida pelos outros e, além disso, parece que precisamos grafá-la com "a foto oficial" de plenitude. No entanto, podemos nos encontrar com a síndrome do impostor devido a surtos, na qual nossa autoestima vacila e pode aparecer um alerta que é introduzido nos sintomas do ataque de pânico.

Nessa gestão da felicidade, o íntimo foi invadido pelo mandato de silenciar o erro e o sofrimento, negando que a intimidade seja precedida pelo desejo de preencher nosso vazio e que a experiência dramática da solidão corra com um sentimento onipresente de abandono, que se revela quase um conhecimento único de nossa condição de seres separados.

A intimidade é, então, uma conexão com aquele outro interno ou externo "respeitando sua existência enigmática e misteriosa, além do nosso controle" (Goldiuk, 2017).

Quero falar desse herói da intimidade: o amor.

Amor que podemos timidamente nos perguntar se saiu de moda ou tem a aparência que lhe corresponde hoje: desejo, saudade, gozo, alternância. No entanto, o amor continua a ser protagonista nesse outro espaço íntimo que é o nosso consultório. Ali não há rubor.

Julia Kristeva se perguntou se estamos falando da mesma coisa hoje quando falamos de amor.

Amor é aquele nome grandioso como Tudo nos momentos apoteóticos do início, ou o horror do Nada ante o primeiro desastre!

No amor há o vínculo do nós, com uma pergunta:

> *Se o desejo é inconstante, é louco por novidade, é instável por definição... então, o que é que nos leva a amar, a sonhar com o casal eterno, com promessa de fidelidade, de aliança duradoura, como desejo, como necessidade libidinal? (Kristeva, 1991)*

Essa é a pergunta.

No percurso do íntimo no casal, apesar de... parecer estar presente e vigente o conceito tradicional da capacidade de suportar a diferença (a diferença não é desarmonia nem desacordo, é desamor).

No amor de casal encontramos que este se afasta de muitos dos nossos ideais, já que adaptar-se às necessidades do outro é um desafio constante e escorregadio. Assim, o casal é uma luta de poder, com a dinâmica dominação-entrega, jogo inevitável (Aulagnier, 1994). Além disso, devemos lembrar que as relações de poder estão presentes em todo vínculo (Puget & Berestein, 1989).

Também encontramos que o desejo e seus altos e baixos introduzirão desconforto no vínculo, uma vez que ele pode percorrer um caminho diferente do amor.

Parece, então, que o casal é uma experiência anormal no sentido de que não se adapta a uma norma modelo, e nela, além disto, altas doses de regressão são empregadas, especialmente se for baseada no enamoramento, o que o torna, em grande medida, incompatível com a individuação adulta.

Encontramos nos casais a necessidade de fazer alianças que são constituídas por investimentos estáveis entre os membros do vínculo; O casal define o que é permitido e o que é proibido, intercambia, simples acomodação... mas isto não é algo simples, é um processo de escuta dos acordos designados pelos processos intrapsíquicos de cada membro, e ali haverá o trabalho de retirar da consciência certas representações a favor de sustentar o acordo.

M. Alizade (1991) expressa sua concepção de amor como afeto complexo, realização de um desejo totalizante impossível, sentimentos de prazer, desprazer, transgressão, sofrimento. É o amor como metáfora de um ideal de vida sem angústias nem temores, mas ao mesmo tempo o amor coloca seu anzol enganador que diviniza o desejo pelo outro.

O núcleo que emerge como básico no casal é o sexual, coloca-se ali o desejo e hoje no impulso de um novo estilo, a sexualidade vai em fuga no vínculo amoroso, ela escapa tentando apagar os limites externos, surge o terror do aprisionamento pelo outro, e a defesa que aparece é a multiplicação do encontro sexual que tende a querer apagar esses limites.

- Pânico de se perder na intimidade com o outro?
- É a necessidade de manter o isolamento afetivo protetor?
- Do que estamos nos defendendo, de ficar a salvo de emoções personalizadas, do compromisso amoroso de fidelidade?

Essa sexualidade viciante, difusa, dispersa passa a ser vivida como uma impostura, como uma falsa experiência: o "amor líquido", que entra na sociedade líquida designada como tal pelo sociólogo Zygmunt Bauman (1999).

O amor líquido não se detém para conhecer, a tecer o nós, ao contrário, vemos personagens decadentes, traindo o vínculo amoroso e separando-os dos encontros sexuais do amor. A metáfora da liquidez enfatiza a precariedade dos vínculos humanos devido à sua natureza transitória e volátil.

Vínculos de rostos maquiados oferecidos pela virtualidade, surfamos as ondas... Bauman (1999) ressaltou que hoje não estamos nadando, mas surfando, e como bons surfistas quase não se molha e nem pensa no que está embaixo da prancha.

A sociedade atual é baseada no individualismo, em um modo de vida mutável e efêmero: os vínculos são formados com breves começos e finais indolores, amor em episódios, promessas de amor parecidas com as do Tinder, rostos deslizantes até encontrar o do momento, e este estranho portador da fantasia esperada é também o portador da incerteza, e talvez também, da suspeita de perigo.

E a identidade? Uma identidade que é reciclada porque tem prazo de validade, pode ser aquosa, espumosa, gasosa, mas aí também vem o medo líquido, o medo que envolve esses vínculos, a desconfiança, a ignorância em relação ao outro, negar que o amor é conhecimento de um "você".

Dessa forma entramos em desencantamento na cultura atual do agora, de descartar por causa desse desencanto que nos empurra para o *carpe diem*, como a tirania do momento de viver o desejo imediato, sem saber que o desejo vem com uma obsolescência programada, apoptose necessária para outro desejo que está esperando que ele entre: renovação e redundância. Nunca é suficiente!!

Convertidos em profissionais da flexibilidade sexual, com promessas de amor líquido para as próximas 24 horas, fazemos um engrandecimento do eu, e isso supõe um esquecimento do outro, avançando no sentimento de que a liberdade que almejam não está em alcançar o que desejam, mas em se livrar do indesejado.

Voltando ao nós, como o conhecíamos, vemos o casal com seus organizadores familiares, os pelo menos seis personagens em ação (o casal parental nos acompanha), que vão fazendo um percurso, então dessa forma o amor é história, não são momentos. Em o nós construímos o vínculo hora a hora, às vezes nos apegando ao que supomos saber sobre o outro e sobre nós mesmos (como se fosse possível saber). Nesse espaço, o "nós" enfrenta o diferente, a surpresa, é o desafio da convivência, do rearranjo permanente versus a "armadilha da necessidade de unificar para harmonizar, negando que o casal seja o suporte da diferença" (Aulagnier, 1994).

Hoje há um espaço para tocar a intimidade dos adultos maiores que não resistem à promessa de felicidade na novidade do encontro sem consequências, e o transbordamento juvenil que marca e seduz pode permitir que eles se misturem ao grupo que dita o padrão, e eles entrem chutando, misturando-se no turbilhão juvenil de paixões instantâneas, participando do teatro da imortalidade e contagiando-se com aqueles outros, pisoteando-se com contatos sem profundidade, mas que têm o poder de fazer desaparecer a realidade do finito e deter o que vai além do princípio do prazer.

Então, estamos entrando na esfera pública, precisamos de reconhecimento ao olhar dos outros, o íntimo se torna aparente, mostramos o personagem que queremos nos tornar tão ávidos por conquistar, que não paramos para pensar em como reter. É uma mutação da intimidade, oferecendo-nos a esse outro... outros, para desfrutar do seu lado voyeur.

Na esfera pública, entra a tecnologia avassaladora, favorecendo o embaçamento do privado como comunicação distrativa e que de alguma forma influenciará nossa tomada de decisão em muitas áreas. Nas crianças, aparece a tela que cativa e prende, e nos adultos, ela é adicionada ao espaço familiar como um terceiro que só espera nosso chamado e o personagem então nos acompanha (Netflix). Até o nosso paciente substitui seus próprios diálogos, suas reflexões e confidências, pelo personagem da série que facilita que ele se projete, e a partir da "vida dos outros", vidas virtuais, eles conseguem matizar seu cotidiano dando familiaridade aos personagens que seguem, no que parece mais fácil falar colocando sua psique no roteiro e em seus protagonistas. Não sabemos se há um movimento na identidade preso no personagem, ou se é a maior necessidade de pertencer a algum espaço, de ter pertencimento ao protagonismo.

Nos jovens, as tecnologias das redes sociais facilitam a compreensão da teoria de Bauman, que fala mais sobre conexões do que relacionamentos. A sociedade líquida nos mostra as emoções que não podem ser retidas e o amor de hoje sem compromisso, leve, sem entrega, enredando os conceitos de desejo e desejos como ganchos enganosos que encobrem o desprezo pelo amor, para mostrar um amor sensual destinado a ser extinto com satisfação, esquecendo que para o amor durar ele precisa ser combinado desde o início com componentes de ternura, ou seja, de meta inibida.

Encontramos mais facilmente nesse tipo de encontro a prioridade do visual ou do escrito nos meios eletrônicos (telefone e outros), paródias do apaixonar-se, estaremos evitando qualquer eventualidade de fracasso?

A variação incessante cria encontros com data de validade, em que o outro é borrado, ao contrário do amor no qual o outro é reconhecido como distinto e separado do si mesmo.

Nas telas de pornografia interativa encontramos "os gulosos anoréxicos" como prefiro chamá-los, já que eles não estão saciados e na máquina virtual não há angústia aparente, escolhem-se qual mercadoria é uma promessa de prazer *express*. Tecnologia sedutora que estimula a ilusão de que podemos ter a gratificação total de ideias, desejos e propósitos. Coloca-se a questão de saber se o esquema do segundo tópico de S. Freud (Eu, Id e Superego) foi modificado. Ele apontou que o núcleo do nosso ser é constituído pelo Id escuro, dentro do qual estão duas forças primordiais: Eros e destruição. Essas forças só querem alcançar a satisfação instantânea, e sem qualquer consideração, uma vez que obedecem ao princípio do prazer; é então que o ego passa a proteger, atento no olhar para a segurança, apoiando-se no princípio da realidade e no superego, que entra intensamente questionando e se volta contra o ego. O que significa que as três instâncias psíquicas não mudaram em relação ao curso das funções, desejos, moralidade: o id é totalmente amoral, o ego insiste em ser moral e o superego pode ser hiper moral, cruel, o que criará angústia no ego, ansiedade de castração com suas respostas de defesas maníacas e de negação. Assim, nos colocamos no lugar da multidão.

Claudio Laks Eizirik (1997), psicanalista de Porto Alegre, apontou em 1997 que o ego é inundado de pressões sociais que podem atrapalhar e confundir o caminho da função do ego, da capacidade de julgamento e reflexão das consequências, da capacidade de prever, interrogando também ao superego.

Gosto da metáfora que Freud usou do cavalo espirituoso, (id), e do cavaleiro com seus freios (o ego). Como vemos isso hoje? Uma tropa de cavalos espirituosos seguindo corpos ou telas, e um cavaleiro arrastado pelo ímpeto da sociedade que carrega esquemas e sinais, tentando-o a apagar sua capacidade de pensar e empurrando-o para a passagem ao ato, atropelado pelo id com suas promessas de prazer instantâneo. E o cavaleiro com o freio representando o ego, que também contém o superego, não sabe para onde está indo.

Onde fica aquele Eu que deve enfrentar a força superior do id... e se ele sucumbir? Então sentimentos inconscientes de culpa aparecerão. Esse sentimento pode ser mudo para a pessoa, que não se sente culpada, mas experimentará vazio, tristeza, ansiedade, depressão: "o componente destrutivo foi depositado no superego e se voltou para o ego" (Freud, 1923-25).

Somos aqueles ávidos pelo prazer sexual corpo a corpo, ou corpos a corpos, em todas as suas possibilidades como um transbordamento de defesas maníacas que podem nos impedir de entrar em contato com o espaço interno. Para Winnicott (1993) esse espaço não é algo com o qual o ser humano nasce; ele tem que amadurecer com o tempo e contar com um ambiente que o permita. Nesse espaço interno haverá a capacidade para o sentimento de culpa, que significa sustentar e conter. Engloba a condição de cuidar do outro, dos outros, e de estar só, sem o pânico de estar em contato consigo mesmo que nos empurra para a gratificação imediata.

Desejo incorporar as ideias de M. McLuhan (1964), "o meio é a mensagem", referindo-se a como formatamos o foco do conteúdo.

Entender os meios como uma caixa de ferramentas muito útil e assim, além disso, todo o conteúdo é determinado pelo meio. Por exemplo, hoje estamos ao telefone no canal aberto com quem quisermos e onde quer que estejam. Um exemplo que torna a teoria de McLuhan irrefutável é o bem lembrado experimento do Washington Post que procurou demonstrar se as pessoas eram capazes de apreciar a beleza na hora do rush. Joshua Bell, um dos melhores violinistas e usando seu caro violino do século XVII, começou a tocar de incógnito quase como um mendigo no metrô de Washington. Das 1.097 pessoas que passaram pelo local nesse período, sete pararam para ouvi-lo e apenas uma o reconheceu. A atmosfera do ambiente fez com que ninguém percebesse que estava ouvindo uma performance sublime.

Focos contínuos de conteúdo em que a palavra enviada leva o telefone a uma nova expansão criando a necessidade de pensar em novos obstáculos éticos. Nessa "sala de aula sem parede" (McLuhan, 1964), que formata o foco do conteúdo, observamos como a máquina modificou as relações. No entanto, essa máquina faz "o conteúdo de um meio como o apetitoso pedaço de carne que o ladrão leva para distrair o cão de guarda da mente".

Estamos, então, na era da maior ansiedade?

Somos a extensão do olho, do ouvido?

A máquina tem modificado nossas relações com nós mesmos.

Por fim, a cultura como tradição herdada preocupada com o desenvolvimento e amadurecimento do indivíduo está sendo revista, (questionada?), pelos movimentos da tendência cultural à adaptação imediata que traz também um movimento e mudanças no papel da família, do vínculo do casal e da educação dos filhos. Ali, por exemplo, a mãe, uma mulher multifacetada sobrecarregada e sobre-exigida, necessitando da incorporação de figuras para apoiá-la em seu papel: avó, tia, babá; e naquele lugar materno de quatro pessoas para preencher a função eu gosto de dividi-la, e assim, oferecemos ao filho uma quarta parte da mãe. O pai, nem sempre ao seu lado, também hoje pisoteado pelos esquemas das massas, desloca seu papel de guia nos filhos, apagando a assimetria que cria confrontos e tenta silenciar a ameaça à sua lei nomeando os filhos de "amigos", condenando-os à orfandade.

Acrescentemos que, quando somos atropelados pela centrífuga da cultura ao narcisismo, nos desprendemos de papéis e nos diluímos na massa, e o desejo de vontade própria é aniquilado, levando-nos a sofrer por pertencer àquele contexto social e ali queremos e precisamos representar nosso melhor papel: "estamos todos bem". O fracasso e a tentativa de entender o desconforto saíram de moda, dando origem ao representante hoje do ideal: sou completa, a cada dia tenho mais seguidores e mais "likes". Gosto, logo existo.

O Luis (Juan, Pedro, José...) se tem aberto para compartilhar sua sexualidade com pornografia interativa paga, e ousa, provavelmente por estar comigo na modalidade virtual, falar comigo desta forma: "é incrível, não fico sem provar nada (descreve a experiência) e acrescenta que talvez eu tenha ficado um pouco escandalizada". Eu disse a ele, se não seria ele ter silenciado algo que, na opinião dele, poderia me escandalizar? Ele respondeu: "preciso te dizer uma coisa, estou exausto, mas não tão satisfeito". Eu perguntei, sabes por quê? Ele respondeu: "Eu gostaria de muito mais".

Conclusão

No estilo atual da sociedade, quando tudo acontece com muita força, propostas e teorias se diluem, se afastam e desaparecem, ainda tenho a esperança de que restem algumas ilhas sólidas. Pode haver os refúgios das tradições, do contrato de amor, do vínculo com a família nuclear; são valores antigos que podem ser reformulados em termos dos avanços atuais.

E sobre o grande protagonista da intimidade, o amor, posso dizer, como disseram Berestein e Puget (1989), "os laços do amor estão na dualidade, eu e outro". Lembrando que nenhum "eu" pode ser suficiente para si mesmo, e nenhum "eu" pode cumprir o outro, nenhum outro pode substituir o "eu", mas nenhum outro pode colmar ao "eu".

Nas palavras de Unamuno, o amor é filho da ilusão e pai da desilusão. E acrescentou que o homem vive em permanente tensão entre o que pensa e o que sente, entre o que deve ser e o que quer fazer... e o que precisa e o que lhe aparece.

Ou, como diz Freud, o homem normal não é apenas muito mais imoral do que pensa, mas muito mais moral do que sabe.

Referências

Alizade, M.A. (1991). *La sensualidad femenina.* Amorrortu editores.

Aulagnier, P. (1994). *Los destinos del placer.* Paidós.

Bauman, Z. (1999). *Modernidad líquida*. Paidós.

Freud, S. (1923-25). *El Yo y el ello* (Tomo XIX). Amorrortu editores.

Freud, S. (1927). *El malestar en la cultura* (Tomo XXI). Amorrortu editores.

Freud, S. (1937). *El aparato psíquico y el mundo exterior* (Tomo XXIII). Amorrortu editores.

Goldiuk, H. (2017). Intimidad y la capacidad de sufrir la soledad. *Temas de psicoanálisis.* https://www.temasdepsicoanalisis.org/2018/01/31/intimidad-y-la-capacidad-de-sufrir-la-soledad-1/

Kristeva, J. (1991). *Historias de amor.* Siglo XXI.

Eizirik, C.L. (1997). *Psicoanálisis y cultura. Algunos desafíos contemporáneos.* Libro anual de psicoanálisis. Tomo XXIII. Escuta.

McDougall, J. (1998) *Las mil y una caras de Eros. La sexualidad humana en busca de soluciones.* Paidos.

McLuhan, M. (1964). *Comprender los medios de comunicación. Las extensiones del ser humano.* Paidos.

Puget, J., Berestein, Y. (1989). *Psicología de la pareja matrimonial.* Paidós.

Spivakow, M. (2011). *La pareja en conflicto. Aportes psicoanalíticos.* Reseña por Espeleta, S. *Revista Internacional del Psicoanálisis.*

Zukerman, P., Berestein, P., Kogan, J. (2017). Intimidad en los vínculos familiares. Reflexiones a partir de diversa. *Psicoanálisis* - Vol. XXXIX - n. 1 y 2 - 2017 - pp. 213-270.

Encontro ENTRE – Literatura e Psicanálise

Casal e Família através do tempo: ficções e realidades

5. As famílias como grupos ligados por experiências, testemunhos e relatos: um conto possível[1]

Federico R. Urman

...cada palavra diz o que diz, e
além do mais, outra coisa.
Alejandra Pizarnik

Mamãe vestida de renda
tocava piano no caos.
Murilo Mendes

L. Tolstói começa *Anna Karenina* com estas palavras: "Todas as famílias felizes se assemelham umas às outras; mas toda família infeliz tem um motivo especial para ser infeliz. Na casa dos Oblonskys estava tudo perturbado". E Ambrose Bierce começa assim uma de suas histórias: "Numa manhã de junho de 1872, assassinei meu pai, um ato que me marcou muito na época. Isso aconteceu antes do meu casamento [...]" (*O clube dos parricidas*). Autor que caracteriza

1 Apresentado no 3º Encontro ENTRE – Literatura e Psicanálise – Casal e Família através do tempo: ficções e realidades, organizado pela Comissão de Psicanálise de Casal e Família – Federação Psicanalítica da América Latina (CPFP-Fepal) no dia 29 de abril de 2023.

o amor como uma "insanidade temporária curável através do casamento, ou pelo distanciamento do paciente das influências sob as quais contraiu a doença". (*Dicionário do diabo*). Anne Carson escreve: "uma conversa entre iguais não há nada tão difícil de conseguir neste mundo de habeas corpus porque (diz keats) esgotamos toda a admiração, curiosidade e medo" (*A beleza do marido*). Em um poema, Jorge Luis Borges lamenta ter desiludido as expectativas que os pais lhe depositavam (*O remorso*). Sofrimentos de casal e familiares, violência na relação pais-filhos, tratamentos abusivos, amores não correspondidos (retribuídos), a literatura sempre teve o que contar sobre casais e famílias. Freud valorizava o talento e a misteriosa capacidade do escritor de penetrar nas profundezas da alma humana e de transmitir sentimentos pessoais e sociais, as verdades profundas do homem. Reconheceu-os como laieanalyse, analistas profanos, e, entre eles, destacou a presença de poetas, daqueles com especial capacidade criativa de brincar com as palavras. Pois os poetas acampam nas bordas da linguagem, nos seus caminhos mais arriscados e inexplorados, e dessas estreitas bordas expõem e se expõem, ali onde a palavra se torna música, onde o silêncio é escaneamento, grito, barulho, sussurro, carícia. E fala das solidões povoadas e do nós em luta. Como G. Boído: "Temos que tomar cuidado com a direita porque é destra/e com a esquerda quando é sinistra". Ou: "A poesia não se vende/ porque a poesia não está à venda". Ou: "Entre o seu possível corpo / e o seu corpo, / só a minha mão cabe. Entre a minha possível mão/e a minha mão/só cabe o teu corpo" (Urman, 1982).

A psicanálise freudiana, por sua vez, tem tido na literatura não apenas um de seus "múltiplos interesses", mas também o poder de a afetar a partir de sua própria produção. Um exemplo disso é o conceito de "romance familiar do neurótico" (Freud, 1909), uma fantasia ou protofantasia que se supõe universal, talvez o último produto deste tipo, e que tem o poder de ligar, em uma história, as outras fantasias primitivas anteriores. Esse romance de família é um mito épico e seria como o romance de todos os romances. As aventuras desses heróis e vilões concentram boa parte das leituras da pré-adolescência e adolescência, e fornecem a base do enredo dos quadrinhos com os quais estamos familiarizados.

As fantasias desiderativas são uma matéria-prima compartilhada pelos escritores e pelas pessoas e grupos que fabricam sintomas preocupantes e restrições de caráter com eles. Essa vinculação é o que permite a realização de uma *análise aplicada* na medida em que achados clínicos são utilizados para a compreensão de obras literárias. Freud interpretou assim obras de Shakespeare, Sófocles, Hoffmann, Dostoiévski, Jensen e outros. Muitos psicanalistas o seguiram nesse caminho. Lembremos, por exemplo, a análise de J. Lacan (1966) sobre *A carta roubada* de Poe, de M. Klein (1955) sobre *Se eu fosse você* de J. Green, de E. Pichon-Riviere (1992) sobre o *Conde de Lautreámont*, de M. Langer (1949) sobre a *Viagem ao Centro da Terra* de J. Verne e a de Bettelheim (1975) sobre as histórias infantis.

Voltando a S. Freud, sabemos que ele fez muitas reflexões sobre a criação literária. Ele questionou o papel motivador das frustrações e perdas reais; sobre o prazer particular que a leitura desperta e sobre seus efeitos sobre o leitor, relacionou-o a experiências lúdicas; fez observações sobre o tratamento poético dos distúrbios psíquicos e sobre as características de certas afecções estéticas; propôs diferentes critérios sobre o papel desempenhado pela sublimação; sugeriram estilos narrativos predominantes em adolescentes. Apenas os menciono, porque, por razões expositivas, não vou me deter neles. Por outro lado, são teorizações que naturalizaram uma família nuclear burguesa patriarcal cuja solidez, após um século, foi profundamente alterada.

Gostaria agora de direcionar o curso dessas reflexões para os aspectos que mais podem nos tocar em nosso trabalho psicoterapêutico, quando trabalhamos com famílias (e com outros grupos e até mesmo pacientes individuais). O que se pode destacar no encontro com a literatura nesse campo? Em primeiro lugar, gostaria de lembrar que estabelecemos escritos de nossa experiência, e que o relato do que consideramos material analítico integra o que chamamos de história clínica. A história médica é o relato do profissional sobre o que está acontecendo com o paciente. A história clínica psicanalítica é o relato que o terapeuta estabelece do que acontece entre ele e o paciente (conjunto ou indivíduo). *Nosso relato é produto da coautoria vincular* (Urman, 2021). Lembremos que a primorosa técnica do cadáver, um jogo surrealista que acrescenta versos escritos sucessivamente por seus participantes, é um exemplo de texto de autoria múltipla. Destacamos dois aspectos do histórial: 1) trata-se de uma construção ficcional elaborada com as migalhas do vivido na clínica, que o dispositivo terapêutico instituído possibilitou. Ali encontram lugar a realidade psíquica, as verdades vinculantes criadas na imanência entre todos aqueles que compõem a experiência e, ocasionalmente, a verdade histórica (Freud, 1937) de um deles. Esse personagem fictício é aquele que, longe de desmerecer, avalia seu significado e eficácia terapêutica. 2) Na clínica, a história se configura a partir do que se passa em cada sessão, entre terapeuta e paciente. O presente funda, uma e outra vez, o passado. Destaco aqui um paradoxo que Borges observou: os pré-kafkianos carregavam Kafka em sua obra, mas é Kafka quem, a partir de sua obra, retroativamente dá origem à invenção do pré-kafkiano como categoria ou classe.

Vamos deixar para trás a narrativa do que está acontecendo, e que registramos como cronistas ou escribas envolvidos na situação. Passemos agora à experiência. O que encontramos na reunião? O que os pacientes fazem quando, desde o desprendimento de nossa atenção flutuante, não esperamos nada? Vemos que eles nos contam (e nos contam) histórias sobre o que os faz mal ou lhes causa desconforto. Essas histórias – geralmente reclamadas e repetidas – são organizadas de tal forma que nos apresentam um agente do sofrimento grupal e o resto, as vítimas que sofrem esses comportamentos. Eles não são mais a família que costumavam ser. Que família eram eles?

Há laços de sangue, em muitos casos, e laços de parentesco, mas prefiro considerar família duas ou mais pessoas de gerações diferentes que se apresentam e/ou são reconhecidas como família, que compartilham histórias e experiências testemunhais. Por exemplo, o monoparental composto por um adulto e uma criança adotiva. Voltemos à situação clínica.

Essas histórias que nos desafiam incluem a episteme atual, o *zeitgeist,* o espírito ou mentalidade da época, aquilo que pode ser interrogado ou relatado nas histórias, um discurso que nos submete como sujeitos sociais e que afeta nosso modo de sentir, pensar e agir.

Dissemos que insistem em relatos que não podem parar de repetir, mesmo que sejam improdutivos para aliviar o sofrimento do qual padecem; outras vezes eles realizam uma série de monólogos chatos, ou se lançaram palavras ofensivas que não os deixam pensar e que os ferem vincularmente; ou, irritados, exigem compensações que só causam um silêncio desolador. Essas narrativas verbais, que sempre têm algum caráter performático, costumam ser acompanhadas, como em famílias com crianças e/ou adolescentes, com o que expressam por meio de jogos, modelagens, desenhos e todo tipo de atos, realizados individualmente ou em conjunto.

Considero essas apresentações, que são feitas ante (com) nós, como mais um envolvido na situação que nos institui, junto com a família, em um "embaralhar e distribuir de novo", ou seja, como um desafio que tenta encontrar uma saída, uma nova forma de perceber, questionar e pensar sobre o que estamos todos fazendo juntos. Estamos empenhados em instituir uma condição inédita à maneira da proposta de Maria Dolores Ara: "Tenho novos olhos / de um aberto perene".

Esperamos, então, um acontecimento inesperado que desoriente, que entre inesperadamente e abra espaço, mesmo que incomode, desconforte e perturbe porque parece ameaçador. O que fazer com esse sentimento paranoico? Pensamos isto entre todos. Se paranoico sugere o sentimento angustiante de ser perseguido em uma circunstância em que se é realmente perseguido, tentamos esclarecer esse perigo. O que vai ser ameaçado, questionado, é a organização que a família construiu no início do encontro. Uma dissociação que separa o paciente designado dos demais, presumivelmente saudável ou não conflituoso. Mas esse evento que agora quebra essa estrutura: é uma boa ou má notícia? Se o conceito de ambivalência já não tivesse sido inventado, ele teria que ser criado para dar conta dessa experiência. Deixar as coisas como estão tem uma vantagem: trata-se de manter o que já foi instituído, conhecido e vivido, o conforto do habitual do equilíbrio alcançado e o conforto do que se antecipa. Mas o custo é alto, porque o sofrimento para o qual são consultados é gerado, inconscientemente, pela dinâmica patogênica que espontaneamente continuam a reiterar. Embora estejamos compartilhando esse risco ao participar da reunião, os benefícios de manter o status quo gerarão resistência às novas experiências que o dispositivo aspira gerar. Cercas serão colocadas diante das novas situações subjetivas que vierem a se configurar. O tratamento consiste apenas na evolução dessa luta entre narrativas reflexivas subjetivas que levam a novas ações e a complicar os vínculos e as narrativas defensivas anteriores que insistem em preservar o estabelecido, mesmo que o preço seja o empobrecimento subjetivo de todos. Algumas histórias promoverão o desconforto do fluxo da vida, a abertura do contato com o estranho, o diferente e o estrangeiro, a convivência com estranhos (e com o desconhecido em si mesmo), as outras insistirão no valor do idêntico e do semelhante, da complementaridade que unifica e completa, com a atemporalidade das essências e a certeza dos destinos já traçados, dos fundamentos únicos e últimos. Uma narrativa se abrirá para o incerto aberto, para a ação cooperativa e para a distribuição de conhecimentos, poderes e responsabilidades. Outro se concentrará no individualismo, nas vantagens de capitalizar o fazer, na hierarquia que impõe obediência passiva, nas conveniências pessoais e nas vantagens de garantir posições de sucesso de marketing.

Em certas ocasiões, a falta de histórias compartilhadas tem poder patogênico, como em casos de adoções ou filhos resultantes de fertilização assistida; em outros, o desorganizador e traumático advém da imposição de histórias apaixonadas que não respeitam as necessidades e possibilidades psíquicas dos filhos, como quando se revelam infidelidades paternas ou quando, em certos divórcios polêmicos, cada pai tenta doutrinar seus filhos a partir de suas razões e, a partir desta aliança, busca desacreditar ou difamar o ex-parceiro conjugal.

Observamos também, em nossa clínica, que atualmente as telas têm um poder subjetivo tão grande que conseguem deslocar o papel subjetivo das histórias literárias, em sua oferta de enredos e personagens com os quais é possível se identificar.

Ao intervir na sessão, podemos considerar esses possíveis destinatários: 1) o mundo interno de um de seus membros, com as relações de objeto estabelecidas pelo eu; 2) o intersubjetivo, ou seja, o que liga os diferentes eus que estão interagindo, segundo o que chamamos de lógica do Um; 3) o que eles fazem e fazemos juntos no decorrer da sessão, e isso nos leva a uma posição de ser circunstancial, abrigando diferenças, o que chamamos, com Berenstein (2007) e Puget (2015), de vinculação, que implementa a lógica dos Dois, que acentua a descentralização, a apresentação, o princípio da incerteza e o poder de expandir territórios subjetivantes de complexidade crescente.

Vejamos dois exemplos de histórias que são apresentadas, e que estão sendo desmontadas e construídas de tal forma que novos contatos e práxis significantes são agora possíveis.

Os pais de um aluno consultam porque seu filho tem problemas de comportamento na escola e não os respeita. Como ele desafia o que o pai lhe diz? Seu próprio pai costumava bater nele, mesmo por falhas menores, e ele não quer fazer isso. Por que ele não obedece à sua mãe e a insulta se ela insiste que ele faça algo que ele concordou em fazer? A culpa é deles porque, como filho único, não colocam limites para ele? Quando se tranquiliza, o filho às vezes pede desculpas, mas em outros momentos justifica suas ações. Essa situação inicial de perplexidade, sofrimento e desânimo é um bom ponto de partida, mas não serei eu quem fornecerá um guia para perplexos, à maneira de Maimônides.

Essa consulta expõe uma situação social atual frequente: pais e professores não são mais reconhecidos como figuras de autoridade incontestável. É necessário analisar o que se passa entre todos nós e examinar o que impede a criação de uma regulamentação partilhada com firmeza e flexibilidade, critérios em que todos participem, um acordo de coexistência aberto que terá de ser ratificado ou retificado em cada ocasião que seja necessário, uma vez que se esse acordo for mantido temporariamente é porque, sendo diferente e discordante, vai mostrando sua insuficiência (e seu poder) a cada momento em que as circunstâncias mudam novamente. Nessa experiência, todos nós colaboramos para nos tornarmos conscientes. Uma estratégia de cuidado e respeito será construída. A criança verá então que pode se controlar, ser reconhecida e exigir de bom grado o que é prudente pedir e que, apostando no amor, tem algo para dar. A mãe aprenderá a ser respeitada, em nome de seus direitos, pelo filho, e também pelo marido, quando perceber o quanto ficou calada por submissão. E o pai refletirá sobre sua tentação de dominar, sobre sua dificuldade em ouvir os outros, e em aceitar suas próprias incoerências diante da lei (estes pais, na minha experiência, tendem a trapacear em relação aos honorários e horários).

Em uma ocasião, atendi um casal em que um dos pontos de conflito era a *frequência* das relações sexuais, que eram mutuamente satisfatórias. Ele era tabelião e advogado e ela era uma colega que também trabalhava com recursos humanos. Comentavam, com inteligência e humor, que para cada um a "demanda" tinha conotações particulares. "Pertenço a uma família católica e a dela é judia, mas isso não nos conflita". Não havia nenhum problema com aqueles dez mandamentos. Quem tinha razão? Aquele que disse que sofreu por uma pressão que viveu como assédio que o incomodava? Ou quem se arrependeu de o outro ter sido menos receptivo aos seus pedidos, já que sua tensão sexual o deixava desconfortável? Que justiça salomônica esperavam de mim? Além disso, existe um "padrão medidor" sexual? Surpreendentemente, embora usassem o "nós" para se referir ao desconforto sexual, era um "nós" que evocava uma piada bem conhecida: "Eles se amavam: ele se amava e ela se amava". Não conseguiram, em suas histórias, ultrapassar o muro narcísico e assumir outra perspectiva, passando de Um a Dois. Se eles aceitavam que a palavra demandada era multivocal, por que não considerar "relação sexual" como uma experiência não predeterminada? Se fosse uma construção conjunta, criada para ser inventada momento a momento, ambos eram responsáveis por constituir esse corpo amoroso de vínculo, como disse J. Puget. Na minha opinião, esse é o escopo do desejado "fazer amor juntos". Talvez essa seja a única fidelidade que conta: a que aposta no encontro afetivo-sexual. O resto é *cumprir*_como hábito, uma tarefa erótica descarregar substâncias sexuais (na gíria: trepar).

Descobriram que se o amor, como a poesia, sopra quando e onde quer, o que partilhavam era o desafio de ouvir aquele chamado, para sentir as brisas do desejo. Com os relatos que encontraram, até a borda misteriosa onde as palavras terminam ou são os corpos que têm a palavra.

A palavra inesperada que, acontecendo, nos move e nos com move, então, na clínica vincular como na poesia, é como a rosa. Não tem porquê.

Referências

Berenstein, I. (2007). *Del ser al hacer*. Paidós.

Bettelheim, B. (1975/1994). *Psicoanálisis de los cuentos de hadas*. Critica.

Bierce, A. (1894/1974). *El club de los parricidas*. La Mandrágora.

Bierce, A. (1935/1991). *El diccionario del diablo*. Leviatan.

Borges, J. L. (1976). El remordimiento. En *La moneda de hierro*. Sudamericana.

Carson, A. (2002). *La belleza del marido*. Lumen. 2003

Freud, S. (1909/1951/1979). La novela familiar del neurótico. *A.E.*, vol. X. También en *Revista de Psicoanálisis*, vol. VIII, 1.

Freud, S. (1937/1980). Análisis terminable e interminable. *A.E.*, vol. XXIII.

Klein, M. (1955/1999). Sobre la identificación. En *El sentimiento de soledad y otros ensayos*. Horme.

Lacan, J. (1966/2002). El seminario sobre "La carta robada". En *Escritos 1*, Siglo XXI.

Langer, M. (1949). Viaje al centro de la Tierra (Julio Verne): una fantasía de adolescente. *Revista de Psicoanálisis*, vol.VII,1, p. 3-9.

Pichon-Riviere, E. (1992). *Psicoanálisis del Conde de Lautreamont*. Argonauta.

Puget, J. (2015). *Subjetividad discontinua y psicoanálisis*. Lugar.

Tolstoi, L. (1877) Anna Karenina, Continente, Buenos Aires.

Urman, F. (1978/1982). Pared. En *Memoria y balance 2*, con E. De Izaguirre y otros. Stilcograf.

Urman, F. (2021) Un sentido particular y especifico del ir jugando y dibujando en la clínica vincular. Tesis Maestría en Familia y Pareja. Instituto Universitario de Salud Mental.

Urman, F. (2022) Los cadáveres exquisitos aman seguir bebiendo vinos nuevos. En *Controversias online en Psicoanálisis de Niños y Adolescentes*, n. 31, pp.56-63.

6. Casal e família na literatura: uma aproximação histórica mínima[1]

María Dolores Ara

A literatura é uma das formas que assume a resposta à nossa inquietação sobre o mundo. Quem somos? De onde viemos? Para onde vamos? Essas são as perguntas essenciais para conhecer e nos conhecer. Cada livro esconde a compreensão profunda da realidade que buscamos, para chegar daí à verdade que dá sentido. Nesta obra vamos seguir a trilha do tema do casal e da família em uma viagem muito breve que abrange o olhar literário sobre uma questão que nos atravessa desde a raiz: a construção do casal e a formação da família como núcleos de infinidade de histórias que nos aprisionam.

A origem da literatura ocidental é mito. Os mitos são paradigmas de todo ato humano significativo. É o modo pelo qual a imaginação assumiu o domínio de uma realidade que não era cativada pelo pensamento racional, mas continha as chaves da vida emocional dos homens. Por trás dos fatos observáveis há uma força oculta que aparece na forma de um símbolo e quando decifrada revela a textura autêntica

1 Apresentado no 3º Encontro ENTRE – Literatura e Psicanálise – Casal e Família através do tempo: ficções e realidades, organizado pela Comissão de Psicanálise de Casal e Família – Federação Psicanalítica da América Latina (CPFP-Fepal) no dia 29 de abril de 2023.

da realidade. Mito não é uma fábula para entreter, mito é um enigma que esconde verdades profundas que são reveladas através do trabalho da imaginação. O aparecimento do *Logos* nunca foi capaz de deslocar o mito como instrumento para descobrir o que é a vida. Quando falamos de mito aqui, estamos falando de ficção literária.

***

A literatura que trata do tema do casal e da família para mostrar seu tecido mais profundo, que costuma ser o mais escuro, se sustenta em dois pilares que são fonte de conflito nesses espaços: a mulher e o poder. Ambos são fatores determinantes no desenvolvimento que cada história levará. São motores de ação, gatilhos para o rumo que a anedota seguirá. Mulher e poder aparecem como ingredientes dos quais depende o tecido invisível das relações familiares que se iniciam no casal. E tudo leva à transgressão, à quebra do cânone. A literatura vai nos dizer o que está por trás das belas fotografias de famílias perfeitas.

Gregos

A tragédia grega concentra seu propósito em recriar o momento em que o homem se afasta da virtude. Ao nos mostrar o trágico fracasso que o expulsa da conquista da felicidade, que o separa de sua alma e o condena ao isolamento, que é morrer. Assim, vemos Édipo, imerso na transgressão que não pôde evitar por falta de atenção à previsão do oráculo. Édipo é a família "amaldiçoada" que aparece na origem da nossa ficção: o parricídio incestuoso que não pode ser detido pela ambição de poder. Se ele sabe que vai se casar com a mãe e matar o pai, as escolhas são óbvias: não ter relações com nenhuma mulher mais velha do que ele, não agredir nenhum homem com idade suficiente para ser seu pai. Mas o trono de Tebas é apetitoso e inclui o casamento com a rainha. E como Édipo se acredita fora do alcance do destino, ele orgulhosamente bate em um velho que acaba sendo Laio, seu pai.

Uma das filhas de Édipo com Jocasta, mãe e esposa ao mesmo tempo, é Antígona. Uma das tragédias mais influentes de todo o mundo será escrita sobre ela, e que leva seu nome. Antígona desobedece a ordem de deixar insepulto o corpo de seu irmão Polinices, esfaqueado até a morte por seu outro irmão Etéocles, que também morre naquele ataque fratricida. Creonte, o novo rei e tio dos quatro filhos de Édipo, sentencia injustamente em favor do primeiro, que será enterrado com honras. Antígona se rebela contra a lei da *polis,* defendendo o vínculo familiar como algo sagrado que está acima de qualquer outra consideração. Antígona será condenada a morrer enterrada viva por sua rebelião. A ideia vai além do confronto entre família e direito; o valor da tragédia que Antígona protagoniza fala de liberdade. Da difícil articulação entre o exercício da liberdade moral e a necessária submissão que regula a convivência social. Essa tensa relação entre os dois sistemas: a família como núcleo da identidade pessoal privada e a sociedade como abrigo da identidade pública marcará muitas das obras literárias posteriores.

Medeia é a mãe "horribilis". A mulher que faz Jasão se apaixonar por suas artes mágicas e o transforma no herói que obtém o Tosão de Ouro. Medeia deixa sua terra, o ajuda em tudo, usa seus feitiços para elevá-lo. Mas Jasão a trai, e isso a transforma em um ser selvagem, irracional e implacável que planeja a vingança mais horrível: matar seus filhos para que Jasão seja completamente devastado pela dor. Medeia aniquila o vínculo, destrói violentamente o casal e a família. Comete o crime imperdoável, matando aqueles que lhes deram a vida. Transgressão e heresia. Medeia não quer se reduzir ao papel de mãe e abandonar o papel erótico. Não quer ser humilhada em seu papel de mulher sedutora. Ela não conhece outro caminho além da vingança e se torna monstruosa ao desmembrar crianças. Tira todo o aparato público e privado do eixo casal-família: inflige uma ferida irrecuperável ao casal e explode o núcleo familiar. Ele não se arrepende. Jasão é o culpado por tê-la humilhado. Os deuses a salvam da justiça dos homens e a levam ao Olimpo. Apaixonada, independente e radical, Medeia não se encaixa no convencionalismo. Bárbara e teimosa quebra o paradigma da mãe terna e doce esposa. Medeia nos revela o feminino brutal que não se resigna ao segundo plano, não importa o que tenha que fazer para demonstrar sua força.

Shakespeare

Saltamos dos gregos para o século XVII, para mergulhar na trama familiar pela mão de Shakespeare. O dramaturgo descreveu em suas tragédias a experiência de famílias obscuras assediadas pelo mal desde seus ventres. *Hamlet* é a história do jovem príncipe da Dinamarca que retorna ao seu país ao ouvir a notícia de que seu pai foi assassinado por seu tio e sua mãe, que são amantes, e arrebatou o trono que lhe corresponde.

Como avançar com uma família desse calibre? O famoso monólogo que começa: "Ser ou não ser..." alude ao dilema que assola o personagem, entre continuar vivendo em meio ao horror ou morrer para acabar com esse sofrimento.

Ricardo III é o último aspirante ao trono na linha de sucessão, que ele resolve assassinando os 11 herdeiros que o precederam para se tornar rei. Ele é o representante do pragmatismo moral da modernidade: os fins justificam os meios. Abominado por sua mãe, que, por sua vez, ele odeia, ele mata seus irmãos, primos e sobrinhos, ele se casa com suas esposas até que sua consciência exija sua condição sem coração. Shakespeare é o primeiro escritor a situar o conflito humano dentro de seu ser e não fora. Do lado de fora nada acontece. Tudo acontece no interior do ser humano e aparece fora como consequência.

Em *Macbeth* encontramos a figura da *femme fatale*. Lady Macbeth é má em seu estado puro e corrosivo. Ela empurra seu marido para assassinar o rei, a fim de tomar a coroa, e ela mesma comete os crimes que correspondem aos escrúpulos que enchem a alma de Macbeth, em princípio nobre. Ela comanda as ações malignas. Ele aceita. A ambição os perde: ele é assassinado por cavaleiros leais ao rei, ela comete suicídio. Ele sofre o mal que comete. Ela se orgulha de ser má. Na superfície, eles são um casal virtuoso, que se amam e se apoiam. No fundo vive o monstro agachado.

Rei Lear é a mais "familiar" de suas obras. O monarca, no final de sua vida, divide o reino entre suas três filhas, perguntando a cada uma o quanto o amam. Enquanto as duas mais velhas respondem com expressões hipócritas, Cordélia, a mais nova, diz a verdade sem exageros. Lear se irrita e a exila. As filhas mais velhas lhe roubam o trono com artes malignas e o rei, arrependido, cai na loucura. Cordélia morre e Lear atrás dela, ferido de tristeza e culpa. A cegueira do rei (lembre-se de Édipo) leva à injustiça e ao caos. Dentro da família, as pessoas são manipuladas, enganadas, mentidas para obter poder. Esse é o legado de Shakespeare desde 1600.

Romântico-realista

No século XIX, o tema do casal adquiriu um lugar preponderante na literatura romântico-realista. A sociedade de dois pesos e duas medidas fez do casamento uma negociação comercial que liga poder e dinheiro, expulsando sentimentos. Madame Bovary e Anna Karenina, as heroínas de Flaubert e Tolstói, decidem não se encaixar no molde exemplar e exemplo das mulheres do século XIX. Elas subordinam o papel de esposas e mães ao de mulheres apaixonadas que querem sentir prazer e desfrutar de prazer erótico. Ambas colocam a paixão acima das estruturas sociais, culturais e religiosas, e ambas pagam o preço por esta decisão escandalosa. Ambas cometem suicídio. Ambas são vítimas de uma sociedade opressora. Jean Austen já havia antecipado a questão ao denunciar em seus romances que a origem da família era semelhante a uma venda de gado em uma feira: as mulheres se entregavam ao maior lance sem que pudessem se opor.

Contemporaneidade

No século XX, a literatura americana é adornada com dois prêmios Nobel literários que expõem em sua obra a autópsia do sonho americano que sucumbiu após se vender como o ideal supremo de ordem e liberdade. W. Faulkner (2013) em 1949 e J. Steinbeck (2004) em 1962 retratam sagas familiares violentas e heréticas sob o signo da marca puritana. A rigidez, o dogmatismo, a severidade, a anulação do princípio do prazer, a transformação de todo gozo do corpo em pecado, a santidade inatingível gera monstros. A família retratada em *O Som e a Fúria* não se priva de nada: incesto, ódio entre irmãos, alcoolismo, violência física, prostituição, compõem um mosaico que põe fim à visão açucarada que os Estados Unidos venderam de seu *modo de vida americano.* O título do romance foi tirado de *Macbeth*, quando ele diz que a vida é uma história contada por um idiota, cheia de som e fúria, sem significado algum. Faz alusão à primeira parte do romance em que o narrador é um menino com deficiências cognitivas que conta num monólogo incompreensível o que vê em sua família. É o doente que está saudável. Os outros são o oposto.

East of Eden de Steinbeck nos traz de volta a Medeia. A "mãe horribilis" está aqui, personagem de Kate: o mal condensado em um ser sem alma que dá à luz gêmeos que abandona e se dedica à prostituição sem escrúpulos, além de assassinar seus pais e qualquer um que cruze seu caminho. A obra revisa e atualiza o episódio de Caim e Abel em duas gerações sucessivas, no qual a preferência arbitrária do pai por um dos filhos leva a uma maré de conflitos carregada de desgosto, inveja, ciúme para narrar o modo como a fraqueza do lado de Abel não é capaz de aceitar o inevitável Caim que é carregado para dentro. O Bem só pode ser definido a partir do Mal, e é preciso coragem para lidar com essa comunhão de opostos. O título do romance revela uma questão essencial: todos pertencemos à linhagem de Caim, somos seus descendentes. E estamos confinados a viver ao leste do Paraíso, como ordenou Javé.

Philip Roth e Jonathan Franzen, em *American Pastoral* (1997) e *The Corrections* (2001), respectivamente, quebram o tecido familiar que desmorona nos romances anteriores. Seguindo a perspectiva de seus antecessores, eles desnudam as obscuras relações intrafamiliares até o limite com uma variante: a história dessas famílias está inscrita em um quadro cotidiano e comum, o que torna ainda mais evidente que a almejada perfeição familiar é um mito que cria distorções aberrantes.

American Pastoral conta a história dos Levoskys, uma família de imigrantes judeus que inicia uma saga de prosperidade, no país de todas as bondades. Começa com o avô fundador da empresa, depois o filho bem-sucedido, mas já com manchas morais que anunciam a queda; e, por fim, a neta: terrorista antissistema, revolucionária e rebelde que quer dinamitar a estrutura à qual deveria devoção. A força do proibido, a tentação, o mal-entendido que deixa uma ferida insolúvel, que traça a fronteira que nos fala do que já foi dito: a perfeição é insuportável e desumana. Na cena final da novela, todas as máscaras caem e vemos um absurdo coletivo se desenrolar na cozinha da casa da família. Sátira e parodia da vida exemplar da família americana.

The Corrections é a história da vida dos Lambert, uma família comum de classe média que está envolvida na fantasia de união perfeita criada pela mãe, que não aceita a menor interferência na história que só ela inventou. Sua obsessão é que seus filhos vão jantar no Natal e a partir daí se desenvolve uma história de humor negro em que nada é o que parece. Gary, o filho mais velho é um homem paranoico que nega sua depressão e seu casamento desfeito. Chip, o do meio, é um fracassado, um que vai de amante em amante, inclusive seduzindo um aluno, fato que mereceu sua expulsão da academia. Denise, a única mulher e a caçula, é uma chef de cozinha, cheia de dúvidas e dilemas emocionais, mas a mais sensata e aquela a quem ninguém presta atenção. São todos personagens desconfortáveis, difíceis, destrutivos e muito perturbadores. Cheios de poses, retorcidos, cheios de segredos (o pai, Alfredo, aquele com o maior segredo), de temas tabus que os isolam e impedem a comunicação e o afeto familiar.

O século XXI abre-se, então, com romances que expõem as fissuras da família que se julga infalível. A literatura mais recente completa a autópsia do cadáver da família e seu impecável status quo. Ou, que se acredita. Da sátira ácida, tornam-se testemunhos incisivos e críticos do núcleo familiar e do casal. O título do romance de Franzen também esconde uma visão suave do futuro: temos muito a corrigir, mas não é impossível. A literatura nos mostra os erros e a partir daí nos convida a fazer o que sabemos que é desejável fazer: nos transformar e transformar.

América Latina

Na América Latina, o tema casal e família na literatura tem sido subordinado ao tema principal que preocupa o escritor, como voz da sociedade, que é a violência no contexto do subdesenvolvimento. A literatura latino-americana explora a natureza tribal da sociedade e sua brutal carga de violência que gera abismos intransponíveis para superá-la. O casal e a família não conhecem outra linguagem senão a da agressão que se manifesta em todas as ordens. Se precisarmos de um exemplo universalmente conhecido, sem dúvida mencionaremos *Cem Anos de Solidão*, de Gabriel García Márquez, como um compêndio da presença avassaladora da violência que do indivíduo se expande para todas as suas relações até construir um universo de barbárie, em que o incesto é incluído como um tabu que continua a reger todos os medos e maldições.

Referências

Faulkner, W. (2013). *El ruido yal furia*. Alianza Editorial.

Franzen, J. (2012). *Las correcciones*. Salamandra.

Roth, P. (1997). Pastoral Americana (p. 198). Alfaguara.

Steinbeck, J. (2004). *Al este del Edén*. Tusquets.

Encontro ENTRE – Antropologia e Psicanálise

O mundo pós-pandemia

7. Transgeracionalidade e cultura na clínica psicanalítica

David Léo Levisky

No decorrer de um processo analítico surgiram sentimentos que levaram o paciente a fazer a seguinte colocação: "Sou cristão, mas sinto-me judeu". Sentimentos que vieram à tona, que deixaram de ser enigmas indecifráveis, tornando-se representações de conflitos passíveis de interpretação, decifrados em meio a outros materiais inconscientes.

O processo psicanalítico pode dar sentido a alguns dos componentes enigmáticos manifestados como sintomas geradores de ansiedade, medos, insegurança, um certo estado persecutório bem como atração por uma cultura estranha ao seu cotidiano, o judaísmo. A história pregressa e longínqua envolveu várias gerações. Contribuiu para a emergência de um universo simultaneamente estranho, um passado-presente nas profundezas do inconsciente. Ao longo do processo psicanalítico elos se formaram a ponto de preencher lacunas de um passado esquecido de um processo histórico-cultural.

A busca de entendimentos mais profundos e complexos, dos diferentes fatores que se integram e que se articulam ao logo da vida de cada um, forma uma rede intrincada de diferentes memórias que se inscrevem em diferentes níveis do consciente, do pré-consciente e, principalmente, do inconsciente, objeto maior da psicanálise.

A vida pulsional gera vivências que são configuradas como imagens. Essas, ao alcançarem níveis de representação, se organizam como redes linguísticas que se estruturam em vários níveis inconscientes. Elas podem chegar à consciência por meio da sintaxe verbal e corporal. Esses elementos mnêmicos, as imagos, resultam de processos vinculares histórico-afetivos precoces, vividos pelo sujeito em níveis intra, inter e transubjetivos. Formam-se vínculos ou alianças afetivas inconscientes (Kaës, 2015) entre os sujeitos da relação. Alianças que ocorrem graças a diferentes processos psíquicos, como as identificações, identificações projetivas, contrato narcísico de Piera Aulagnier, *reverie* de Bion que participam das transmissões identitárias. Freud abordou a transmissão psíquica também em *Totem e Tabu* (1913) e em *Luto e Melancolia* (1917). Há, basicamente, dois tipos de transmissão psíquica: intergeracional e transgeracional.

A transmissão intergeracional, segundo Trachtenberg (2021, p. 250): "Trata-se de um trabalho psíquico de elaboração que diz respeito ao sujeito e ao grupo, favorecendo as transformações e conduzindo a uma diferenciação, a uma evolução entre o que é transmitido e o que é herdado". Trabalho psíquico que permite a cada geração situar-se em relação às outras ao perceber, incorporar, respeitar e introduzir diferenças. O sujeito é simultaneamente herdeiro-beneficiário e transformador do que lhe foi transmitido graças à sua a singularidade. Freud (1973/1914) na *Introdução ao narcisismo* sugere que o sujeito se encontra vinculado a uma corrente geracional como elo de transmissão no processo de preservação e de transformação daquele conjunto de características incorporadas por meio da relação com os pais e do meio ambiente. Trachtenberg (2021, p. 253) considera que a herança transgeracional tem característica invasiva. Ela transmite segredos ou traumas familiares mantidos nas gerações futuras ou nos descendentes, sem que se tenha conhecimento do passado gerador de sofrimento psíquico; são "mandatos inconscientes que se transmite de geração em geração". São conteúdos do processo histórico-afetivo, factual e simbólico de seus ascendentes e do entorno. Incluem-se lendas, mitos, utopias, crenças, religiosidade, formas de amar e odiar, papéis e funções definidos em cada sociedade e cultura. Conjunto de elementos que se integram ao *self* a partir dos processos de subjetivação. Elementos transmitidos de geração em geração por meio de tradições, hábitos e costumes que mobilizam motivações profundas e irracionais dos sujeitos e das culturas. São reflexos de processos históricos, tecnológicos, climáticos, econômicos entre outros que geram, ao longo do tempo, transmissões e transformações aos descendentes de forma complexa, com suas singularidades e particularidades, dentro do coletivo composto por inúmeros círculos concêntricos e descentrados de influência (Ogden, 1996).

A clínica psicanalítica revela a existência de elementos mnêmicos que são transmitidos de geração em geração por intermédio de incorporações, projeções, identificações projetivas que não adquirem o status de uma representação linguística verbal. Esses elementos incorporados se fazem presentes e interferem na estrutura, na dinâmica e na economia do funcionamento psíquico. Hipótese que emerge a partir do processo de livre associação de ideias. Elementos mnêmicos e lacunas, ao longo do processo analítico, deixam de ser corpos estranhos ao eu para se tornarem componentes significativos quando observados no decorrer do processo histórico do sujeito e de sua família e cultura. São manifestações associativas transferenciais/contratransferênciais indicadoras e sugestivas da presença de elementos do passado presente no inconsciente ao pressionar e interferir na mente e no comportamento do paciente.

As transmissões psíquicas de geração em geração são conhecidas de longa data. Freud fez referência a elas em *Totem e Tabu*, ressaltando que nada do que foi retido pelo sujeito poderá permanecer completamente inacessível nem para a geração posterior nem para a anterior, mesmo que transmitidas por sintomas. Já em *Introdução ao narcisismo*, ressalta a existência de aspectos não explícitos na transmissão psíquica quanto à impotência do indivíduo diante da inevitabilidade da intersubjetividade.

O indivíduo quer ser para si o seu próprio fim, porém está dentro de uma cadeia de transmissão psíquica determinada, em parte, pelos outros. Assim, o indivíduo assume para si desejos e traumas de ancestrais, sendo este um meio de manutenção do psiquismo das gerações precedentes.

Quando o material transmitido é incorporado e representado, ele participa da rede mnêmica dos elementos linguísticos e simbólicos, configurando as atividades psíquicas em redes de sistemas, que constituem as mentalidades com suas formas específicas de pensar, sentir, expressar, ser e agir. Sabemos que a construção do sujeito psíquico antecede seu nascimento, visto que a subjetividade individual depende do imaginário presente no contexto histórico-social e das projeções inconscientes dos pais, a partir das relações precoces existentes entre bebê, mãe, pai e cuidadores. Ninguém é totalmente livre e autônomo, visto que a civilização interfere na modelagem da expressividade gênica constitucional, afetiva, social e cognitiva das pulsões.

Kaës e colaboradores, ao falarem de transmissões psíquicas, evidenciam três tipos de memória: 1) aquela do sujeito com a singularidade de sua história; 2) a da espécie, que Freud denominou herança arcaica da humanidade; 3) a dos conjuntos transubjetivos que sustentam nossa identidade e nossas "pertenças" a grupos.

Todas essas memórias se inter-relacionam, embora cada uma delas tenha sua própria configuração e autonomia. Há uma distinção a ser feita, visto que o tempo histórico não corresponde ao tempo psíquico. Cada uma dessas memórias tem seus tempos de duração, de transformação, de intensidade e de interferência nos processos dinâmicos intra, inter e trans psíquico por meio de distintas e inumeráveis redes de intercomunicação à semelhança do que ocorre com as redes neuronais. Tais redes se organizam temporal e espacialmente por meio de uma dinâmica associativa, cuja racionalidade, difícil de ser alcançada, pode ocorrer após um longo e árduo trabalho investigativo das correlações inconscientes e conscientes que ocorrem na relação transferencial/contratransferencial.

Os fatos históricos podem ser ordenados cronologicamente, isto é, ao longo do tempo. Entretanto, os fatos psíquicos não seguem essa mesma lógica, visto que, dependem de relações múltiplas, contínuas ou não. Nem todo passado é uma única e simples recordação, pois sofrem influências de múltiplas vivências reais ou fantasmáticas que transformam os fatos históricos. Ícones de um determinado contexto podem ser os mesmos de outro, mas seus significados dependem das redes associativas a que se ligam, além de elementos da cultura daquela comunidade.

Foucault trouxe inestimável contribuição para a compreensão das heranças culturais individuais e coletivas ao estudar as interferências recíprocas existentes entre texto e contexto.

Puget (2000) discrimina memória individual de memória social e sentimento de pertença. São conceitos que ampliam as bases de compreensão dos processos que ocorrem em níveis subjetivos como demonstra ser a psicanálise das configurações vinculares. Eles configuram aspectos singulares e coletivos dependentes das alianças (vínculos) estabelecidos nos diferentes espaços de subjetivação.

A percepção do significado da cruz de Cristo para uma determinada comunidade cristã na Idade Média Central como o corpo de Cristo, dentro do conceito de relíquias, difere daquele do momento atual no mundo ocidental como representação simbólica de uma fé. Em ambos os casos e apesar de valorações distintas, a cruz permanece presente na cultura como símbolo do cristianismo; elemento da transubjetividade. Essa representatividade é capaz de se conectar com outros significantes das múltiplas redes linguísticas que compõem a mente humana ao estruturar a singularidade da própria ordenação dos significantes dentro da sintaxe mental do sujeito (Levisky, 2007; Franco Júnior, 2021).

O material mnêmico transmitido pode sofrer lentas transformações no tempo histórico, tão lentas que pode adquirir um caráter aparentemente estável e constante como elemento intrínseco à natureza do ser. Esse parece ser o caso do complexo de Édipo. São registros linguísticos pertencentes ao mundo perceptível e semântico de experiências emocionais que, incorporados, fazem parte do que Freud (1926) chamou de "arquitetura anímica". Arquitetura afetiva que permite que indivíduos de um determinado grupamento se sintam irmanados por meio de similaridades a ponto de se sentirem pertencentes a tal grupo ou comunidade mesmo que as histórias de vida de cada um sejam totalmente diferentes, mas unidas por certos traços mnêmicos e afetivos.

A transmissão do material mnêmico é sempre direta, isto é, transmite-se de uma geração para a outra por meio dos pais e do contexto. O bebê incorpora-o e transforma-o graças à sua capacidade de subjetivação e da interferência de fantasias inconscientes previamente armazenadas, conteúdos transmitidos pelos pais/provedores e pelo contexto. Formam-se novas e complexas redes mnêmicas. Na transmissão desse material podem ocorrer lacunas mnêmicas devido a representações que permanecem encriptadas ou são representadas de forma rudimentar, não reconhecíveis por outros sistemas imagéticos e semânticos do sujeito. Conteúdos que podem sofrer "saltos geracionais", isto é, são originários de gerações anteriores às dos pais do paciente cujo segredo, trauma ou enigma se transmitem. Eles eclodem no paciente como manifestação sintomatológica ou de caráter. Tais resíduos mnêmicos podem gerar sentimentos de vazio, de estranhamento, de insegurança como algo intrusivo, inadequado e ameaçador ao ego; um dos componentes descritos por Freud (1919, p. 2.483) como "estranho", o "ajeno ou sinistro". São sentimentos que interferem nos aspectos integrados e articulados da personalidade e da identidade do sujeito. Eles geram intensa angústia e sentimentos persecutórios diante de algo inominável, por não estarem suficientemente representados nem reprimidos. Após uma ou várias gerações, esses resíduos mnêmicos podem encontrar trajetos associativos que levam à representações e codificações capazes de serem expressas por meio de sintomas somáticos, *acting out*, núcleos psicóticos ou como corpos estranhos ao *self* ao influenciarem na subjetivação do sujeito (Imbasciati, 2004).

Diante dessa fenomenologia inconsciente, nem sempre é possível encontrar conexões com a biografia do paciente, porém, relaciona-se com a historicidade familiar e cultural de antepassados.

Exemplifico essa situação ao relatar o caso de um paciente adulto jovem, filho de tradicional família cristã. Ele encontra-se profundamente motivado a se converter ao judaísmo. Frequenta cursos de história e tradição judaicas, atividades comunitárias e seus amigos preferenciais são judeus. Sua família está chocada com essa atitude. Ele desconhece ter na família antepassados judeus, apesar de saber que sua ascendência longínqua é de origem portuguesa. Tem o conhecimento histórico de que muitos judeus foram convertidos à força durante a Inquisição portuguesa. O paciente sabe de familiares que se declaram antissemitas.

Suas associações conduzem a fantasias primitivas de ataque aos pais, principalmente à mãe, considerada por ele como extremamente controladora e profundamente religiosa, inspirada nos ideais cristãos. Na infância, desenvolveu profunda relação de amor e ódio à figura da mãe. Um quadro de asma brônquica o acompanha até hoje e, se manifesta, em situações de medo, insegurança e angústia. Diferenças de opinião, de organização de vida geram um clima de guerra. Segue se relacionando com muitos judeus. Com frequência associa ideias inspiradas em figuras judaicas; inclusive com seu psicanalista que ele sabe ser judeu. Levanto a hipótese de que a cultura e as vivências inconscientes do psicanalista interferem na captação do material encriptado.

Em uma das sessões, surgiu um sentimento de se sentir Cristo na cruz ao esforçar-se para corresponder aos anseios familiares, acompanhado de sentimento de culpa por estar traindo a si mesmo ao tentar se colocar como filho ideal, submisso e castrado.

A revelação de tal conteúdo fantasmático o libertou de vários temores, como a relação que fazia entre submissão e a possibilidade de ser homossexual. Condição que abriu espaço para a integração e expressão da sensibilidade feminina concomitante à sua masculinidade. Ele podia vir a ser fiel aos seus sentimentos com a atenuação de temores de retaliação pelo objeto amoroso, agora menos idealizado e menos perseguidor. Podia se expressar e identificar-se com um pai sensível e feminino, sem necessitar esconder-se ou travestir-se de si e do objeto de identificação.

Com a evolução do processo analítico, revelou-se a existência de familiares de mente cartesiana, profundamente identificados no passado com o integralismo e com o nazismo. Pessoas portadoras de preconceitos evidentes contra judeus e ter de se relacionar com elas, pois não podia deixar de convidá-las para o seu casamento por questões sociais. Sua noiva é profundamente católica, exigente e perfeccionista. Desencontros de posições entre ambos e questões profissionais têm gerado forte ansiedade. Pretendem se casar apenas no civil.

A ideia de se converter ao judaísmo aparenta ter sido abandonada, pois não fala mais nisso. Desde que começou a namorar essa moça deixou de frequentar os cursos sobre judaísmo. Entretanto, traz inúmeros exemplos de personalidades judaicas do mundo artístico, científico, filosófico e profissional que o inspiram.

Numa das últimas sessões, emergiu como conteúdo de suas associações um material sobre perseguições aos judeus durante a Segunda Grande Guerra. Indagado se ele tem notícias sobre perseguição sofrida por sua família em alguma época, ele afirma desconhecer tal situação. De pronto, me responde espontaneamente: "nada sei sobre minha origem, mas me sinto judeu". Impactado pela resposta, emergem em minhas lembranças dados sobre a história dos cristãos novos na Península Ibérica. Judeus, que para sobreviverem tiveram de incorporar o cristianismo como defesa; obrigados a recalcar profundamente seu passado judaico ao se identificar com o perseguidor. Outros, se travestiram de cristãos para, às escondidas, praticar atividades judaizantes. Lembrei-me que, em muitas regiões do Brasil e de Portugal, encontram-se pessoas que preservam comportamentos, como fechar janelas e acender velas na sexta-feira à noite, "condutas judaizantes" do passado, sem que elas tenham qualquer conhecimento do judaísmo e de antecedentes judaicos em suas famílias.

A manifestação espontânea do meu paciente mobilizou em mim a lembrança de que alguns judeus portugueses assimilaram o pensamento cristão, enquanto outros se "travestiram" de cristãos para sobreviver.

Na sessão seguinte a essa que acabo de relatar, o paciente revela um sentimento de grande alívio, de júbilo e de liberdade. Afirma ter-se livrado de grande peso. A seguir, relata dois sonhos: no primeiro, recorda um momento da adolescência quando seu professor de violino o adverte que se quiser ser um bom violinista será preciso se soltar. Associa a esse pensamento sua admiração pelo grande violinista judeu Yehudy Menuhin, cuja obra acabou de adquirir ao importar uma coleção com seus melhores concertos. No segundo sonho, ocorrido na mesma noite, um monge dominicano o persegue, e ele, para fugir, sobe por um cipó e, quanto mais alto sobe, maior o monge se torna, assim como o sentimento que o ameaça.

Na relação transferencial/contratransferencial emergem conflitos entre tendências judaicas e cristãs, um casamento desejável e ameaçador, uma relação analítica conflituosa judaico/cristã, complementada pela ideia de um esforço interno para integrar e articular aspectos contraditórios do *self*. Em seu processo associativo lembra-se do movimento social internacional "Coexistente" que visa aproximar cristão, judeus e muçulmanos.

É possível que esse paciente conserve no seu inconsciente elementos mnêmicos residuais de uma história vivida por antepassados seus, judeus provenientes de Portugal, perseguidos pela Inquisição. Levanta-se a hipótese da existência de vivências profundamente recalcadas, transmitidas de geração em geração. No presente momento e após anos de análise teria sido possível o acesso a uma rede de significantes capazes de dar significado a esse material anteriormente dissociado nas redes internas de comunicação.

Essas reminiscências recalcadas, encriptadas ou encapsuladas poderiam possuir sintaxes próprias, que só se comunicariam com os demais elementos da rede associativa após a quebra de resistências profundas ou após a construção de elos comunicativos da cadeia linguística, inicialmente inexistentes. A elucidação de indícios significativos, envolvendo motivações profundas e enigmáticas, ligadas à sua possível conversão ao judaísmo, teriam contribuído para a reconstrução de tais elos mnêmicos. A hostilidade dirigida especialmente à figura materna, profundamente cristã, poderia, entre outras questões, estar vinculada a esse passado histórico. Isso ajudaria a pensar quando ele diz: "sinto-me em família quando estou no meio judaico"; "dizem que tenho humor judaico, não sei o que é isso, só sei que minhas piadinhas frequentemente geram esse tipo de observação da parte de meus amigos judeus; os outros me acham estranho".

"Parece que você saiu do armário", digo-lhe. O ato de travestir-se socialmente, de ser camaleão, de querer agradar a todos, estaria ligado a uma necessidade inconsciente de se proteger da revelação de aspectos perigosos, profundamente recalcados do *self*, cujos ruídos foram, de alguma maneira, captados. Há uma excitação perigosa que pressiona e ameaça sua identidade enquanto sujeito e gênero, devido a interferências na discriminação de aspectos constituintes do *self* primitivo. Elementos não integrados ao ego ou esquecidos em algum canto da rede mnêmica, em busca de significantes linguísticos cuja emergência foi facilitada pelo processo psicanalítico. Possíveis significantes adquiriram representação e significado simbólico ao serem decodificados e acessíveis ao sistema de comunicação. Esses fragmentos arqueológicos de resíduos mnêmicos ao serem remontados e reconfigurados preencheram vazios, preencheram as lacunas da memória e reorganizaram as memórias esquecidas ou perdidas ao reconfigurar a arquitetura anímica judaica.

Manifestações éticas, crenças, utopias, imaginários, vazios inexplicáveis ou conteúdos traumáticos encriptados ou encapsulados agem como fantasmas inconscientes indescritíveis que se imiscuem na identidade e na funcionalidade mental do paciente. O processo associativo, a diminuição das defesas e a expansão das redes mnêmicas adquirem, progressivamente, configurações que poderão alcançar uma sintaxe e uma semântica expressiva diferente daquela dos sintomas e do comportamento manifesto incompreensível para a lógica da razão.

Certa dose de ousadia criativa na relação transferencial/contratransferencial possibilita intuir e construir elos associativos que vão, involuntariamente, se conectar a resíduos mnêmicos de períodos históricos profundamente recalcados e estranhos à história de vida do paciente. Há uma expansão da rede de comunicação de inconsciente para inconsciente. É nesse processo complexo de múltiplos sistemas identificatórios e contraidentificatórios que são cerzidas redes de representações significantes capazes de preencher ou atenuar as lacunas mnêmicas existentes. Tais preenchimentos podem ser factuais e ficcionais ao construírem condições essenciais para "o reconhecimento de qualquer significado e para qualquer leitura".

Em sessão recente, o paciente diz: "minha questão judaica deve ser como esses genes recessivos que em certas circunstâncias vêm à tona e encontram meios de se manifestar". Fantasmas inomináveis podem se transformar em imagos simbólicas sugestivas de afetos e ideias, cujo conteúdo linguístico é capaz de se comunicar com significantes integrados à personalidade do paciente. Tais elos, ao serem cerzidos e integrarem uma corrente linguística adquirem valor semântico e comunicativo na reconstrução histórica de um passado presente.

A relação transferencial/contratransferencial reedita essa realidade psíquica. Elos que passam a incorporar os discursos corporais e simbólicos emergentes na transferência, passíveis de elaboração e que contribuem para a reconstrução da "arquitetura anímica". Arquitetura que caracteriza certa maneira de sentir, pensar e agir consciente e inconsciente, em uma determinada cultura e grupo social (Freud, 1926). Arquitetura que influencia a produção e a reprodução ideológica, no modo de apreender, sentir, recordar, elaborar e agir, frutos do encontro interior com as "variáveis sociais que o inscrevem [o sujeito] num tempo e espaço específico do ponto de vista da história política" (Bleichmar, 1999).

Esse processo complexo constrói a identidade do sujeito, a partir da diferenciação da relação *self*/objeto, tendo por base a seleção, a inclusão e a eliminação de elementos provenientes dos objetos externos, internos e de partes do próprio *self*, graças aos fenômenos de introjeção, projeção e identificação projetiva (Grinberg, 1976).

Dentro dos conhecimentos atuais das ciências biológicas, humanas e da psicanálise existe a percepção de interferências recíprocas entre fatores externos, internos e a expressividade gênica, além da participação do aleatório e do imprevisível. Na transmissão dos processos psíquicos que configuram o sujeito psíquico, os processos históricos estão sempre presentes e as identificações dos elementos das cadeias mnêmicas e associativas são complexas e de difícil acesso. O paradigma mencionado pelo paciente sobre a expressividade gênica pode ajudar na compreensão dos fenômenos que envolvem a transgeracionalidade como modelo facilitador da compreensão e apreensão do material encriptado ou encapsulado.

As transformações dos significantes e dos significados mnêmicos ocorrem em tempos, velocidades e intensidades distintas. Umas são muito rápidas e se transformam como as mudanças de moda, outras muito lentas e de origem longínqua, adquirindo um caráter aparentemente atemporal e permanente, como se fossem imunes ao processo histórico.

As correntes mnêmicas são comparáveis às correntes marítimas que podem ser quentes ou frias, rápidas ou lentas, difusas ou convergentes. As correntes mnêmicas podem ser significantes ou não, dependendo de elos perdidos, adormecidos, flutuantes, desconectados ou não, identificados em diferentes profundidades do aparelho mental. São imagos que muitas vezes não se comunicam entre si, apesar de estarem presentes nas memórias inconscientes e interferirem na irracionalidade dos conflitos, nas aberrações de comportamentos, nas incoerências entre partes do mundo interior e nas relações com a realidade objetiva.

A psicanálise é uma oportunidade rara, que contribui para o resgate e a criação de vínculos entre vivências e imagos na tessitura de uma nova rede, ou da rede perdida, que o sujeito passa a incorporar histórica e culturalmente. As fantasias, as mais profundas, são frutos de restos mnêmicos decorrentes de vivências individuais, grupais, intergeracionais e transgeracionais, podendo-se dizer que: "O que recebemos de nossos pais são heranças que não escolhemos e que, na maior parte das vezes, transmitimos" (Blay Levisky, 2001).

Quando falamos de memórias pensamos no tempo. Porém, "o tempo não existe, apesar de olharmos a cada tempo para o tempo circular do relógio na busca do entendimento do tempo linear da vida" que, segundo Lenon, o John, acontece enquanto fazemos planos para o futuro. Segundo Bosi (1992), o tempo é uma "máquina de abolir o tempo", nas palavras de Levi-Strauss, pois a aparência de irreversibilidade faz com que ele se apresente como perene (Novaes, 1992). Heráclito, filósofo pré-socrático, teria sugerido que a vida é como o fogo, está sempre em movimento, e que não é possível se banhar duas vezes no mesmo rio, pois o tempo faz com que ele seja diferente por estar em movimento. Os restos mnêmicos carregam as contradições do tempo: perenidade e mutabilidade, e é graças a essa condição que podemos entender a Grécia Antiga, pois algo dela está dentro de nós e por isso somos capazes de reconhecê-la (Vernant, 1999).

Referências

Levisky, R. B. (2001). *Tempo, família e cultura*: o despertar para um novo milênio, IV Congresso de Psicanálise das Configurações vinculares e III Encontro Paulista de Psiquiatria e Saúde Mental, maio de 2001.

Bleichmar, S. (1999). "Entre la producción de subjetividad y la constitución del psiquismo" (nº 2). *Revista del Ateneo Psicoanalítico.*

Bosi, A. (1992). "O tempo e os tempos". In Novaes, A. (org.), *Tempo e história.* Companhia das Letras.

Foucault, M. (1998). *A ordem do discurso.* Loyola.

Franco Jr., H. (2021) . *Em busca do paraíso perdido*: utopias medievais. Ateliê Editorial/MNEMA.

Freud, S. (1913). "Totem e tabu". In *Obras Completas* (vol. II, 1973, p.1.745-1.850). Biblioteca Nueva.

Freud, S. (1914). Introdução ao narcisismo. In *Obras Completas* (vol. II, 1973). Biblioteca Nueva.

Freud, S. (1917). Duelo y Melancolia. In *Obras Completas* (vol. II, 1973). Biblioteca Nueva.

Freud, S. (1919). Lo siniestro. In *Obras Completas* (vol. III, 1973). Biblioteca Nueva.

Freud, S. (1926). Discurso a los miembros de la sociedad B'nei Brit. *Obras Completas* (vol. III, 1973). Biblioteca Nueva.

Grinberg, L. (1976). *Teoria de la identificación*. Paidós.

Imbasciati, A. (2004). Um suporte teórico para a transgeracionalidade: a teoria do protomental (38(1), 181-201). *Rev. Bras. Psicanal.*

Kaës, R. (1993). Introduction au concept de transmission psychique dans la pensée de Freud. In Kaës , R.; Faimberg, H.; Enriques, M.; Baranes, J.-J. *Transmission de la vie psychique entre generation*. Dunod.

Kaës, R. (2015). *L'extension de la psychanalysee pour une métapsychologie du troisème type*. Dunod.

Levisky, D. (2007). *Um monge no divã* – a trajetória de um adolescer na Idade Média Central. Casa do Psicólogo.

Ogden, T. (1996). *Os sujeitos da psicanálise*. Casa do Psicólogo/Clínica Roberto Azevedo.

Puget, J. (2000). Traumatismo social: memoria social y sentimiento de pertenencia: memoria social – memoria singular (v. 22, n. 22, p. 455-482). *Psicoanálisis* APdeBA.

Trachtenberg, A. R. (2021). Herança intergeracional; herança transgeracional. In Blay Levisky, R.; Dias, M. L.; Levisky, D. L. *Dicionário de psicanálise de casal e família*. Blucher.

Vernant, J. P. (1999). Os Gregos inventaram tudo. *Jornal Folha de São Paulo*, Caderno Mais.

8. A pandemia e o pandemônio: crises da pessoa no Brasil contemporâneo[1]

Luiz F. D. Duarte

Suspensas desde 2023 as ominosas ameaças da pandemia da Covid-19 e do governo Bolsonaro, que tinham mantido o Brasil sem fôlego desde 2019, evidenciaram-se melhor as características da crise em que mergulhara a experiência vital pessoal da população do país, seja entre os que se entregaram à manipulação populista então desencadeada, seja entre os que lhe resistiram. Um traço marcante desse período histórico é a combinação entre um grave evento sanitário e uma gestão específica da administração nacional – fenômeno pouco habitual e extremamente desafiador para a análise. Eis porque, instado a falar sobre o fim da pandemia, não me vejo em condições de deixar de falar concomitantemente do término daquela gestão – e de suas permanentes sequelas e implicações.

Essa disposição é tanto mais justificada quanto a pandemia que atingiu toda a população do planeta, assim como a disseminação do populismo de direita veio avançando pelo mundo, com muitas

1 Versão completa de texto apresentado no 4º Encontro ENTRE – Psicanálise e Antropologia – O mundo pós-pandemia, organizado pela Comissão de Psicanálise de Casal e Família da Federação Psicanalítica da América Latina (CPCF-Fepal) no dia 18 de maio de 2024.

características comuns entre as variantes nacionais – entre as quais, felizmente, não figuram os negacionismos sanitários de que se tratará aqui.

A imagem da doença implicada pelo fenômeno de uma pandemia envolveu – em diversos sentidos e direções – a avaliação do rumo mais geral do país, gravemente polarizado entre os apoiadores e os oponentes de uma configuração política completamente inusitada no comando da nação. Foi comum a disseminação de um jargão patológico/ terapêutico para descrever ou julgar os fatos gerais da vida nacional, de tal modo que a noção de "crise" pareceu se confundir com a própria noção de "doença". Tanto da parte dos progressistas quanto da parte dos conservadores, considerou-se, e verbalizou-se, e acusou-se os antagonistas como tomados por uma afecção maligna, capaz de transtornar o bom senso regular. O que hoje se chama de "polarização" aguçada da nação envolve um juízo patologizante generalizado – mesmo para os que dela participam como observadores críticos, apoiados nos recursos das ciências humanas.

É interessante como essa patologização da vida político-ideológica se produziu em paralelo com a gravíssima patologização da vida real e cotidiana, no trato com a ameaça da contaminação pelo vírus da Covid-19. A pandemia se estendeu ao longo de três anos, em um curso planetário, afetando os mais remotos rincões habitados. A fácil contaminação pela via aérea e a alta letalidade tornaram inconfundível aquela experiência de uma ameaça sanitária, suscitando imensas esperanças na capacidade terapêutica da biomedicina. A vida cotidiana foi duramente afetada, envolvendo uma profunda desorganização do mundo público e privado – com implicações nas condições de reprodução de uma boa parte da população.

Tais condições levaram a uma intensificação da insegurança em relação ao presente e ao futuro, desde a ameaça mais palpável e muito imediata da morte, até a ameaça à sociabilidade comum extradoméstica (inclusive no âmbito da família alargada), e a exacerbação de um convívio intradoméstico quase prisional.

A insegurança e a inquietação se reduplicaram em função das dúvidas quanto à profilaxia e terapêutica da doença, dadas as polêmicas muito cedo desencadeadas e disseminadas na população entre o saber científico e o senso-comum laico e médico-clínico.

Tendo havido, no caso brasileiro, a coincidência temporal entre a pandemia e o governo Bolsonaro, com seu ethos anti-intelectualista, populista, reacionário, houve um estímulo oficial à desconfiança em relação à pesquisa científica, universitária, em favor de toda sorte de fantasias de senso-comum, alimentadas inclusive por uma boa parte do corpo médico clínico.

A desconfiança, cristalizada sobretudo em torno da vacina (oriunda de um esforço inaudito da pesquisa científica mundial), grassou facilmente na internet, o novo grande meio de comunicação pública – mais generalizado, mais facilmente acessável e menos controlado do que todos os seus precedentes (Cesarino, 2022). As fake news proliferaram vigorosamente, constituindo o chamado "negacionismo" da vacina, que acompanhou as resistências à política de restrição do contato social – sob o argumento da necessidade de manutenção da vida econômica, tanto pessoal quanto coletiva.

O sentimento de insegurança e medo intensificou-se inevitavelmente na dimensão das redes mais imediatas de relação, como a família e as congregações religiosas; não só em função das ameaças imediatas de contaminação física, como em função do desafio constituído pela preservação da intensidade dos vínculos no contexto da necessidade de isolamento. Muitas igrejas – sobretudo pentecostais – se manifestaram contrárias às restrições de circulação e aglomeração, argumentando pela necessidade do calor moral só garantido pela comunhão nos espaços considerados sagrados.

A defesa do vínculo intenso entre os membros das famílias nucleares se combinou – naquele contexto – com a cruzada empreendida pelo populismo de direita e pelas lideranças pentecostais contra a modernização moral, em intenso curso ao longo das últimas décadas (Duarte *et al.*, 2008). Diversos temas morais controversos mereceram uma redobrada atenção e vigilância, atingindo os níveis decisórios de administrações municipais, estaduais e mesmo federais: o aborto (já então garantido em determinadas circunstâncias); a proteção dos direitos de grupos subalternizados, como as mulheres, as crianças, os LGBTQIA+, os indígenas e os quilombolas; a entrada na educação básica pública da explicitação crítica de temas, como a sexualidade adolescente, os direitos femininos, a homofobia e o racismo; a restrição da violência policial; a extensão de recursos pecuniários públicos a cidadãos carentes (o programa Bolsa Família, por exemplo) etc. Embora alguns desses tópicos se caracterizem, à primeira vista, pela dimensão econômica, eles merecem o opróbrio da crítica de direita tanto quanto os temas imediatamente morais, por serem vistos como vantagens indevidas a sujeitos que não lhe parecem merecedores.

Um intenso e subterrâneo trabalho de blindagem contra os efeitos vistos como danosos da resistência à pandemia e da resistência às ameaças à reprodução moralmente impoluta da família *e da infância passou a se exercitar em conjunto – fazendo efervescer uma ampla parte das redes virtuais. A linguagem da "doença"* permeou essa resistência aguerrida, consociando a pandemia e o "relaxamento" moral em um único Armagedon.

Ocorreu nesse período a formação de uma "massa", no sentido examinado pelas ciências humanas desde o final do século XIX. Freud, por exemplo, examinou com atenção essa figura social em seu *Psicologia de Grupo e Análise do Ego* (1976 [1921]), aproveitando a reflexão pioneira de Gustave Le Bon em sua *Psicologia das Multidões* (2019 [1895]). Tratava-se aí da hipótese da projeção do desejo coletivo da massa na figura de um líder e da suspensão das capacidades discriminatórias da reflexão racional sofridas nesse processo. A novidade dessa massa dos sujeitos sensíveis à doutrinação populista no período examinado foi sua formação no mundo virtual, o que lhe impôs certamente características bastante peculiares na comparação com suas predecessoras.

Entre os muitos estímulos ao sucesso da influência populista na massa constituída, explorados com mestria pelo governo Bolsonaro e seus seguidores, avultou a própria pandemia, fenômeno carregado de efeitos sensíveis desafiadores e ameaçadores. Um ambiente hostil é fundamental para o desencadeamento e florescimento de uma ideologia da desconfiança, da denúncia e do confronto. Nada mais adequado para isso do que uma nova doença, de contornos controversos.

As interpretações dessa configuração de valores e comportamentos que se vieram acumulando nos últimos anos sublinham determinadas condições materiais de reprodução social como desencadeadoras, assim como determinados processos psicológicos a elas associados (Mouffe, 2002; Laclau, 2005; Gracino Jr.; Goulart; Frias, 2021; Castro Rocha, 2021).

A mais citada das condições propiciatórias é certamente a da frustração de expectativas socioeconômicas positivas. Como ressalta uma literatura política importante, tendem a ser vividas como mais graves as situações de frustração de expectativas do que o padecimento de más condições de reprodução em si (Duarte; Martínez-Moreno, s/d: 16). No caso brasileiro, o período em questão se caracteriza pela muito generalizada sensação de interrupção de uma fase de crescimento das oportunidades de autoafirmação identitária e de ascensão socioeconômica que se estendera por uma década até o ano de 2015. As controversas manifestações de massa de 2013 e o impeachment da presidente da República em 2016 tinham começado a demarcar, para uma boa parte da população, o fim do ciclo virtuoso dos governos do Partido dos Trabalhadores (PT), transformado, afinal – em sua condição de governo de "situação" – em bode expiatório da derrocada socioeconômica que se veio a configurar.

No mundo popular, o período de bonança tinha assegurado condições de autoafirmação lastreadas em um sentimento de luta reconhecida e sancionada pelas forças do Estado. Ao começarem a falhar as trajetórias ascendentes dessa considerável franja de uma pequeno-burguesia, emergiu um generalizado sentimento de injustiça comparada na relação com as ações do Estado de proteção social. A manutenção dos benefícios sociais universais *básicos passou a ser vista como prêmio à inação e à preguiça, em contraste com as* restrições ao crédito e a redução da demanda de consumo que passaram a afetar os pequenos empreendedores.

Ao mesmo tempo, o crescimento da miséria urbana aprofundou as condições de expansão das redes do crime organizado, elevando as taxas de violência nas periferias das cidades (mesmo das menores; e com extensões até o campo) – o que consolidou uma associação moral entre o crime, a "permissividade" em relação ao uso de drogas e a restrição à ação policial violenta. Também por aí, a resistência à modernização liberal clássica se cristalizou.

É preciso aportar ao nosso quadro o fato de que as expectativas e as práticas sociais já se vinham alterando profundamente desde os anos 1980. O fenômeno do crescimento geométrico da adesão às denominações pentecostais, em detrimento do catolicismo popular e dos cultos afrobrasileiros, se deve a um conjunto complexo de fatores, dentre os quais interessa aqui particularmente a dimensão de intensificação da vida da família nuclear (em detrimento das redes tradicionais da parentela extensa, do compadrio e da vizinhança) e o aproveitamento das oportunidades de entre-ajuda propiciada pela vida congregacional. Uma parte considerável do ethos pentecostal enfatiza a luta individual pela afirmação socioeconômica – como é notório nos segmentos cultivadores da chamada "teologia da prosperidade" (Mariano, 1996; Lima, 2007).

A adesão à resistência às medidas de contenção da pandemia se baseou grandemente no temor de acentuada diminuição da atividade econômica, sobretudo nos níveis mais micro, do pequeno negócio, emprego ou atividade profissional – o que não deixava de envolver também atividades ilícitas de toda ordem. De um modo geral, toda restrição do aparelho de Estado à "liberdade" empresarial era assim vista como ilegítima, seja no tocante à proteção do meio ambiente, seja na preservação dos direitos de populações tradicionais, seja no controle da produção, circulação e consumo de mercadorias consideradas impróprias ou danosas – mais uma vez, ocorrendo aqui uma paradoxal conjunção com os interesses do crime organizado, tanto no tráfico de drogas, quanto no contrabando ou na exploração ilegal de recursos naturais.

A generalização radical das controvérsias associadas à pandemia e ao seu controle garantiu uma aglutinação em nível nacional de diversos desses focos, favorecida pela capilaridade das redes evangélicas e pela onipresença dos recursos da comunicação digital. Seguindo a tendência da concentração da vida moral na unidade familiar nuclear – em um extremo – e nas redes congregacionais – em outro –, ocorreu uma espécie de universalização da sociabilidade, percebida pelos próprios participantes como um precioso empoderamento, ensejando um sentimento de participação na ação política coletiva que os meios tradicionais (partidos, eleições etc.) nunca tinham plenamente permitido (Alves da Silva, 2023).

A esse sentimento virtual não correspondia sempre, porém, a experiência de um contrato social favorável – antes pelo contrário. A vivência de uma ruptura de expectativas e de um descenso nas possibilidades de acumulação e consumo levaram à conformação de uma figura sociopolítica muito recorrente nas análises da política do Ocidente moderno: a de um lumpen-proletariado. Baste lembrar que tanto Karl Marx (2011 [1852]), quanto Max Weber (2016 [1922]) – pioneiros da sociologia política – lhe atribuíram um importante papel negativo na dinâmica social. Esse fenômeno, de fronteiras sempre discutíveis, se caracterizaria por uma disposição negativa em relação às políticas de modernização e cidadanização, em função da precariedade de seu assento socioeconômico, da insegurança ressentida em relação ao futuro coletivo, e do predomínio do ressentimento em relação aos segmentos vistos como favorecidos e privilegiados. Os populismos de todo matiz se sustentam fortemente nessa matriz psicossocial – constituindo uma força motriz fundamentalmente conservadora.

É certo que uma tal configuração se nutriu fortemente das ameaças carreadas pela pandemia, seja em si mesma, seja por meio das controvérsias relativas à sua contenção. Os sentimentos de insegurança e medo foram absolutamente – *e* com justas razões – generalizados; mas acrescidos, nesses amplos segmentos sociais, de uma percepção de injustiça e de intervenção ilegítima do Estado, conformando um quadro de ressentimento amplamente susceptível de adesão à pauta negacionista e reacionária da política populista prevalecente no período.

As análises que buscam ser abrangentes sobre as características da vida social em um país tão amplo e complexo como o Brasil, ainda mais em um período tão conturbado, não podem deixar de incidir em generalizações bastante temerárias – mas, ainda assim, inevitáveis e necessárias. Até o momento, em 2024, buscou-se explicitar o que vem sendo considerado, por uma ampla literatura (que inclui pesquisa etnográfica original), como esclarecedor sobre o segmento mais desafiador da sociedade nacional: o dos sujeitos e grupos que reagiram à pandemia em consonância com as pautas da política populista de direita que centralizava o cenário nacional à época.

Há ainda duas dimensões a serem esclarecidas, complementarmente. A primeira é a de que o ethos desses segmentos sensíveis à pregação populista não se resume a dimensões negativas, mas também a outras tantas que se pode chamar de "afirmativas" – mesmo que não se as possa considerar "positivas". A segunda é a de esboçar uma análise das características da reação à pandemia e ao populismo de direita por um outro grande contingente dos sujeitos nacionais, seja por uma indisposição passiva, seja por uma atitude de efetiva oposição progressista. O perfil desse outro contingente parece ser ainda mais complexo e variado do que o que se analisou até aqui; talvez apenas por se configurar mais próximo e menos esquematizável do que o "*incômodo*" segmento antiprogressista.

Em tudo isso, parece evidente que a distribuição societária entre "classes" ou frações de classes, entre grupos de ethos ou de status, seja relevante para a compreensão dos fenômenos em exame, mas insuficiente para esclarecer sua profundidade e extensão. Há efeitos relativos à posição nas gerações e nos gêneros, no momento das trajetórias de vida, na atribuição familiar da herança genealógica ou na localização dentro de uma fratria. Nem todas essas dimensões têm sido estudadas, aparecendo apenas frequentemente como sinais esparsos em pesquisas sobre religião, sobre atitudes políticas ou sobre dinâmicas familiares. De qualquer forma seria impossível revisar aqui tantas outras pistas.

Trata-se então do tema das dimensões "afirmativas" do ethos dos segmentos susceptíveis à doutrinação populista. O ressentimento que passou a caracterizá-los no período em análise só faz sentido se se levar em conta – como já afirmado – o fato de terem se sentido anteriormente ativos em um processo de autoafirmação ou ascensão social. Seus componentes se viam como autores de sua vida, somando o protagonismo nas igrejas e nas redes virtuais com o empoderamento decorrente de atividades "autônomas" no plano econômico (pequena produção mercantil, pequeno comércio, operação de veículos e máquinas, prestação de serviços técnicos ou profissionais, exercício de funções eclesiais, cabos eleitorais, contrabando, participação em quadrilhas ou milícias etc.). A categoria "empreendedorismo" vem resumindo já há pelo menos três décadas esse estilo de vida, revelador de um intenso individualismo, manifesto no afastamento da maior parte dos vínculos atribuídos, herdados – como os da parentela ou da vizinhança de origem – e no privilégio dos vínculos adquiridos – como os da neo-família ou das congregações de conversão religiosa. O significante da "liberdade" expressa nesse contexto, sobretudo, a possibilidade de trilhar caminhos diferentes dos que uma condição original poderia fazer prever e de não se deparar com empecilhos nessas vias de afirmação. A intervenção do Estado é objeto de intensa desconfiança, manifestando-se mesmo nas mais banais atividades, como se chegou a verificar no Estado anti-Estado do populismo bolsonarista: podia-se reduzir os controles sobre a condução de veículos, sobre a aquisição de armamento pessoal, sobre a vigilância protetora do meio ambiente ou do patrimônio cultural, sobre as condições do exercício da educação infantil ou sobre as manifestações de racismo ou de outros preconceitos discriminantes.

Impõe-se agregar a essas informações, nesse momento, o fato de que muito do que se descreveu aqui sobre esse universo lumpen popular se encontra também em segmentos das elites econômicas e políticas do país, frequentemente oriundas de trajetórias recentes bem sucedidas desse empreendedorismo de base (cf. Lima, 2007, 2008). Para eles convergem frações descendentes das elites dirigentes passadas, entusiasmadas com o descontrole geral de uma sociedade em cujo seio já não encontram reconhecidas suas identidades atribuídas. Nesse outro plano, já não se encontra a intensa adesão a valores e redes explicitamente religiosas, mas a aproximação de correntes letradas laicas que oferecem chaves cosmológicas gerais de teor irracionalista, apocalíptico, messiânico e gnóstico (como nas pregações de Steve Bannon nos EUA e de Olavo de Carvalho no Brasil). A sociabilidade desse tipo ***é*** claramente mais rala do que a popular, já que exercida majoritariamente pelos meios escritos ou virtuais.

Ambos os segmentos foram dura e especificamente desafiados pela pandemia. Na versão popular, a descontinuidade das atividades sociais afetava, de uma forma ou de outra, o cenário de afirmação pessoal e familiar, seja no plano econômico, seja no plano da sociabilidade congregacional, tão importante como estímulo e caixa de ressonância do projeto consciente.

Na versão afluente, o desafio se deu com igual intensidade, mas sem incidir na sociabilidade abrangente. Ensejou, antes, uma demanda de recrudescimento da atividade intelectual de justificação da ideologia conservadora, sobretudo em face das evidentes vantagens de que uma posição irracionalista podia desfrutar em um acirrado contexto de dúvidas, inquietações e maus presságios generalizados. A esse segmento já se chegou a aludir como uma "lumpen-burguesia" – sugestão precocemente presente na análise do *18 Brumário* de Karl Marx (2011 [1852]).

Como se vê, ainda aqui a mancha emocional do medo, da frustração e do ressentimento tinge as disposições privadas e públicas, reforçando a resistência ao esclarecimento científico e ao projeto civilizacional progressista.

A segunda dimensão antes referida é a das características da reação à pandemia pelos segmentos opostos – passiva ou ativamente – ao populismo de direita.

Os desafios da pandemia afetaram primeiramente a experiência dos casais e famílias; envolvendo a experiência de medo pelos riscos de contaminação e adoecimento de seus membros, a insegurança na educação dos infantes (com o fechamento das escolas, por exemplo), os desequilíbrios nas ocupações profissionais e na renda entre os *cônjuges*, e a insegurança acrescida na socialização afetivo-sexual adolescente.

A vida estudantil universitária foi também profundamente afetada, com a migração do ensino para o plano virtual (quando possível) e a consequente ruptura da convivência com os mestres e entre os alunos, redundando em considerável perda do dinamismo da formação intelectual e profissional e acrescida possibilidade de desequilíbrios físico-morais. No nível da pós-graduação, o fechamento de possibilidades de pesquisa (laboratórios, trabalhos de campo etc.)

retardou o aperfeiçoamento e desestimulou carreiras já difíceis por outros motivos – entre os quais a perda de apoio financeiro pelos órgãos de Estado manipulados por um governo anti-intelectualista.

Os sujeitos vivem no tempo, envoltos por disposições dirigidas ao futuro, na projeção de trajetórias, de projetos mais ou menos conscientes (Velho, 1994). As ameaças da pandemia e do populismo gerente da nação impuseram uma grave desconfiança em relação ao futuro, fértil em perturbações físico-morais de toda ordem. Associavam-se a essas ameaças imediatas a consciência da crescente presença de epidemias (aids, ebola, febre aviária, dengue, chicungunya, zika etc.), a generalização da violência pública, os riscos planetários de fascistização da ordem política, a destruição do ecúmeno coletivo (envolvendo a hipótese do Antropoceno), a emergência de desenvolvimentos tecnológicos cada vez mais perturbadores das perspectivas de emprego e profissão (como no caso da IA).

Embora a ameaça sanitária da pandemia e a ameaça política do pandemônio tenham sido estancadas no ano de 2023, muitas das condições que caracterizam seu período de confluência continuam presentes até hoje, em 2024. A polarização política acirrada entre o populismo de direita e a visão de mundo progressista continua a presidir ao grosso da vida política da nação, em todos os seus níveis. A precarização das condições da vida cotidiana aprofundada pela pandemia estende-se pelo tempo presente, sob a forma da persistente miséria, da violência generalizada, da desmoralização de boa parte da representação política, ou da continuada degradação do meio ambiente e das condições de reprodução das populações subalternas.

Comemora-se agora os 120 anos da Revolta da Vacina, um movimento de massas ocorrido no Rio de Janeiro, capital da então recente república, em reação à imposição da vacinação obrigatória contra a febre amarela, entre muitas outras importantes iniciativas higienistas e "civilizatórias" do governo federal. A sensação de ilegitimidade da autoridade do Estado na regulação da vida privada levou a uma violenta sublevação, manipulada pelos intelectuais positivistas que se opunham ao crescimento da intervenção estatal, e por outras forças oportunistas. É curioso observar como algumas questões graves continuam a se manifestar entre os dois momentos históricos: a tensão entre a ordem pública e a identidade privada, com suas reverberações na concepção do papel do Estado; o impacto da racionalização geral da governamentalidade inspirada no conhecimento científico e seu entrechoque com os valores da moralidade tradicional; o desafio da constituição de uma ordem política promotora do bem público e, ao mesmo tempo, defensora dos valores da igualdade e da liberdade. O que é realmente inquietante é ver como o governo de Bolsonaro pôde encarnar um anti-Estado que misturava o irracionalismo da gestão pública com a defesa retórica da "liberdade" contra o progresso, como vem agindo, de um modo geral, o populismo de direita que grassa planetariamente nesta passagem do primeiro quartel do século XXI.

As crises que assolam a vida dos sujeitos contemporâneos ainda virão a se renovar e aprofundar com toda certeza, açuladas pelos desafios permanentes da cultura ocidental moderna, entre as pandemias e hecatombes da natureza, por um lado, e os pandemônios da razão e do desatino, da ordem e da liberdade, por outro.

Referências

Silva, W. A. (2023). *Os remédios da nação*: da controvérsia medicamentosa no contexto da pandemia de Covid-19 no Brasil. Tese de Doutorado. Programa de Pós-Graduação em Antropologia Social, Museu Nacional/UFRJ.

Rocha, J. C. C. (2021). *Guerra cultural e retórica do ódio: crônicas de um Brasil pós-político*. Editora Caminhos.

Cesarino, L. (2022). *O mundo do avesso*: verdade e política na era digital. Ubu Editora.

Duarte, L. F. D.; Gomes, E. C. (2008). *Três Famílias*: identidades e trajetórias transgeracionais nas classes populares. FGV.

Duarte, L. F. D.; Gomes, E. de C.; Menezes, R. A.; Natividade, M. (orgs.). (2008). *Valores Religiosos e Legislação no Brasil.* A tramitação de projetos de lei sobre temas morais controversos. Garamond.

Duarte, L. F. D.; Martínez-Moreno, M. J. (s/d). Configurações da pessoa em contextos contemporâneos de populismo de direita: uma pesquisa incômoda. Submetido a publicação no dossiê "Hacia la ampliación de los límites de la antropología: etnografías de alteridades incómodas". Revista *Vibrant.*

Freud, S. (1921). Psicologia de grupo e análise do ego. In *Obras psicológicas completas de Sigmund Freud*: edição standard brasileira (1976). Imago.

Gracino Jr., P.; Goulart, M.; Frias, P. (2021). Os humilhados serão exaltados: ressentimento e adesão evangélica ao bolsonarismo (23(51):547-579). *Cad. Metrop.*

Laclau, E. 2005. *La razón populista*. Buenos Aires: Fondo de Cultura Económica.

Le Bon, G. (1895). *A psicologia das multidões (*2019). Martins Fontes.

Lima, D. N. de O. (2007). "Trabalho", "mudança de vida" e "prosperidade" entre fiéis da Igreja Universal do Reino de Deus (27 (1)). *Religião e Sociedade.*

Lima, D. N. de O. (2008). *Sujeitos e objetos do sucesso*: antropologia do Brasil emergente. Garamond.

Mariano, R. (1996). Os neopentecostais e a Teologia da Prosperidade (44:24-44). *Novos Estudos CEBRAP.*

Marx, K. (1852). *O Dezoito Brumário de Luís Napoleão* (2011). Boitempo Editorial.

Mouffe, C. (2002). La "fin du politique" et le défi du populisme de droite (2(20): 178-194). *Revue du MAUSS.*

Velho, G. (1994). *Projeto e metamorfose: antropologia das sociedades complexas.* Jorge Zahar Editor.

Weber, M. (1922). *Economia e sociedade. Fundamentos da sociologia compreensiva (*2016). Editora UNB.

Plenária 4º Congresso Fepal – TRANSITORIEDADES E INCERTEZAS

Amor/amores: transitoriedades e incertezas nos vínculos

9. O fim do amor ou a queda de uma ilusão?[1]

María Laura Méndez

O amor era um afeto humano que era difundido até
As primeiras décadas do século XXI.
O processo de seu desaparecimento foi acompanhado
de uma transformação no sentido
da palavra. […] Mas, quais fenômenos específicos
ele produziu enquanto existiu.

Juan José Becerra (2023)

Achamos que esta epígrafe era apropriada porque sintetiza algumas das questões que queremos trabalhar neste ensaio.

A princípio nos perguntamos se acreditamos no amor, o que nos leva a outra pergunta: é uma crença? Essas perguntas, como tantas outras, não têm uma resposta única ou definitiva, são apenas perspectivas que podem ser úteis para pensar outras.

Em princípio, sustentamos duas questões: os grupos sociais não existem sem uma complexa rede de crenças e desejos, como pensava Gabriel Tarde no final do século XIX (Tarde, 2011). Ao mesmo tempo, não podemos sustentar a ideia de amor como um conceito abstrato, fora do contexto epocal e territorial de seu surgimento.

---

1 Artigo apresentado no 34º Congresso Fepal – Transitoriedades e Incertezas. 2022 em sessão plenária 4: Amor/Amor: transitoriedades e incertezas nos vínculos.

Consequentemente, sustentamos que essa palavra tão mencionada com a qual um conceito é mencionado, é uma das muitas abstrações que a cultura ocidental moderna, colonial e capitalista construiu e impôs e que produzem efeitos sobre todas as formas de vida, suas ideologias, suas teorias e suas práticas, e que, por outro lado, sempre ocultam relações de poder. Por outro lado, é preciso estabelecer que os conceitos são performativos e, por isso, produzem efeitos: são incorpóreos que penetram nos corpos.

A primeira tarefa é situar o conceito em situações singulares, ou seja, sem determinar a prioris, apontando que ele ocorre em um "entre" à maneira de um vínculo, que se constrói em conjunto com outros elos que se entrelaçam na vida social. No imaginário da cultura ocidental, esse elo deve ser para sempre, ou seja, está inscrito em um horizonte de fixidez que nega mutações. Deve ser infinito, porém, todo vínculo que se constrói pode ter duração, desde que entendamos que a duração ocorre em um devir de diferenças em constante movimento, ou seja, que a perpetuação requer uma transformação permanente (Bergson, 2006).

A ideia que prevalece sobre o amor tem, em parte, sua gênese na concepção cristã do amor, que exige sacrifício e renúncia, que se baseia em uma história que inaugura a falta, o pecado, o castigo, a culpa e a dívida impagável. Nietzsche prossegue dizendo que exige o sacrifício da vida, o que a torna ressentida, vingativa e, em muitos casos, cínica. O amor romântico, embora mundano, emula-o.

A base disso é uma extensão do amor professado por um Deus único e todo-poderoso, que se transforma em uma forma de egolatria que é o efeito do individualismo que se constitui quando os laços sociais de pertencimento a um grupo e a um território, cujos limites são reconhecidos, e a um modo de pensar e sentir o mundo de forma compartilhada, isto é, quando há alguma forma de comunidade visível; dessa forma, surge o individualismo, concebe-se um indivíduo que nasce como tal e que deve se juntar a outros para formar a sociedade, a isso se acrescenta que o caminho para fazer esses laços é a competição, necessária para a existência e durabilidade do capitalismo.

Nesse contexto, o conceito de "amor romântico" emerge, em tempos complexos, como todos os tempos, porque convergem ideias e imaginários diversos, híbridos que em alguns casos são possíveis e em outros não. Nesse caso, perdurou a ideia de um tempo como uma eternidade estável, em que as mudanças são vividas como perigosas porque se afastam de uma essência imutável e se aproximam do caos. Junto com a concepção de indivíduos isolados constituídos de uma vez por todas, dotados de razão que lhes permite ser livres sem a necessidade de contato com os outros que também habitam mônadas isoladas, como veremos, esta concepção se estende à ideia de uma forma de família, considerada como célula básica da sociedade.

A esses modos de pensar o amor aprisionados nessas redes, acrescenta-se a ideia de possessão também vinculada à de dominação, constituindo assim um imaginário que se propõe a fundamentar os valores e práticas que atravessam a vida cotidiana; dessa forma, adquire-se uma fé na crença desses ideais, que quando não podem ser alcançados tornam-se experiências de fracasso e, em muitos casos, quadros de angústia e depressão.

Como pensar o amor fora desses parâmetros do romantismo ingênuo? É preciso construir uma genealogia que dê conta da hegemonia desse sentimento. Em princípio, é preciso afirmar que ele surge de uma transformação do amor platônico, que se baseia em uma abstração e idealização, entendendo que a pessoa amada é inatingível, e dessa forma garante que o amor dure sem ser alterado. O amor romântico também se baseia na idealização, mas ao contrário do amor platônico, ele pode aspirar a consumar a união carnal com a pessoa amada, eles têm em comum a convicção de que o estado de paixão que emerge à maneira de uma revelação deslumbrante dura intacto no tempo.

Esse imaginário, como podemos ver, tem como premissa a ideia de que tudo pode permanecer igual, que a permanência é um valor superior à transformação, ao movimento e à mutação. Essas ideias vêm de considerar o Ser metafísico ou o Deus teológico como imutável e, portanto, idêntico a si mesmo. É assim que essa concepção se fundamenta na ideia de identidade dos sujeitos, que pressupõe uma concepção do sujeito como uma substância imutável que sustenta atributos, que nos remete a Aristóteles, e que, por outro lado, é dotada de uma razão que o liberta do excesso das paixões. Todas as ilusões merecem ser revistas e, na maioria dos casos, banidas do campo do conhecimento e das crenças, um trabalho muito complexo, embora benéfico para alcançar algum grau de bem-estar em nossos convulsionados campos sociais.

A verdade é que esse fundamento da paixão e do amor romântico serviu de alicerce no processo de ruptura dos sistemas de parentesco. A antropologia clássica tem trabalhado muito sobre essa forma de organização social, presente de uma forma e de outra em todas as diversas configurações sócio-históricas, mas que adquire relevância a partir da obra de Lévi-Strauss em meados do século passado, devido ao seu exaustivo estudo etnológico de muitas delas. Embora neste século XXI possamos questionar alguns de seus pressupostos, trata-se, sem dúvida, da primeira análise sistemática do que ele chama de sociedades escamosas, centradas em um estrato múltiplo que entrelaçam relações diversas. Os sistemas de parentesco são justamente um desses estratos que, embora estejam relacionados aos demais, nenhum deles opera de forma hegemônica. Essa grande complexidade não pôde ser abordada pelos etnógrafos europeus, que careciam de ferramentas teóricas para compreender o nível de complexidade que apresentavam; apenas projetavam seu imaginário reducionista na descrição dessas sociedades e, por não disporem de ferramentas conceituais para compreendê-las, as qualificaram como selvagens ou bárbaras.

Um dos principais méritos da obra de Lévi-Strauss é ter considerado que não existe uma forma de família, que corresponda à suposta natureza humana, que essas formas são sempre efeito da produção de diferentes grupos sociais, são equipamentos coletivos. Diríamos hoje que depende da rede de diferentes agenciamentos de enunciação e corpos; mas o que fica claro em sua obra é que, para que a família exista, a sociedade precisa existir primeiro.

Quando esses sistemas se transformaram na Europa dos séculos XII e XIII, foi preciso encontrar algum fundamento que substituísse as formas de troca e reciprocidade para conformar a aliança, uma instituição que não existiria mais entre grupos que garantiam seu funcionamento, mas entre sujeitos individuais que não tinham as garantias que seus grupos de pertencimento lhes ofereciam. A escolha seria, então, livre e individual, sem imposições coletivas, mas também sem apoio.

Os sistemas de parentesco surgem para evitar, por intermédio de divisões em grupos, clãs. Linhagens, endogamia e exogamia garantem por meio das formas de troca preestabelecidas entre elas, ou seja, além de ampliarem as relações, uma forma de intercâmbio genético que impede que todas as espécies, plantas e animais, se degenerem e extingam.

É verdade que, em nosso modo de existência, uma regra externa, explícita como diria Lévi-Strauss, é necessária para regulá-la. Seu erro foi pensar que era a proibição do incesto, isso só era necessário quando se formavam essas uniões individuais que não necessariamente garantiam a exogamia, pensava-se também que a razão impediria as uniões incestuosas intrafamiliares, o que como se sabe não aconteceu, exceto por alguns setores que foram capazes de entender a forma abstrata dessa suposta Lei.

Quando os laços das várias formas comunitárias foram rompidos, foi necessário fundar uniões familiares heterossexuais que garantissem a procriação. É assim que essas uniões são legitimadas pela Igreja, e como dissemos elas são baseadas no amor, em uma forma de amor que também está relacionada com a ideia de amor divino, ou seja, que esse sentimento, que se tornará hegemônico, tem uma dupla conotação: por um lado se baseia na atração sexual, isto é, de corpos, e por outro lado é santificada porque mostra que sendo criados à imagem e semelhança daquele Deus judaico-cristão, somos capazes de ter esse sentimento como o criador. Diga-se de passagem, mostra nossa superioridade sobre o que existe, porque somos a única espécie que pode experimentá-lo, ou assim pensamos.

Foram várias as consequências que hoje podem ser consideradas como os pilares de uma suposta civilização, que reivindicava e reivindicava-se um lugar de superioridade sobre todas as outras formas que os habitantes da terra inventaram para viver nela sem se destruir ou aniquilar. Mas todas essas estratégias foram deslegitimadas para justificar sua conquista e dominação, sempre em nome de um suposto bem abstrato.

O processo de desaparecimento dos sistemas de parentesco ocorreu junto com outras transformações que corromperam os modos de vida medievais, seus ritmos e suas formas de resolver conflitos e tensões. Embora já sob a dominação micro e macropolítica da Igreja, foram preservadas diferentes práticas marginais que a Igreja descreveu como heresias, feitiçarias e sacrilégios, mas que tiveram peso nos sistemas de crenças e em várias práticas sociais, apesar das terríveis perseguições de que foram vítimas.

Ao mesmo tempo que esses eventos ocorrem, uma nova prática de troca começa a ser introduzida, o comércio, que produz várias transformações que darão origem ao surgimento do capitalismo, porque esta nova forma inventa que a troca deve produzir lucro, e que este é acumulativo. Assim como foi a graça de ir para o céu, mas neste caso de desfrutar na Terra, ao mesmo tempo requer um elemento escasso como medida única para transações, chamado de equivalente único. Portanto, a ideia de valor é modificada, múltiplos sistemas de troca deixarão de existir, por meio de valores diversos, uma vez que estes supõem formas não unificadas muito complexas, o funcionamento da lógica do UM também é evidenciado neste caso.

Outras consequências foram produzidas a partir dessas mudanças, entre outras, uma uniformidade da medida do tempo, criação do que conhecemos como relógio, em suas diferentes variantes, bem como o calendário, tendo usado o criado pelos romanos, como forma de dividir o ano, em meses e semanas mais ou menos regulares, essas medidas foram impostas porque comerciantes de diferentes pontos geográficos as exigiam para suas operações.

Como efeito posterior, mas derivado dessas transformações e do grande empreendimento de expansão e exploração colonial das populações escravizadas e extração de riquezas de seus territórios, esse capitalismo que só obtém seus benefícios do comércio, deu origem ao surgimento de uma nova forma de capital que é o capital financeiro.

Ao mesmo tempo se produz a expulsão dos territórios feudais de grande parte da população, que, segundo Marx, sai nua, sem laços, tendo perdido seus modos de conhecer, amar, sentir, conviver com os outros, só lhes resta, embora diminuídas, suas forças para trabalhar; desta confluência entre a desterritorialização e a decodificação dessa população errante, há também a decodificação dessa quantidade de dinheiro sem destino e da invenção da máquina a vapor que permite a passagem da manufatura para as grandes indústrias.

Essas transformações, que podem ser narradas em poucas linhas, não foram isentas de grande sofrimento físico e psicológico, sendo muito mais graves nos continentes colonizados, pois foram realizadas de formas muito mais violentas e produziram rupturas totalmente inesperadas, além de produzirem formas de resistência até hoje, 524 anos após o desembarque europeu em nossas terras.

Essas transformações, ao mesmo tempo, tiveram seus efeitos no campo das ideias, problemas não poderiam mais ser colocados sob o modelo aristotélico-tomista, embora muitas de suas premissas permaneçam. Era preciso repensar a sociedade, com as diversas formas de comunidade quebradas.

O mais difundido foi considerar que a sociedade é formada por indivíduos isolados, que nascem como tal e que compõem a sociedade por meio de um contrato que envolve a doação de sua vontade. Ideias foram criadas por Hobbes no século XVII, diante da acirrada concorrência das sociedades comerciais que traficavam escravos: ele então supõe que os homens estão possuídos pelo desejo, desejo de tudo, e como todos querem tudo, é necessário que haja uma instância que reprima esse desejo fazendo uso do estabelecimento do medo – cria a figura do Estado centralizado e o chama de Leviatã, um dos nomes do diabo no Antigo Testamento. Essas ideias foram as que hegemonizaram a produção da filosofia política e cujas consequências vemos hoje refletidas nos usos quase inimagináveis da violência.

Como conciliar essas ideias com o amor? Leva-nos a pensar na fratura extrema entre os diferentes níveis dos campos sociais e também entre os estratos de conhecimento que se desprendem uns dos outros e, ao mesmo tempo, das práticas cotidianas. O amor parece restringir-se à esfera privada, completamente separada da esfera pública, ou pelo menos assim se imagina; esta separação é utilizada como um dos elementos da política de subjetivação.

Parece que nesse projeto que inaugura a modernidade, algo deu errado, ou talvez muito, sem dúvida uma das questões é a produção de conceitos abstratos separados da experiência, e muitas vezes alheios a ela, como se pertencessem a outra esfera. Essa abstração, relacionada à idealização, permitiu que fossem universalizados sem levar em conta as condições singulares de sua emergência e os efeitos de sua imposição como verdades absolutas, que substituíram as verdades reveladas das religiões monoteístas, embora estas perdurem e constituam enclaves dogmáticos e totalizantes.

Um desses conceitos é o de sujeito, que, embora tenha sido adjetivado de várias maneiras, mantém suas principais características, é individual, autônomo, livre etc. Sua origem vem da proposição aristotélica de considerá-la como uma substância que é o suporte dos atributos, ou seja, sua conformação é gramatical e fará parte da gramática das línguas ocidentais, portanto, muito difícil de erradicar, embora a partir daí tenha passado a fazer parte dos discursos da filosofia e depois das chamadas ciências sociais, sem questionar seu peso epistêmico (Nancy, 2014).

Esse conceito articula-se com a ideia de unidade e identidade, que também não são questionadas, uma vem da lógica do UM, e a outra tem uma gênese mais complexa, mas não pode ser descolada do fixismo e da determinação, conceitos corroborados pela física clássica.

Dentro da produção da filosofia racionalista ocidental, Spinoza é o único pensador que afirma que não somos substância (sujeitos, hypokeimenon em termos aristotélicos), mas sim, relações com diferentes ritmos de velocidade e lentidão, uma ideia complexa que foi vilipendiada, e ainda é, porque consideramos que somos atravessados por forças, que nem sempre reconhecemos e que essas afetações nos corpos de todos os seres vivos aumentam e diminuem o poder de ação; sendo os afetos relações diferenciais de acordo com o grau de poder que efetuam.

Consequentemente, estamos sempre envolvidos ou em meio a relações de poder, e estas não foram reconhecidas como tal pela epistemologia clássica. Sua denegação permite que o exercício do poder seja visto como amor, como cuidado, como benefício, como progresso e não como uma imposição que produz atos de obediência e submissão.

Essas forças negadas tornam-se efeitos negativos e, dessa forma, aqueles que querem manter o poder as impõem, e tanto Spinoza quanto Nietzsche considerarão que "tiranos, sacerdotes e escravos nos querem tristes", ou seja, nos despotencializam para que sua vulnerabilidade não seja exposta. Quando falamos em escravos, eles se referem a todos aqueles que são capturados por alguma posição dogmática, seja religiosa, ideológica ou teórica, nós acrescentamos.

Não é por acaso que nesses binarismos extremos o amor se transforma em ódio, preservando a intensidade, ou tomando como exemplo as visões míticas em Eros e Tânatos, esclarecendo que no caso das histórias míticas, esses termos nunca são absolutos, pois os binarismos aparentes se dissolvem nas múltiplas versões (Lévi-Strauss, 1969).

Como desconstruir esse binarismo? Sabemos que não há receitas magistrais ou que falharam, mas devemos também perguntar-nos: que caminhos não tentamos?

Acreditamos que uma delas é a prática de formas de solidariedade coletiva que podem se tornar práticas constantes, que nunca são consideradas definitivas ou acabadas, que não estão presas a posições fixas ou à ilusão de que podem ser progressistas.

Os ideais da Revolução Francesa: Liberdade, Igualdade e Fraternidade, não tiveram o mesmo grau de efeito, embora as ideias ainda muito abstratas de liberdade e igualdade tenham e continuem a ter consequências na produção de lutas muito diversas, desde os movimentos de emancipação política dos territórios coloniais até as múltiplas lutas de setores minoritários, especialmente as diferentes formas de feminismo que produziram transformações importantes na vida cotidiana.

O mesmo não ocorreu com o ideal de fraternidade, que se opõe às formas de relações sociais de competição que o capitalismo impõe e necessita, mas que corrói as práticas sociais em busca de um individualismo que intensifica e promove o aumento da violência.

Dessa forma, a fraternidade se limita àqueles que se consideram "iguais", homens brancos, heterossexuais, normais, ambiciosos e eficientes. Que lugar tem aqueles de nós que se consideram fora dos binarismos: homem/mulher, branco/negro, normal/anormal, ambicioso/sem objetivos? As práticas solidárias podem ser construídas com a intensificação de binarismos que produzem fissuras intransponíveis, colocando-se em extremos que negam as diferenças, sendo a única forma de produzir práticas democráticas em todas as instituições, que permitam a circulação das relações de poder?

Esses grandes setores da população que são excluídos, vidas precárias nas palavras de Judith Batler (2008), que não merecem ser lamentados, que não contribuem para o mundo da acumulação excessiva e do poder ilimitado.

Parece que essas considerações são estranhas ao tema do amor, no entanto, nenhum sentimento fica de fora desses processos maquínicos, nas palavras de Guattari (1996), que atravessam todas as práticas, e que também respondem a outro binário da modernidade, privado/público, criado para justificar o espaço da família nuclear isolada. Supondo que algo possa ser deixado de fora do campo social.

Uma última pergunta que nos ocorre, que pode ficar sem resposta, mas que é útil continuar a fazer. Como pensar a relação entre amor e sexualidade? Muitas vezes é confuso e causa muito sofrimento. Em uma cultura que, em princípio, exclui o corpo, como pecaminoso, ou deixa de lado as experiências sensíveis, mas ainda assim as limita à sexualidade, normatiza, desde que adere às condições legitimadas, o casamento monogâmico e heterossexual.

Parafraseando Espinosa, poderíamos perguntar: o que nos acontece que, acreditando que estamos em busca da felicidade, embarcamos em situações de dependência, monotonia, tédio e submissão?

Não se pode deixar de considerar os efeitos produzidos pela confusão entre sexo, gênero e práticas de sexualidade, que são logicamente epocais, mas cuja suposta normalidade advém das instituições que as têm governado; é óbvio que elas devem estar sujeitas a regulações como todas as práticas sociais, mas neste caso foram estipuladas a partir do pressuposto do que é, ou não é, próprio da natureza humana, ocultando relações do poder dominante. Essas práticas estavam fundamentalmente a serviço da procriação e se baseavam em mandatos escravizantes, especialmente a maternidade, considerada uma exigência natural.

Este breve escrito parece ser em parte em detrimento do amor, e é assim quando é apresentado como uma forma extrema de possessão ou é concebido sob a forma de um amor único e invariável. Com essas premissas, é difícil considerar as variações que se referem à construção de vínculos que aumentem nosso poder de ação e não exclua nenhuma das formas pelas quais ela pode se manifestar, no casal, pais, filhos, amigos, irmãos, desde que possamos nos afastar de seus ideais fixos.

É impossível amar sempre da mesma maneira, mas é possível construir um *entre* que se baseie em afinidades, que não reivindiquem nem completude nem totalidade, pelo contrário, que nos permita desenhar cartografias e estratégias, sempre incertas, que nem sempre são coincidências, mas que têm como objetivo o aumento de nossa potência e desejando produção; isto é bastante difícil de ser alcançado sem pertencer a um coletivo, atuado ou virtual, que vislumbre que possa haver outras formas de habitar o mundo, sem depender de uma pessoa salva, e sem pretender ser um paraíso, que permita a convivência respeitosa com outras formas de existência, sem a suposta superioridade do humano. Sabendo que esta tarefa é interminável.

Referências

Becerra, J. J. (2023). *Amor*. Anagrama.

Bergson, H. (2006). *Materia y Memoria*. Cactus.

Butler, J. (2008). *Cuerpos que importan*. Paidós.

Deleuze, G. (2021). *Derrames*. Cactus.

Deleuze, G. (2008). *En medio de Spinoza*. Cactus.

Gattari, F. (1996). *Caosmosis*. Manantial.

Lévi-Strauss, C. (1969). *Las estructuras elementales del parentesc*. Paidós.

Nancy, J. L. (2014). *¿Un sujeto?*. La Cebra.

Tarde, G. (2011). *Creencias, deseos y sociedades*. Cactus.

10. Desde os desamores, as transitoriedades e incertezas até o amor, a certeza e a segurança[1]

Berta Elena Fonseca Zárate

Esse encontro chamado amor, amores, desamores (uma palavra acrescentada por mim), transitoriedade e incertezas inicialmente leva a questionar a que se referem todas essas palavras associadas entre si.

No *Diccionario de la Real Academia Española* (DRAE) o significado da palavra transitório é passageiro, temporário, perecível, fugaz; por outro lado, certeza significa conhecimento seguro e claro de algo. E aqui estamos falando de não certezas, ou seja, do que não é seguro, não é claro, do que pode acabar, ser finito e fugaz. Da mesma forma, o amor é, em seu primeiro significado, um sentimento intenso do ser humano que, partindo de sua própria insuficiência, necessita e busca o encontro e a união com outro ser.

Entre as primeiras aquisições que um bebê faz e que dependem do que seus objetos cuidadores fazem estão a segurança, a previsibilidade, o ritmo e a estabilidade. Tudo isso faz parte do suporte oferecido em seus primeiros contatos com o mundo externo, que irá se estabelecer

---

1 Trabalho apresentado no 34º Congresso Fepal – Transitoriedades e Incertezas. 2022 na plenária 4: *Amor/Amores: transitoriedades e Incertezas en los vínculos.*

de forma constante e contínua dentro da criança. Em outras palavras, tudo isso constitui a base sobre a qual será construído todo o arcabouço do desenvolvimento normal da psique de cada criança. Para que isso aconteça, são indispensáveis uma mãe e um pai (ou o objeto que os substitua) que estejam dispostos e conectados à criança desde antes do nascimento. Com suas necessidades e demandas.

Se, durante o desenvolvimento, esses objetos apresentarem falhas que vão além do que a criança pode suportar, os alicerces sobre os quais seu *self*, sua identidade, sua percepção de si mesmo e dos outros e sua capacidade de se sustentar são construídos terão falhas estruturais, em alguns casos muito difíceis de superar ou reparar, em outros menos prejudiciais.

Além disso, o desenvolvimento será exposto a duas forças intensas: a de retornar ao seu estado primordial, arcaico, e a de avançar para percorrer todos as etapas desse desenvolvimento. Da mesma forma, para esse movimento de avanço, o bebê necessita desse ambiente de apoio e que esses objetos estejam autenticamente interessados nele.

Quando esse tipo de falha ocorre em seus objetos, a criança fica profundamente ferida e veremos isso presente de muitas maneiras diferentes no decorrer da vida dessa pessoa. A ponto de sentir que tudo o que foi construído desmorona. É como se todos os andaimes que foram construídos ao longo do tempo estivessem pendurados por um fio que poderia se romper à menor falha de seus objetos amorosos mais significativos.

No entanto, há também aqueles movimentos internos que tendem a seguir em frente, a recuperar o que foi perdido ou danificado ao longo do caminho. Para construir o que está faltando. Reparar o que foi perdido e nunca obtido.

Para ilustrar isso um pouco melhor, vou relatar algumas notas sobre um paciente que frequentou a análise de forma irregular, devido ao seu trabalho, por 4 anos.

Esse é um paciente que está na casa dos 50 anos. Muito elegante e cuidadoso em sua apresentação. Enviado por um colega neurologista, a quem ele consultou inicialmente por ter apresentado três episódios de agressão intensa, o que o levou a pensar que ele estava muito doente organicamente. Além disso, o neurologista me disse que ele é um líder e um homem muito inteligente.

Na primeira sessão, o paciente fala com entusiasmo sobre seu juízo, dedicação e sucessos desde a época da escola e ao longo de sua história profissional. Ele é um profissional com três mestrados. Já se aposentou de uma instituição estatal muito importante e agora trabalha no mesmo setor como executivo sênior de uma empresa transnacional. Entretanto, em nenhum desses empregos ele se sentiu confortável e feliz. Ele tem muitas ressalvas e diferenças de opinião com seus chefes. Ele nunca almoçou ou participou de qualquer reunião social com seus colegas de trabalho.

Como uma questão secundária, ele diz que é separado e tem dois filhos; ele teve uma namorada por cinco anos, e agora tem outra.

O motivo de procurar a análise é que ele tem "ataques terríveis": eles estavam em uma reunião agradável da família de A., a atual namorada, e inicialmente ele viu que havia um homem que poderia ser interessante que A. conhecesse por causa de seu trabalho, então ele foi e o apresentou a ela; então, quando ele dançou com a irmã dela, A. reclamou que ele estava flertando com sua irmã e que ele estava interessado na esposa do senhor, não no senhor. Isso o enfureceu tanto que ele lhe deu um tapa e foi embora. Mas ele ficou no andar inferior do prédio. A namorada desceu e repetiu a acusação. E ele lhe deu outro tapa.

Senti que ele estava apenas tentando agradar a família de A. de todas as formas possíveis, e ela o estava acusando de estar trapaceando. Para ele, além de se sentir irritado e desrespeitado, isso o magoava profundamente. Na época, conversamos sobre isso, o que o levou a recordar que, em geral, seus pais eram muito severos e não os deixavam sair e, caso permitissem, eram muito restritos com o tempo. A ideia que ele tinha era que "se eles se afastassem deles, eles os 'matariam'". Quando adolescente, apenas uma vez ele ousou e saiu com seus amigos, com os quais encontrou alguns cavalos e os montou. Seu pai apareceu e o espancou violentamente na frente de seus amigos. Esse evento marcou uma mudança definitiva no relacionamento entre os dois: ele se tornou sério com o pai e nunca mais falou com ele sobre seus assuntos. Aos 26 anos de idade, em sua reunião de boas-vindas (ele tinha acabado de chegar de estudar no exterior), eles brigaram novamente e ambos se espancaram.

Ele se lembra de um pai muito bravo, desconectado dele, e de uma mãe muito submissa ao pai e também desconectada e ausente. Ainda nesse ponto da análise, ele não os visita com frequência. Ele não tem vontade. Ele também tem um irmão, com quem o relacionamento também é muito ruim. Esse irmão é um mulherengo e ruim para os negócios.

Quanto à sua família, devido aos negócios de seu pai, eles tiveram que se mudar para o exterior quando ele era criança. Lá, ele inicialmente teve de fazer um grande esforço para não ser discriminado por causa de sua nacionalidade. Para ser aceito, ele teve de tentar negá-la, mesmo que se sentisse obrigado a mudar seu sotaque, que o denunciava. Até que finalmente conseguiu encontrar um grupo de amigos muito próximos com quem se sentia muito confortável, embora o incomodasse o fato de todos eles terem muito dinheiro e sua família não. Ele estava feliz naquele grupo (o mesmo do evento de cavalos). Aos 16 anos de idade, a situação comercial de seu pai mudou e eles tiveram que voltar para seu país. Para ele, isso significava perder tudo. O país que eles estavam deixando se tornou seu paraíso perdido, sinônimo de liberdade, enquanto em seu país, sentia a impossibilidade de ser ele mesmo, de falsidade, de perda.

No final da segunda sessão, já de pé, ele contou que hesitou em colocar o lenço no bolso do paletó naquele dia, pois eu poderia pensar que ele estava presumindo alguma coisa, embora ele goste de usá-lo.

Ele acredita que morrerá sozinho e que muito poucas pessoas comparecerão ao seu funeral.

Em relacionamentos íntimos, ele é capaz de se controlar até ter certeza de que sua parceira está satisfeita.

Seus filhos nunca gostaram de sua primeira namorada porque a culpavam pela separação. Assim, ele vivia duas vidas: uma com a namorada e outra ao redor de seus filhos e de sua ex-mulher. A ponto até de almoçar duas vezes. Mas isso não funcionava muito bem, porque alguém sempre ficava insatisfeito.

Hoje, seus dois filhos, agora na casa dos 30 anos, moram com ele a maior parte do tempo, embora tenham seus próprios apartamentos muito próximos ao do paciente. Eles são muito apegados a ele e ele se preocupa muito com eles.

***

Agora, tentarei abordar esse relato de um ponto de vista psicanalítico.

Desde antes do nascimento, a criança nunca está sozinha. E, assim que nasce, ela se torna parte de um grupo, embora não tenha consciência desse pertencimento nesse momento. Ela possui um eu primordial que, à medida que avança no tempo, e graças ao cuidado repetitivo, iguais e rotineiros de seus objetos, a conduzirá ao amadurecimento que está inscrito nele. Esse é seu grupo iniciático, do qual ele dependerá nesse processo e que o levará a adquirir a consciência de ser individual, diferente dos outros, mas que precisa dos outros. Uma condição que ele não abandonará em nenhum momento de sua vida. E esse grupo é também o grupo primário: a família. Como diz Winnicott (1996), a tendência ao amadurecimento faz parte do que é herdado e este desenvolvimento depende de uma provisão ambiental suficientemente boa, que favoreça estas tendências individuais herdadas, de tal forma que ocorra de acordo com elas. Esses fatores, em consonância e sintonia, lhe darão uma continuidade que o levará a ter um senso de seu *self*, de sua própria realidade, de sua própria existência. Ele também sugere como esse objeto saudável (a mãe, no início, de acordo com Winnicott) o levará a adquirir a possibilidade de sentir raiva de seus fracassos, em vez de ficar traumatizado por eles. O trauma representa a ruptura da continuidade da existência do indivíduo.

Quando essa continuidade é quebrada, o desenvolvimento é suspenso, fica mais lento ou se torna fixo e atrasado. Entretanto, acredito que a força e o impulso do amadurecimento podem continuar existindo, o que também está inscrito na herança de cada indivíduo. E cada pessoa tem recursos muito diferentes para lidar com esse trauma e também para dar continuidade a essa linha de amadurecimento.

Acredito que, para esse paciente, o relacionamento com sua família é marcado por desilusão, decepção e ódio. No entanto, desde muito jovem, ele tem feito muitos movimentos, com grande dispêndio de energia, na direção de uma busca para encontrar o que foi perdido, o que deveria ter existido, mas não existiu para ele. Para Green (1993), assim como o enquadre analítico, que cumpre sua função, deve ser esquecido, do mesmo modo o objeto absolutamente necessário para a estruturação psíquica deve ser apagado quando isso não acontece, a função do objeto fica prejudicada. E esse objeto se torna um intruso intolerável: o objeto tem um excesso de presença pelo próprio fato de sua falta. Dessa forma, isso leva a uma espécie de coalescência entre o objeto e a pulsão. E o objeto não mais torna a pulsão tolerável, mas a torna ainda mais intolerável. E, em vez de gerar representações, leva à ação. E a uma infinidade de sintomas. No entanto, esse paciente luta continuamente para retomar o caminho perdido e conseguir preencher de alguma forma as lacunas de representação que foram deixadas pelo fato de esses objetos terem falhado em sua função de sustentação e estruturação de sua psique madura. É por isso que ele procura incansavelmente por objetos que cumpram essa função. Além disso, dentro dessa busca, ele precisa encontrar um grupo ao qual possa ter um senso de pertencimento. Como afirma D. Anzieu

(1993), um grupo é um invólucro, graças ao qual os indivíduos se mantêm juntos. Se não houver esse invólucro, o que se tem é um agregado humano, não um grupo. Cada grupo cria seu próprio conjunto de regras, costumes e idiomas particulares. Esse conjunto de pensamentos, palavras e ações o leva a construir seu próprio espaço interno e sua própria temporalidade, que inclui um passado, no qual está incluída sua origem, e um futuro. Essa membrana, como a pele, tem dois lados: um voltado para o exterior e que permite que o grupo crie uma barreira protetora, e o outro voltado para a realidade interna dos membros do grupo. É como uma tela de grupo na qual os membros do grupo projetam sua subjetividade e a compartilham. Assim, eles formam um corpo imaginário que funciona como um organizador.

O grupo prínceps por excelência desse paciente, a família, não preenchia essas condições de envoltura para ele, e é por isso que ele busca insistentemente esse grupo ao qual possa pertencer. E ele emprega todas as suas armas sedutoras para alcançá-lo. Até mesmo mudando sua maneira de falar. Ou, até mesmo, almoçando duas vezes, ou mostrando à analista todas as suas habilidades e capacidades; ou sendo o melhor namorado para A., a melhor perspectiva para a família dela. Mas, quando ela não entende nada disso, o paciente retorna imediatamente ao momento de falha de seus objetos primários, quando eles também não o entendiam, não aprovavam o fato de ele ser ele mesmo. E ele retorna a esse estado de raiva e dor intensas. O que também o enche de culpa. E eu diria que eles o desconfiguram e fragmentam. No entanto, ele busca novamente encontrar a integridade que já havia alcançado e, para isso, procura um par de terapeutas que o ajudam a retornar a essa unidade.

Como diz Dolto (1974), não há melhor critério objetivo de desenvolvimento humano do que o critério afetivo, ou seja, o comportamento do indivíduo em relação aos objetos de seu amor. E, embora em um primeiro momento se possa pensar nas dificuldades desse paciente em estabelecer relacionamentos íntimos com seus colegas e com a autoridade, há outra força nele que luta arduamente para preencher com novos relacionamentos as lacunas representacionais deixadas por um objeto invasivo, que, no entanto, reaparece mesmo quando os novos objetos agem de uma forma que traz de volta a memória reprimida daquele objeto primário fracassado.

Em outras palavras, se o desenvolvimento de um indivíduo é como uma flecha lançada em direção ao futuro e se as falhas dos objetos determinantes interrompem ou alteram sua trajetória, há também uma força intensa que o leva a querer corrigir e continuar seu caminho à frente. Como diz Winnicott, a maturidade do indivíduo implica um movimento em direção à independência, mas a independência não existe. É a busca pelo amor. De um amor que seja seguro, permanente, estável e não efêmero. Do seguro. De certeza.

Referências

Anzieu D. (1993). *El grupo y el inconsciente*. Lo imaginario grupal. Biblioteca Nueva.

Dolto F. (1974). *Psicoanálisis y pediatría*. Siglo veintiuno editores.

Freud S. (1920-1921). *Psicología de las masas y análisis del yo*. Obras completas (Tomo III, 1981). Biblioteca Nueva.

Green A. (1993). *El trabajo de lo negativo*. Amorrortu editores.

Winnicott D. (1996). *El hogar, nuestro punto de partida*. Paidós.

11. *Lost in translation*... ou dos encontros e desencontros[1,2]

Susana Muszkat

Nos idos de 2007, o sociólogo polonês Zygmunt Bauman, na sequência do que descrevera como novos modos de organização social, – cunhando o essencial conceito de *Modernidade Líquida* –, nos apresenta a sua *Vida para Consumo*, na qual descreve a maneira pela qual os sujeitos a partir de sua maciça entrada nas redes sociais, adquirem um estatuto de mercadorias que deverão despertar nos outros o desejo de segui-los, imitá-los, tê-los como ideais.

A concepção de narcisismo, dessa forma, é amplamente posta em evidência por meio da constatação de como cada sujeito deverá ser o máximo de si mesmo, como um produto em *display* a ser consumido pelo desejo do outro, por intermédio dos famosos *likes*.

Na contramão do que propõe o método psicanalítico com sua ética do cuidado com a intimidade dos sujeitos, lemos o que diz Enriquez, citado por Bauman, acerca do novo modo dos sujeitos se apresentarem na esfera social: "[...] o que antes era invisível – a parcela de intimidade,

1 Título remete ao filme de Sofia Coppola de 2004 que, pela temática, se apresentou como força metafórica ao que pretendi aqui desenvolver.

2 Trabalho apresentado no 34º Congresso Fepal – Transitoriedades e Incertezas, 2022, na plenária 4: *Amor/Amores: transitoriedades e incertezas nos vínculos.*

a vida interior de cada pessoa – agora deve ser exposto no palco público. A nudez física, social e psíquica está na ordem do dia" (p. 9).

A mercadoria já não se define pelo produto em si, mas nessa nova ordem, o produto são os próprios sujeitos, que serão avaliados e elencados em valor segundo aquilo que expõem (Bauman, p. 13). O sujeito deve então forjar uma identidade, – o que chamei em outro trabalho de *identidades desejadas* (2011), tal qual um produto a ser comercializado, a fim de evitar o sentimento de abandono e desvalor, uma vez que o valor é estabelecido pelo seu *grau de visibilidade*.

Se na sociedade de produtores, – cuja marca é o trabalho, e a qual Bauman denominou *sólido-moderna,* a satisfação calcava-se na promessa de segurança a longo prazo (p. 43), evocando o princípio da Realidade de Freud, numa construção paulatina de prazer postergado a serviço de uma vida sólida e estável –, na Sociedade para Consumo a marca é a de *rupturas e descontinuidades*, nas quais intervalos separam pontos sucessivos *e rompem os vínculos entre eles*. (p. 46).

Em Freud (1911), esse funcionamento evoca o conhecido Princípio do Prazer, princípio do tempo da satisfação imediata, de plenitude, numa vivência de onipotência em que a libido narcísica volta-se sobre o sujeito, e a relação com o Outro-outro desaparece.

É a relação com o outro cada vez menos reconhecido em sua alteridade radical, e rechaçado naquilo mesmo que revela sua diferença, sendo, portanto, desestabilizador do sujeito que se quer *Todo*.

É o sujeito que sofre ao identificar em si falhas, vulnerabilidades; que deseja garantias e previsibilidades como meio de eliminar as derrapadas descontínuas da existência.

Byung- Chul Han (2017), filósofo coreano contemporâneo, que segue na esteira de Bauman, descreve como predominante na atualidade, ao que define como *Sociedade do Cansaço*.

Nessa, acompanhamos a passagem de uma organização anterior, a sociedade disciplinar, como definida por Foucault, na qual o sujeito da obediência, submetido a leis, disciplinas e proibições da *sociedade de controle*, vai se trasladando a uma outra em que a *positividade* e o *desempenho* se tornam mandatórios.

Segundo o autor, "no lugar da proibição, mandamentos ou leis, entram projeto, iniciativa e motivação" (p. 24). E afirma: "enquanto a sociedade disciplinar, dominada pelo *não*, gera loucos e delinquentes, a *sociedade do desempenho*, produz depressivos e fracassados" (p. 25).

Ainda segundo Byung-Chul, a produtividade, positividade e assertividade são exigências permanentes para os jovens que procuram encontrar um lugar para si no mundo atual, resultando em que "o inconsciente social do Dever troca de registro para o registro do Poder" (p. 25).

Assim, se como apontava Bauman, a *sociedade de consumo* tinha como marca, rupturas e descontinuidades nos vínculos (troca-se de trabalho, de país, de companheiro/a,) a *sociedade do cansaço*, argumenta Byung-Chul, caracteriza-se pela exigência de permanente produtividade não admitindo rupturas, apenas a *continuidade exaustiva*.

Em artigo anterior, (2019), apontei algumas características das formas de vinculação na era das redes sociais, com sua força de presença e de tempo regidas pela descontinuidade. Lá, sugiro a transformação que testemunhamos nas formas de subjetivação dos sujeitos como resultado de uma "centralidade dos dispositivos do olhar, num mundo em que o olhar se tornou o *neovalor*... numa sociedade profundamente centrada na visão, na imagem e na tela" (Borges, 2019).

À imagem como valor supremo corresponde uma precarização dos vínculos, em que *likes* substituem a construção de relações de continuidade no tempo e de curiosidade pelo outro naquilo que tem de singular e único. As relações são temporárias e frequentemente valem pelo seu caráter utilitário: "ele/a não me agrega nada!", são expressões comuns que ouvimos na clínica e fora dela.

Na clínica com casais, observo modelos de uniões que muito se assemelham a modelos corporativos empresariais.

"Não havia mais novidades, eu queria experiências novas com outras pessoas".

"Somos um bom time. Gostamos das mesmas coisas, os mesmos restaurantes, as mesmas viagens, temos os mesmos valores de vida", me dizia um casal, sentindo-se reassegurados por poderem se dizer casados e atender a um *ideal de vida adulta*, ainda que passassem o dia todo, todos os dias, em espaços distintos da casa, mantinham suas contas e contabilidades separadas e seus bichos de estimação tinham espaços separados um do outro, numa relação de *hiper-discriminaçao* defensiva do encontro com o outro, o que incluía sua vida sexual inexistente.

Um paciente jovem, recém-separado, me descreve como vem se encontrando com várias mulheres diferentes ao mesmo tempo fazendo uso de aplicativos tipo Tinder e variantes deste. Me relata como num desses encontros presenciais marcado pelo aplicativo, conversou longa e prazerosamente, com sua *date*, tendo gostado muito do encontro. No entanto, na mesma semana já havia marcado outro *date* com outra mulher pelo aplicativo.

Comento intrigada: "E o que aconteceu com a mulher com quem você me contou que teve aquele encontro, sobre o qual me falou com tanto entusiasmo?".

E ele responde: "Sim, aquele encontro foi de fato muito bom, mas eu gosto mesmo é do primeiro 'date'! Então marco vários, porque cada uma tem uma qualidade ou um jeito legal e eu não preciso me limitar a uma única pessoa".

Em português, *date* pode ser entendido como um tipo de Encontro com alguém especial. Mas trata-se de um encontro? O que quer dizer encontrar-se com um outro, que não seja *eu mesmo*?

O permanente primeiro encontro, a surpresa e o encantamento da chegada ao mundo e do olhar maravilhado de quem recebe o bebê?

***

Quais serão os efeitos subjetivantes desses novos modos vinculares? Serão novos?

Já, em outra chave, e sob outra perspectiva, verifica-se uma pluralidade nunca antes autorizada, de modos e modelos de trocas e encontros, em que sujeitos podem exercer-se, como *sujeitos de seu desejo*, no interior da vasta gama de possibilidades de trocas afetivas/sexuais na cena contemporânea, e não meros sujeitos de obediência. Algo para se comemorar.

***

Mas voltemos...

Leio na internet num jornal brasileiro: "um homem de Campo Grande quer ser recordista mundial de *matches* no Tinder, que é quando há combinação de *likes* entre duas pessoas na rede social mais famosa de paquera hoje em dia. O empresário e engenheiro XXXX de 26 anos tem mais de 55 mil matches no aplicativo e os números continuam subindo" (28/06/21, www.campograndenews.com.br).

Constatamos essa nova métrica de valor próprio, de autoestima evanescente: do sentimento de relevância pessoal e gratificação narcísica medido em *likes*, regulando de forma precária a autoestima dos sujeitos.

Em 1914, Freud descreve o *Ideal do Eu*, sucedâneo do *Eu Ideal* – "sua majestade o bebê" –, que se localizará no mundo de valores parentais e sociais, inserido numa temporalidade futura, e cujo intuito será o de poder aproximar-se do sentimento almejado de Ideal.

No modelo das redes sociais, contudo, ocorre uma aparente transformação nesse percurso, de forma que o Ideal do Eu, se voltará sobre si mesmo, confundindo-se *com o próprio eu*. Algo como: "eu sou o ideal de mim mesmo"!

Compra-se espermatozoides/óvulos escolhidos num *menu*, escolhendo as características valorizadas por aquele que deseja um filho. Seria tal modelo de escolha por um filho, um modelo cujo caráter é o da fantasia da completude? Acompanho em minha clínica à vivência de falha pessoal ou de casais diante da impossibilidade ou dificuldade em engravidar. Estará o desejo em gerar um filho/a, a serviço da completude narcísica do sujeito ou atenderá ao desejo por um outro, desconhecido e singular que irá interpelar aos pais em sua alteridade?

O avanço das ciências, das tecnologias e da virtualidade crescente nas trocas entre os seres humanos nos traz a ilusão de nos ser facultada a tão sonhada completude, a onipresença, a onisciência (Google), nos variados aspectos de nossas vidas. Queremos filhos feitos *à la carte*? Podemos fazer filhos *à la carte*?

Anterior a meados do século XVIII, casamentos baseavam-se na transmissão da herança e propriedade. Nesse modelo de casamento, os prazeres da sexualidade, dissociados da vida matrimonial e conjugal, eram exercidos livremente pelos homens nos bordéis – obviamente não pelas mulheres pois a dominação dos corpos femininos, como experimentamos até hoje, já se fazia imperiosa, *garantindo a idônea transmissão das heranças*.

Paulatinamente, mudanças de âmbitos diversos foram estabelecendo a família tipo nuclear como modelo, na qual a escolha pelo cônjuge passou a ser de cunho romântico, a partir de um ideal de encontrar no outro "a sua cara metade".

Para os sociólogos Beck, Giddens e Lash (2000), a liberdade, sob a forma da individualidade, tornou-se obrigatória. Temos não apenas o poder, mas sobretudo o *dever* de escolhermos tudo, ao afirmarem que: o que antes era prerrogativa de alguns poucos – o ato de levar a vida sob as próprias regras – *é agora uma imposição generalizada*. Forma de sobrevivência *individualizada*, sob condição de uma *liberdade precária*, como denominam os autores.

Já Massimo Recalcati (2014), em outra chave, e na esteira do conceito de amor líquido, questiona a ideia das liberdades do sujeito-de-desejo, ao afirmar que: "[...] a procura compulsiva pelo Novo não é em absoluto uma expressão de liberdade, mas uma nova escravidão, o resultado de um mandamento social ideológico do 'Goza!' ao qual o sujeito é drasticamente submetido" (p. 25).

A ideia do Novo, referida por Recalcati, e entendida por intermédio da concretude da troca de parceiros nas relações vinculares, é fortemente questionada por Puget (2019), que entende que: "quanto mais alguém se conecta com o outro, faz um vínculo, mais aumentam as diferenças". "[...] se tudo coincidir, é um cemitério, é como a morte" (p. 107).

O Novo, é intrínseco ao aprofundamento das relações uma vez que o Outro é inabarcável em sua singularidade radical.

Se no imaginário dos sujeitos, ainda perdura em grande medida, – como atesto não somente em minha clínica como também nas estatísticas do número de casamentos realizados nos dias atuais –, um ideal de casamento no qual se fantasia garantir a experiência de completude, de estabilidade na continuidade do sentimento de identidade, observamos também o *predomínio* da dependência *do olhar do outro* para o sentimento de autovalor. A ênfase recai na necessidade de ver-se reconhecido e valorizado a cada novo encontro para a sustentação da noção de si mesmo como num modelo *Instagram*. Um olhar de pura exterioridade, sustentando-se apenas durante o instante em que se olha.

Pensemos ainda, no sutil deslizamento do conceito de 'ligações com outros'. Ligações se dão em larga medida por meio de *conexões nas redes*, trocas de mensagens por WhatsApp, jogos on-line, em detrimento das relações entre pessoas diferentes e presentes, na quais há um outro sujeito que nos interpela, nos desloca e nos convoca em nossa condição de sujeito de desejo.

Os vínculos virtuais atestam para uma mudança em que *Relações* são substituídas por *Conexões*. O sujeito conectado a outro, também se desconecta *sem esforço ou remorso*.

Vivemos isso com frequência em nossa clínica atual em que o WhatsApp se tornou um meio privilegiado de *contato*, como também de *quebras de contrato*!

Os atuais *cancelamentos* de sujeitos, seja no âmbito das relações privadas, seja como linchamentos públicos, atestam para uma progressiva ruptura nos laços sociais, ainda que às custas do aniquilamento alheio, agora destituído da sua condição de humanidade, tornado estorvo para o Eu.

Assim também assistimos às manifestações de violência nas redes sociais, nas quais não há necessidade de se implicar ou se responsabilizar pelos efeitos do que é dito, uma vez que o outro é agora um outro virtual, eliminado ao clique do teclado, fragilizando as relações interpessoais e sociais.

A violência crescente que vimos assistindo, acredito, deve-se em grande parte à prevalência de relações de cunho narcisista, na qual a contrariedade do Eu, é vivida como ataque narcísico, impedindo a condição de empatia com a humanidade ou precariedade do outro. Algo como: *a existência do outro em sua condição de diferença, ameaça minha existência*, uma vez que tal existência está sustentada numa estrutura narcísica. As relações nesse tipo de estrutura tenderão a ser mais fugazes e a vivência será a de solidão.

Sabemos que um sujeito somente se constitui enquanto tal a partir de uma condição de vincularidade, inicialmente com sua mãe ou quem quer que exerça esta função originária para o bebê. Sem um sujeito libidinalmente implicado, portador de uma subjetividade e de inconsciente, como somos os humanos até hoje, pensamos que a constituição de um outro ser humano se inviabiliza. O narcisismo primário descrito por Freud (1914) aponta para a condição imprescindível deste Outro, a fim de que sejamos providos daquilo a que chamamos coloquialmente de nossa autoestima.

Ainda nesse mesmo trabalho, Freud irá articular o narcisismo, à castração, à sublimação, e à construção do laço social, elemento fundador do pacto civilizatório.

Em *Totem e Tabu* (1913), o pai da horda primitiva, atendendo narcisicamente à exclusividade de seus desejos, é assassinado pelos filhos, e a partir de seu lugar de morto, constitui-se num Totem, instituindo o pacto que viabilizará o laço social, – o tabu –, condição que garantirá o pacto civilizatório, ou seja, o pacto que impede que a violência narcísica e destrutiva prevaleça.

Essa é a castração a que todos estamos submetidos, que nos expulsa do paraíso do Eu Ideal do narcisismo primário, em troca da sobrevivência de todos.

Com efeito, a condição vincular é um desafio permanente uma vez que cada relação vincular exige trabalho psíquico, nos desaloja de nosso narcisismo.

A fragilização dos laços do pacto social e o incremento da violência decorrente desta, nos atordoa e assusta.

E a família atual? Assoberbada em ter que atender aos mandatos inacessíveis de serem empresários de si mesmos, requisitados produtos de consumo para o mercado de trabalho no qual devem ter sucesso, e ao mesmo tempo produzir sujeitos humanizados – seus filhos – à altura da idealização das redes, numa demanda desumanizada e comprometedora da saúde mental de todos. Temos testemunhado, assim, o aumento de buscas por terapias de todos os tipos almejando um valorizado equilíbrio emocional, frequentemente traduzidos, paradoxalmente como evitação do *burnout* e garantia de *wellness*, termos atuais bastante popularizados.

A crescente precarização das relações nas famílias, afeta a construção de vínculos de intimidade: aqueles que se dão sem a expectativa de *se agregar alguma coisa*. A falta de tempo generalizada, substituindo conversas por mensagens, brincadeiras em conjunto sendo trocadas por horas grudadas em telas ou games infinitos, aliviando pais exaustos. A recusa de adultos em abrirem mão do próprio narcisismo, impedindo-os de frustrarem aos filhos, assim gratificados e silenciados pelas telas, esgarça as redes de suporte afetivo tão essencial nas famílias.

Contudo, é no interior dos próprios vínculos que iremos encontrar o que penso como um poderoso antídoto à violência e à falta de empatia com o outro. Sejam os vínculos a que nos dedicamos em nosso trabalho analítico no qual a aceitação da precariedade de si e do outro humanizará os sujeitos, tanto pacientes quanto analistas, ou ainda, como encontro em formulação do filósofo francês Luc Ferry (2007) ao dizer que:

> *Para além das aparências enganadoras, a verdade revelada ultimamente pelos nossos melhores historiadores das mentalidades é que o único laço social que nos últimos dois séculos se aprofundou, intensificou e enriqueceu foi o que une as gerações no seio da família.*

Frequentemente decomposta, situada fora do casamento ou sem dúvida recomposta, é no entanto menos hipócrita, mais autêntica e mais atraente do que nunca na história. É esse o paradoxo da família contemporânea. É nela, e talvez apenas aí que subsistam e até se aprofundem formas de solidariedade... É diante dos nosso próximos, e sem dúvida por extensão, diante dos demais humanos, que espontaneamente nos disponibilizamos a "sair de nós mesmos" (p. 74-75).

Referências

Bauman, Z. (2008). *Vida para consumo*. Zahar.

Beck, U.; Giddens, A.; Lash, S. (2000). Living in a post-traditional society. In *Reflexive modernization*: politics, tradition and aesthetics in the modern social order. Polity Press.

Byung-Chul, H. (2017). *Sociedade do cansaço*. Vozes.

Ferry, L. (2007). *Famílias, amo vocês*: política e vida privada na era da globalização. Objetiva.

Freud, S. (1911). *Formulações sobre os dois princípios do funcionamento mental*. Standard Edition (vol XII). Imago.

Freud, S. (1913). *Totem e Tabu*. Obras Completas (vol. 11). Companhia das Letras.

Freud, S. (1914). *Uma introdução ao narcisismo*. Obras Completas (vol. 12). Companhia das Letras.

Muszkat, S. (2011). *Violência e Masculinidade*. Casa do Psicólogo.

Muszkat, S. (2019). *Feminicídio Viral*. Rev. Percurso 62, Ano XXI, Junho 2019.

Puget, J. (2019). *Uma experiência conceitual*. Rev. Percurso 62, Ano XXI, Junho 2019.

Recalcati, M. (2014). *Não é mais como antes*: elogio do perdão na vida amorosa. Zahar.

12. Depressão e deserção na psicosfera pós-pandêmica[1]

Franco Berardi

Nesses últimos anos, evidentemente desde a pandemia, reconhecemos uma mutação antropológica transcendental que, creio, é irreversível. Novidade que se manifesta no quotidiano coletivo e que se apresenta de tal forma que produziu um trauma que aparece progressivamente ao longo do tempo. Qual é o carácter essencial desse trauma e quais são os efeitos desse trauma? Penso que houve uma sensibilização fóbica ao corpo, à pele, aos lábios de outros seres humanos, devido ao distanciamento social, ao medo do corpo do outro.

O ponto de vista que mais me interessa é o ponto de vista da geração Z, no sentido de *última*, que é uma definição que os jovens dão a si próprios como prova da consciência muito aguda do que está acontecendo, da crise que a humanidade no seu conjunto está atravessando. A sensibilização fóbica parece-me ser a definição da distância e do olhar desconfiado que cada corpo dá ao outro corpo.

---

1 Este texto é a transcrição da gravação da participação de Franco Berardi no 34° Congresso da Federação Latino-americana de Psicanálise (Fepal): Amor/amores: transitoriedades e incertezas nos vínculos, realizada em setembro de 2022 para poder fazer parte deste livro.

Nossa tarefa como pensadores, como psicoterapeutas, como psicanalistas e como ativistas, é imaginar a evolução possível, a evolução provável e, também e sobretudo, a evolução que já estamos verificando: a guerra. A guerra é a continuação do trauma pandêmico.

Em 1919, depois da Primeira Guerra Mundial, depois da chamada epidemia espanhola (embora não o tenha sido), depois de um trauma pandêmico e de um trauma bélico, um psicanalista da primeira geração, Sandor Ferenczi, da mesma geração de Freud, colocou-se uma questão: como se pode enfrentar uma psicose de massa com as ferramentas da psicanálise? E respondeu a si próprio: nós, psicanalistas, temos a capacidade de interagir, de trabalhar com uma neurose pessoal, com um sofrimento psíquico individual, *não* temos os instrumentos para transformar um estado psicótico de massa. Sabemos o que aconteceu depois: nos anos que se seguiram a 1919, na Itália, teve lugar a primeira experiência do fascismo; na Alemanha, preparou-se o nazismo; na União Soviética, preparou-se a violência desatada do estalinismo. Essas são as consequências que Ferenczi tinha desesperadamente previsto, as consequências de um trauma psíquico coletivo profundo que não podia ser elaborado. Encontramo-nos hoje nas mesmas condições em que Ferenczi se encontrava em 1919 e, infelizmente, não desenvolvemos os instrumentos que nos faltavam.

Penso que temos de trabalhar a este nível: o problema é o da afetividade. O problema da afetividade aparece hoje de uma forma totalmente nova em relação ao passado da história da humanidade: pela primeira vez, a nova geração que está a crescer aprendeu mais palavras com uma máquina do que com a voz da mãe; pela primeira vez, a entrada no campo da linguagem, ou seja, no campo da afetividade, essa entrada dá-se num ambiente não carnal, não físico; é um ambiente de máquina, é um ambiente eletrônico. É a primeira vez que isso acontece na história da humanidade.

E quais são os efeitos dessa profunda transformação? Há algum tempo, li no New York Times os resultados de uma investigação sobre o problema da condição psicológica dos americanos, uma investigação que envolveu 18.000 pessoas. O resultado foi o seguinte: 27% da população dos EUA manifesta sintomas de depressão clínica, mas se considerarmos apenas a população entre os 15 e os 30 anos de idade, o número é de 54%. Embora a definição de depressão seja indefinida e altamente questionável, esses dados mudam completamente o quadro da ação terapêutica, o quadro da ação política. A ação política só pode ser explicada em termos de um colapso psíquico generalizado.

A guerra que se desenrola aqui, na fronteira oriental da Europa, desenrola-se, na verdade, em toda a Europa, porque estamos preparando-nos para um inverno que será um inverno difícil do ponto de vista da miséria, do desemprego, do medo, do frio, da falta de energia, mas também do ponto de vista da migração, porque a migração em massa está sendo desencadeada em todo o sul da Europa. A guerra já está em território europeu. Mas essa guerra foi desencadeada por uma manifestação evidente de demência senil: é uma guerra entre brancos, é uma guerra de brancos contra brancos, é uma guerra de velhos que sofrem da sua impotência política, porque a política perdeu todo o poder, toda a capacidade de mudar as relações sociais reais. A política perdeu o seu poder e os velhos que estão lutando entre si no território da política. São apenas velhos impotentes que usam o terror como último recurso.

Por um lado, portanto, o envelhecimento da população branca, envelhecimento entendido num sentido complexo: quando digo Ocidente, refiro-me aos Estados Unidos da América, à Europa, mas também à Rússia, porque o Ocidente não é uma definição geográfica, é, como diz Heidegger, a terra do ocaso, a terra do declínio, a terra do envelhecer. Os velhos de um lado e os jovens que, creio, estão a atravessar uma fase que podemos definir como uma fase de crise depressiva maciça. Depressão: isso me parece ser o ponto central de uma análise e interpretação que necessitamos.

Nos últimos anos, trabalhei sobretudo com a questão da depressão juvenil, pesquisando com muitos jovens amigos sobre as reações que se manifestaram durante e após a explosão da Covid-19: o medo do contato, sobretudo o medo de matar pessoas idosas, de matar os pais, os avós, produziu um efeito que é ao mesmo tempo de culpa e também um efeito de autorrepressão. Não sei se a pandemia acabou, pode ter acabado, mas esse trauma não acaba, esse trauma está se aprofundando e, em certa medida, a questão é: Como pode evoluir a depressão? Não sabemos isso. A minha percepção é, como diz James Hillman, que a depressão não é apenas uma forma de sofrimento, obviamente que é, mas uma depressão é também a forma de conhecimento que está mais próxima da verdade, a verdade do tempo, a verdade da morte, a verdade da fragilidade, da vulnerabilidade humana. Penso que, para imaginar uma possível evolução da depressão, esta é a questão *política* central do nosso tempo. Quando falamos de depressão, pensamos, por exemplo, nos livros de Mark Fisher (2016), o filósofo inglês que se suicidou depois de ter escrito livros como *Realismo Capitalista: não há alternativa?*, em que fala da depressão como a condição maioritária dos trabalhadores precários do seu tempo. Ou pensamos nos textos de Benasayag (2013) que falam da época das paixões tristes (Spinoza, 1946); ou pensamos em Alain Ehrenberg (2000), que escreveu um livro chamado *A fadiga de ser si mesmo, depressão e sociedade* para falar desses sentimentos de fracasso existencial produzidos por uma condição de precariedade generalizada. Esse tipo de depressão é naturalmente acompanhado por um sentimento de autoculpabilização que conduz a uma condição de isolamento e de competição entre os precários.

Partindo dessa velha definição de depressão, referimo-nos às depressões que a geração dos 40/50 anos de hoje, aqueles que sofreram mais atrozmente os efeitos da reforma neoliberal, da precariedade generalizada, da privatização generalizada, conheceu essa depressão que conhecemos como depressão de uma geração tão irônica que se pode definir como a última geração, parece-me ter um carácter diferente. Prefiro defini-la como uma deflação no sentido preciso de um esgotamento da tensão produzida por 40 anos de guerra social, econômica e psíquica que o neoliberalismo desencadeou contra a humanidade.

Agora, o efeito da pandemia foi naturalmente um efeito muito triste, muito violento, muito doloroso, mas ao mesmo tempo tem um mérito: bloqueou a máquina de aceleração. Creio, e é assim que vou terminar a minha exposição, creio que temos de avaliar *positivamente* esta depressão, de elaborá-la sem pretender anular os seus efeitos, porque esta depressão é o sinal de que a história do capitalismo está chegando ao fim, porque a energia psíquica, nervosa, intelectual que o capitalismo explorou ferozmente nos últimos 40 anos, essa energia está desaparecendo. A chamada depressão, creio que é o início de uma libertação dolorosa do domínio do dinheiro, da economia, sobre a vida humana. É claro que, ao mesmo tempo, temos de levar em conta que a guerra já está no nosso território, já está em todo o mundo. Sublinho estes dois cenários, estas duas dimensões: a guerra da demência senil e a tentativa de uma *deserção em massa*, porque não é uma depressão, no fim é uma deserção.

Em resposta a um comentário sobre o lugar que o Dr. Berardi atribui à influência das alterações climáticas no aumento do número de suicídios entre os jovens, ele responde:

Sim, sim, creio que, para além e mais profundamente do que a pandemia, as alterações climáticas não representam apenas uma ameaça óbvia, mas demonstram sobretudo a impotência da vontade e da ação política humana; temos de dizê-lo: neste momento, a política que herdamos da modernidade não tem o poder de parar, por isso não tem a vontade de parar; quando dizemos que os poderes políticos não agem contra as alterações climáticas, temos de reconhecer ao mesmo tempo que já passou o tempo da ação política.

Só uma consideração: o Paquistão, não sei se as pessoas no México falam do que está acontecendo no Paquistão, na Itália fala-se muito pouco, de fato, porque é uma coisa muito assustadora. O Paquistão é um país com 224.000.000 de habitantes, em maio estavam 51 °C, em junho começou a chover e, até há uma semana, 1/3 do país estava debaixo de água. O que acontecerá agora? É um país onde todas as infraestruturas estão destruídas, os animais morreram, os alimentos são escassos, a agricultura morreu. 224.000.000 de pessoas! Quantos emigrarão para a Europa? Entretanto, a Europa está numa situação de guerra, de racismo crescente, de fascismo que está se generalizando. As eleições italianas do próximo domingo conduzirão certamente à vitória dos fascistas. Se pensarmos num jovem que olha para essa situação, em grande parte causada pelas alterações climáticas, ou seja, pelo crescimento do extrativismo, é compreensível que se suicide.

Referências

Benasayag, M.; Schmit G. (2013). *L'epoca delle passioni tristi*. Editorial Universale Economica Saggi.

Ehrenberg, A. (2000). *La fatiga de ser uno mismo: Depresión y Sociedad*. Editora Nueva Visión.

Fisher, M. (2016). *Realismo capitalista: ¿no hay alternativa?* Ed. Caja Negra.

Spinoza, B. (1946). *Tratado teológico-político*. Lautaro.

Trabalhos apresentados em diversas instituições na América Latina

13. O intersubjetivo e o vínculo: contribuições teóricas de Janine Puget no atendimento de casal e família[1]

Adriana Navarrete Bianchi

A partir de 1940, vários autores desde diversos países e norteados por diferentes abordagens teóricas têm se debruçado sobre a questão da psicanálise aplicada para além do *âmbito* tradicional do atendimento individual. Esse movimento, a princípio, surgiu da percepção da necessidade de se fazer um trabalho conjunto com os pacientes esquizofrênicos e suas famílias. Foi nesse contexto que começou a se modificar o setting psicanalítico, devido ao atendimento de mais de um indivíduo em sala de análise, *à* família. Como era de se esperar, nomes, como Gregory Bateson em Palo Alto, Califórnia e Enid Balint, pioneira no trabalho com casais na *Tavistock Clinic*, Londres, se apoiaram nos conceitos teóricos da psicanálise formulados por

1 Trabalho apresentado em mesa-redonda no 29º Congresso Brasileiro de Psicanálise da FEBRAPSI – *O Eu com Isso: afetos em emergência* dia 04/11/2023, no qual as outras psicanalistas, componentes da mesa, apresentaram trabalhos abordando o tema desde a perspectiva de René Kaës e Isidoro Berenstein dentro da teoria da Estrutura Familiar Inconsciente (EFI).

Freud, Bion, Klein, Winnicott, Bleger, Pichon-Rivière, entre outros, para fazer frente tal desafio.

Na década de 1970, um grupo de psicanalistas, tanto na França quanto na Argentina, partindo dos estudos de Bion acerca dos grupos, criaram um referencial próprio denominado Psicanálise das Configurações Vinculares, enfocando tanto a família quanto os grupos das massas sociais. São representantes dessa linha teórica: na França, René Kaës e Alberto Eiguer e na Argentina, Isidoro Berenstein e Janine Puget (com seus trabalhos das décadas de 1970 a 1990). Essas iniciativas deram novos rumos para a psicanálise de casal e família acrescentando novos conceitos, como o de alianças inconscientes, a ampli*ação* na noção de *sujeito* Freudiano para *sujeito* da herança, o de duplo investimento recíproco e simultâneo entre os indivíduos, o de aparelho psíquico grupal familiar; entre tantos outros.

Muito embora, tais aportes tenham acarretado acréscimos significativos tanto teóricos quanto técnicos para adaptar-se ao atendimento de mais de um sujeito ao mesmo tempo, ainda assim, permaneceram atrelados ao arcabouço da psicanálise individual.

Penso ser fundamental que, dentro dessa grande diversidade de abordagens, se tenha a maior clareza possível das diferenças entre elas, muitas vezes sutis, mas importantes, dos conceitos e técnicas propostos pelos vários autores, além da percepção das distintas etapas de suas contribuições para que se possa adotar a melhor "ferramenta" disponível em nosso acervo de conhecimento para escutar, compreender e intervir da maneira mais aguçada possível junto aos pacientes, segundo a adoção teórica de cada um.

Neste trabalho farei a discriminação de alguns conceitos aparentemente similares, como a intersubjetidade e o vínculo. Para isso, apresentarei um breve histórico da criação e a evolução desses conceitos dentro da Psicanálise Vincular, e uma correlação dessas definições dentro dos aportes trazidos por René Kaës, e por Isidoro Berenstein e Janine Puget antes do ano 2000, quando ainda trabalhavam no modelo da Estrutura Familiar Inconsciente (EFI).[2]

A Psicanálise Vincular, criada por Isidoro Berenstein e Janine Puget por volta do ano 2000 foi fruto de um percurso teórico de várias décadas de trabalho de ambos com casal e família. Trabalhos esses em que exploraram vários enfoques teóricos pertencentes aos "mundo-espaço intrassubjetivo, mundo-espaço intersubjetivo e mundo-espaço transubjetivo" (Berenstein; Puget, 1997, p. 12).

Para um melhor entendimento dessa trajetória do pensamento desses dois autores seminais pode-se dividi-la em diferentes etapas, segundo Berenstein (2011):

A primeira delas foi a da Identificação Projetiva, nas décadas de 1950 e 1960. Esse período foi influenciado pelo pensamento de Melanie Klein, Bion e Meltzer, entre outros, e trouxe a possibilidade de se pensar as relações no inter-jogo entre identificação projetiva, transferência e contratransferência, ou seja, a família era pensada desde o psiquismo individual, no qual os integrantes eram entendidos como a prolongação de uma mente, ou melhor, como uma mente ampliada. "A partir desse período, a mente já não se circunscreveu somente ao indivíduo, já que esta podia habitar outra e outras mentes em um tipo de distribuição geográfica entre as pessoas. Eram estas as primeiras percepções do *entre*" (Berenstein, 2011, p. 56), conceito que se tornou nodal na Psicanálise Vincular e que, por isto, vou rastreá-lo ao longo deste trabalho.

A segunda etapa foi a da Estrutura Familiar Inconsciente (EFI), nas décadas de 1970 e 1980. Aqui se observava o "[...] conjunto de lugares e de vínculos estabelecidos, cada um com seu próprio nome que

2 A escolha de fazer uma correlação entre os aportes teóricos de René Kaës e os aportes do modelo da EFI ocorreu devido a intenção de estabelecer um diálogo com os trabalhos trazidos pelas colegas que compunham a mesa-redonda do 29º Congresso Brasileiro de Psicanálise da FEBRAPSI.

'esperava' a seus ocupantes-habitantes e buscava relacioná-los de acordo com seus vínculos característicos. Cada lugar, o de pai, o de mãe, o de filho, têm funções" (Berenstein, 2009, p. 16, tradução nossa). Tais funções eram pensadas desde um sentido de dever. "Não é um conjunto pautado sobre a mente, mas sobre como os sujeitos adquirem e se investem desde o parentesco" (Berenstein, 2009, p. 16, tradução nossa). Esse modelo, denominado EFI criado por Berenstein, como ele mesmo declarou, foi de grande valia por três décadas graças à sua potência explicativa, porém "algumas dificuldades insipientes e sistêmicas foram aparecendo" (Berenstein, 2009, p. 17, tradução nossa).

Por essa etapa, em paralelo, Janine Puget (1989), que trabalhava mais com grupos e com o social, introduziu os conceitos de *espaços geográficos intrassubjetivo*, *intersubjetivo* e *transubjetivo*, os quais ela já entendia serem superpostos.

Diz ela:

> *O grupo se situa no entrecruzamento de três espaços psíquicos. Estes não são isomórficos e tem um status e regras de funcionamento próprio. A passagem de um para o outro se transforma em uma marca de descontinuidade que se inscreve com a intenção de clivagem, ponto de fragilidade da estrutura total. (Puget, 1989, p. 22, tradução nossa)*

Cada um desses espaços geográficos possibilitam um foco de observação diferente, ou seja, dependendo do campo de observação escolhido os fenômenos encontrados serão diferentes. Se eu olho para o intrassubjetivo observarei o mundo interno do sujeito, suas fantasias e representações. Se eu foco para o escrutínio o intersubjetivo, com certeza, se encontrarão outros desafios antes não percebidos, que deverão ser discriminados e conceituados, o mesmo acontecendo com o espaço geográfico do transubjetivo.

É importante salientar que a definição dada ao espaço intersubjetivo, em 1989 por Puget leva "em conta a presença dos sujeitos reais em interrelação e se baseiam no modelo da teoria da Estrutura Familiar" Inconsciente (EFI) (Puget, 1989, p. 26, tradução nossa). Fala-se da ocorrência da pertença outorgada pelo outro ou não, do poder parental, da estrutura vincular, entre outros.

Desse período resultou o *Diccionario de Psicoanálisis de las Configuraciones Vinculares* (1998) no qual consta a maioria dos vocábulos vinculares da década de 1980 e começo de 1990. Vale ressaltar que até essa ocasião, o termo *entre* não constava dessa obra. Entretanto, em Puget e Berenstein (1988), pode-se encontrar outro termo bastante próximo e que possivelmente seja seu precursor, que é "clima". Dele dizem:

> *Em nosso campo terapêutico o clima é o conjunto de emoções e sentimentos funcionando como sustentação de certas interações e difícil de traduzir em palavras. É a síntese de uma zona de encontro imposta aos egos e à qual é impossível subtrair-se de não mediar algum elemento modificador. [...] Sendo uma condição envolvente do vínculo e dos egos, para não sofrer os efeitos de um clima dado é necessário subtrair-se do mesmo com um funcionamento mental regido por mecanismos defensivos relacionados com a dissociação, a denegação e o isolamento. (Puget; Berenstein, 1988, p. 156, tradução nossa)*

É preciso ressaltar que o modelo estrutural (EFI), utilizado para o entendimento das questões familiares, pode ser visto como um distanciamento da psicanálise tradicional, ainda que persista nele o uso da conceitualização psicanalítica no entendimento individual. Nesse sentido, diz Puget (2015, p. 12, tradução nossa): "Falamos do *objeto único* (Berenstein; Puget, 1982), e fizemos um percurso que abarcava desde o enamoramento à recriminação, nos baseando nas vicissitudes de um modelo estrutural e evolutivo". Começaram eles a perceber que uma lógica era a que se referia ao *singular*, e outra era a que se referia às relações entre dois ou mais sujeitos.

A terceira foi a etapa do *Acontecimento*, na década de 1990. Aqui promoveu-se uma ruptura. Não era mais possível seguir adaptando conceitos tradicionais para dar conta daquilo de novo que estavam observando. Nesse sentido, diz Puget (2015, p. 12, tradução nossa): "Foi necessário um corte. Surgiu a ideia de que a subjetividade acontecia em diferentes espaços (Puget, 1988) e que cada um deles tinha seus próprios mecanismos e sua própria lógica". Nesse salto de compreensão, começaram a questionar onde ficaria aquilo que não tem lugar, visto que não seria nem esperado, nem previsto. A forma mais comum de pensar esse novo era como trauma, como acidente ou como catástrofe. Esses termos traziam consigo a ideia de uma história linear evolucionista, de uma suprema continuidade, de uma completude de conotação harmônica que poderia ser mantida se não houvessem rupturas, ausências ou excessos. O acontecer do encontro entre dois Outros pode trazer situações inesperadas e imprevisíveis que também modificam e constituem suas subjetividades. Por isso, afirmam: "O sujeito não determina, mas é determinado pela relação" (Berenstein, 2009, p. 17, tradução nossa).

Para seguirmos rastreando os conceitos, apresento, a seguir, a definição dos três mundos-espaços dadas por Berenstein e Puget em 1997, agora mergulhados na Psicanálise Vincular que já estava bastante delineada como figura atualmente.

> *O intrassubjetivo "sugere a ideia de um mundo interior, ali onde o Eu está com suas representações objetais ou, mais precisamente, com as relações de objeto. Ali a presença do outro, ainda que necessária, é considerada acessória, não faz falta para o funcionamento intrínseco dessa*

> *área, e sim faz falta para localizar nele revesti-lo com os aspectos da própria mente. Como uma tênue cortina através da qual se vê os outros, se lhes dá uma função e de alguma maneira são confundidos com o mundo próprio". O intersubjetivo "a presença do outro é inexorável e condiciona a presença do Eu, este se constitui precisamente nessa relação, obtém sua forma de ser sujeito. O outro não se deixa negar. Esse outro não é um semelhante; se o fosse seria como o Eu. É um ajeno, um alter e inassimilável, e desde ali aporta sua significação ou, dito de outra maneira, o Eu deverá fazer algo com isso". [...] "O mundo transubjetivo é aquele que marca os outros dois, que os atravessa, [...] o mundo sociocultural, também terá de ser representado pelo Eu, do mesmo modo que as pulsões. A representação é do mundo mental como o ar o alimento para o corpo. Determina sua constituição e sua manutenção e ao mesmo tempo é uma atividade ligada à vida". (Puget; Berenstein, 1997, p. 12-13, tradução nossa)*

A quarta é a etapa da *Ajenidad* a partir de 2000. Devido à necessidade cada vez maior de diferenciar a lógica psíquica singular, a do Um, daquilo que se produz a partir do entre-dois imprevisível, a lógica do Dois, surgiu, na sua forma atual, o conceito de *vínculo*. Esse termo da linguagem cotidiana e da linguagem científica de alguns autores, agora também passou a fazer parte do marco teórico da vincularidade, em que ganhou um outro sentido. Nesse momento, surgiu a necessidade de se desenvolver o conceito de *entre*.

Assim, Berenstein e Puget propuseram uma nova forma de pensar o vínculo. Para isso cunharam o conceito de *entre*, quando perceberam que a metapsicologia clássica fundamentada na lógica do Um, baseada na noção de representação, não abarcava tudo aquilo que eles encontravam no atendimento de casal e de família, ou seja, no atendimento de mais de um sujeito em análise.

Nesse novo enfoque surgiram conceitos, como o *efeito de presença* do Outro (outro em maiúscula para designar o outro radical, ou seja, o outro como um outro sujeito e não como fruto da representação), o *efeito de presente*, a alteridade do Outro, a *ajenidad* etc., os quais remetem à lógica do Dois, ou seja, à lógica que se estabelece entre os sujeitos devido à percepção da *alteridade radical* e de que, para além do jogo das identificações projetivas entre sujeitos, existe uma *ajenidad* intransponível.

Mais do que um conceito, se estabeleceu uma perspectiva vincular na qual se requer pensar *desde* os vínculos e não *no* vínculo. Como diz Sonia Kleiman:

> *Pensar desde os vínculos, diferentemente de pensar nos vínculos, implica começar pelo meio, ou seja, abandonar a ideia de núcleo, de centro em torno do qual tudo ficaria condensado. Requer deixar de pensar cada sujeito como centro ou pensar o vincular como uma relação, um e outro. O vincular é produção. Pensar desde os vínculos é pensar desde o entre. É um transitar pelas bordas, pelos interstícios. (Kleiman, 2016, p. 21, tradução nossa)*

Sendo assim, o *entre* não pode ser pensado desde fora do vínculo ou desde a perspectiva de cada sujeito, pois nesta situação não se distingue um centro e sim uma cena, na qual cada sujeito participa com sua singularidade.

De acordo com Berenstein (2011, p. 15-16), "Pensando desde o 'entre', esse fazer se produz no presente, não reconhece antecedentes, e o registro que deixa não tem a forma de lembranças do que ocorreu [...] O fazer é evanescente, deu-se e se cumpriu no fazer, e a incerteza do que vai acontecer persiste, não cessa com a representação do ocorrido, daquilo que foi resolvido e possivelmente apreendido". Isso é o *efeito de presente*.

Posteriormente Janine Puget ampliou este conceito ao referir que o *entre* está presente em todo vínculo entre as pessoas, e que o *entre* possui o que ela chama de força vinculante, equivalente à força de pulsão. Quanto mais vinculados estiverem os sujeitos, mais diferenciados estarão e mais ativada a força vinculante estará, o que implicará em um aumento no desejo de conhecer o outro, em sua curiosidade pelo outro. Dessa forma, torna-se preciso pensar nos destinos da força vinculante, da mesma forma que nos destinos da pulsão.

Ele diz que:

> *[...] o amor não se inclui apenas como resultado de um dos destinos da pulsão. É uma condição que nasce "do entre dois", esse espaço impossível de anular e do qual nasce a força vincular. E uma diferença possível, para não incluí-lo na atividade pulsional, é que não busca satisfação, mas que cria espaços de encontro e desencontro, que são inevitáveis, e que dele nascem conflitos também inevitáveis. (Puget, 2019, p. 4)*

Para Puget existem duas modalidades de funcionamento psíquico superpostas: uma do aparato psíquico singular (a lógica do Um) e outra do aparato psíquico vincular (a lógica do Dois) que permanecem continuamente funcionantes. Diz ela:

> *É preciso estar atento quando o conhecer tenta anular os efeitos perturbadores da alteridade e da ajenidad do ou dos outros. No dispositivo vincular o analista, por sua vez, é apenas um outro sujeito que pode intervir para abrir o amplo campo do pensar juntos. Esse deve afinar sua escuta para apontar o que acontece durante o encontro e perceber*

> *o que em cada vínculo se opõe a constituição do Dois (o vínculo) e da permanente exposição aos efeitos do Princípio da Incerteza (Puget, 2002), que é o princípio que sustenta a vida vincular. (Puget, 2018, p. 3, tradução nossa)*

Levando em consideração o exposto até aqui podemos nos indagar qual é a relação do intersubjetivo com o vínculo. Como vimos, o termo *intersubjetivo* foi sendo redefinido ao longo do transcurso histórico que fizemos, mas ele já era, para Janine Puget em 1989, superposto aos outros dois espaços (intra e transubjetivo) e no atendimento de mais de um sujeito se estabelecia um entrecruzamento deles.

Anos depois, junto com Berenstein em 1997, o espaço *intersubjetivo* alcança característica diferente da dos outros autores, porque incrementam uma distinção de espaço geográficos, ou seja, a ideia de que em cada espaço "geográfico" de observação se constitui uma subjetividade, que requerem regras técnicas e metapsicológicas distintas, e que, além disso, acontecem simultaneamente de forma superposta; além disto, há a necessidade de que os sujeitos tenham a percepção de que no outro há uma *ajenidad* e uma alteridade radical irredutível.

Devido a essa compreensão é que a Psicanalise Vincular fala de várias subjetividades que se constituem em mundos-espaços diferentes de forma superposta e descontínua.

Para Kaës, por exemplo, o termo intersubjetividade tem outra definição, apesar de ambos utilizarem a mesma palavra. Diz ele em seu livro sobre Alianças Inconscientes, 2014:

> *Qualificamos de espaço psíquico intersubjetivo aquele que vincula cada sujeito a outros* sujeitos do inconsciente, *de tal modo que o próprio conceito de intersubjetividade encontra aqui sua principal intenção. [...] A articulação entre esses diferentes espaços de relação e as alianças devem ser pensadas sob o ângulo da* realidade psíquica e

> *inconsciente conjunta, comum, compartilhada que os associa e os distingue. (Kaës, 2014, p 48, grifo meu)*

Aqui se dá ênfase ao *aspecto inconsciente da intersubjetividade*, permanecendo, apesar de em território expandido, no que a Psicanálise Vincular denomina Lógica do UM. Há uma percepção do efeito causado pelo outro de forma inconsciente, mas este não é visto como um Outro na sua condição de alteridade radical. Seu efeito é inconsciente e os conceitos metapsicológicos para dar conta da compreensão do acontecido são conceitos e lógicas da inter-relação projeção/introjeção, transferência/contratransferência, representações, fantasias, relação de objeto etc.

Por outro lado, a *lógica do DOIS* faz parte daquele espaço *intersubjetivo* definido por Puget e Berenstein em 1997 no qual, a partir do *entre* estabelecido no conjunto, se observa qual é o tipo de *vínculo*, escuta e apreensão da alteridade do Outro que está se processando naquele Presente. E é diante dessa apreensão do acontecido no conjunto que o analista consegue discriminar, intervir ou interpretar aquilo que está sendo vivenciado em sessão.

Como diz Puget:

> *Vínculo é um conceito que foi sofrendo modificações, adquirindo diversos sentidos que dependem do marco teórico no qual está inserido. Hoje me resulta claro que, basicamente, com essa definição busco diferenciar relação de objeto, incluída na lógica do UM, de vínculo, incluída na lógica do DOIS. A noção de vínculo envolve um movimento subjetivo, segundo o qual fracassam a identificação e suas múltiplas derivações. Se cria um espaço inviolável, que se amplia em cada intercâmbio entre dois ou mais sujeitos, cuja qualidade essencial é a alteridade de cada um, que se impõe a ou aos outros. O encontro sempre tem*

> *algo inédito e impensável previamente; algo acontece que não esteve lá antes. É impossível prever o que vai acontecer, diferentemente do que ocorre na lógica do UM, onde se ativam jogos transferenciais e modificações derivadas deles." [...] Vínculo enquanto entidade exige um trabalho, tem um custo, ao qual tenho chamado de imposto a pagar: se trata de fazer algo que necessariamente descoloca de um posicionamento narcisista a aqueles que habitam o vínculo. (Puget, 2015, p. 20 e 21, tradução nossa)*

Sendo assim, levando em consideração todo o arcabouço da Psicanálise Vincular, os aspectos intrassubjetivos, intersubjetivos e transubjetivos podem ser observados ou interpretados desde que o psicanalista decida apontar algo sobre a lógica do Um ou a lógica do Dois, que estiver acontecendo na sessão e que ele entenda importante ser interpretada de alguma maneira.

Não podemos nos esquecer que as duas lógicas estão acontecendo simultaneamente e, ainda, que apenas será recortado um sentido dentro da complexidade do que está acontecendo naquele Presente em função de escolhas do analista.

Porém, apesar das duas lógicas estarem acontecendo de forma superposta, se o psicanalista está privilegiando a escuta vincular no Presente da cena, o *entre* que está se estabelecendo entre o conjunto em questão fará com que seu olhar/recorte seja vincular.

Na lógica do Dois, a função do psicanalista é a de facilitar uma nova e ampliada escuta entre os integrantes do conjunto, bem como a função de interpretar e intervir para que algo novo no vínculo possa surgir a partir da vivência vincular experimentada em sessão.

Em suma, a *intersubjetividade*, como definido por Berenstein e Puget em 1997, é a designação do mundo-espaço "geográfico" observado e o *vínculo*, como definido pela Psicanálise Vincular, é produzido no *entre* estabelecido no Presente da sessão. Ambos conceitos dependem da condição de estar e fazer junto com o Outro, em que a alteridade radical e a *ajenidad* possam ser percebidas e utilizadas para incrementar o desafio de fazer algo com a novidade e o inesperado juntos naquele presente.

Referências

Berenstein, I. (2009). Consideraciones Psicoanalíticas sobre Familia. In Kleiman, S. (compilación) *Revista Psicoanalistas en América Latina – Comisión de Familia y Pareja FEPAL* (fascículo virtual), n. 1, p. 14-21.

Berenstein, I. (2011). *Do ser ao fazer*: curso sobre vincularidade. Via Lettera.

Berenstein, I.; Puget, J. (1997). *Lo vincular*: teoria e técnica psicoanalitica (p. 12). Paidós.

Gomes, I. C.; Levy, L. (2009). Psicanálise de família e casal principais referenciais teóricos e perspectivas brasileiras (29, p. 151-160). *Aletheia*.

Kaës, R. (2014). *As alianças inconscientes*. Ideias & Letras.

Kleiman, S. (2016). Perspectiva vincular: sin centro, desde el medio. In (compilación) *Diálogos en construcción*: espacio de pensamiento vincular (p. 19-34). Delhospital Ediciones. .

Pachuk, C.; Friedler, R. (coords.). (1998). *Diccionario de Psicoanálisis de las Configuraciones Vinculares*. Del Candil.

Puget, J. (2019). Famílias de hoje e famílias do passado. (videoconferência). In Jornada: O Casal E A Família No Divã – Famílias, Vínculos E Sexualidades, 4ª, SBPRP (p. 1-6). *Famílias de hoje e famílias do passado*.

Puget, J. (1989). Formación psicoanalítica de grupo. Un espacio psíquico o tres espacios ¿Son superpuestos? (vol. 12, n.1 y 2,

p. 17-38). In *Revista de la Asociación Argentina de Psicología y Psicoterapia de Grupo (AAPPG).*

Puget, J. (2018). Intervenir – Interpréter (n. 19-2, p. 1-8). In *Revue Internationale de Psychanalyse du Couple et de la Famille (AIPCF).*

Puget, J. (2002). Qué difícil es pensar. Incertidumbre y perplejidad (v. 24, n. 1, p. 129-146). *Revista Psicoanálisis apdeba, Dolor Social.*

Puget, J. (2015). *Subjetivación discontinua y psicoanálisis*: incertidumbre y certezas. Lugar Editorial.

Puget, J.; Berenstein, I. (1988). *Psicoanálisis de la pareja matrimonial.* Paidós.

14. Revisando nossas teorizações: atualizações sobre o conceito de vínculo[1]

Graciela Rajnerman, Griselda Santos e Paulina Zukerman

Colocando alguns conceitos para trabalhar

O conhecimento é construído no âmbito de práticas sociais concretas, em diversos contextos (culturais, históricos e políticos) que o produzem. Nessa linha, a inclusão do outro como força motriz do vínculo e da subjetividade no campo teórico e clínico da psicanálise na Argentina começou e se tornou mais complexa nas práticas desenvolvidas fora das instituições psicanalíticas oficiais. A partir dos hospitais públicos, vários psiquiatras, psicanalistas e psicólogos exploraram em outros cenários o sofrimento vincular dos pacientes e de suas famílias.[2] Mais tarde, Isidoro Berenstein, entre eles, deu uma reviravolta nessa problemática. A presença dos membros do vínculo

---

1 Este texto é uma versão modificada daquele publicado no livro *Teoría y clínica en la obra de Isidoro Berenstein*, Ed. Vergara, 2022.

2 No início, E. Pichon-Riviere (1947) e seus colaboradores começaram a desenvolver uma perspectiva vincular e social da psicanálise no Hospicio de las Mercedes, Servicio de Psiquiatría del Adolescente.

familiar no espaço analítico abriu caminho para conceituá-lo como um sistema com uma estrutura familiar inconsciente.

Seus primeiros textos se concentraram na fundamentação e sistematização da teoria e da clínica dos vínculos familiares. Em 1990, Berenstein dizia: "Todo vínculo é o resultado de um conjunto de acordos, pactos, normas e regras, na sua maior parte inconscientes". Sobre os acordos, ele dizia: " [...] eles tentam criar o que é mais desejado ou mais conveniente para todos os envolvidos [...]". Quanto aos pactos, ele os definia como: " [...] um tipo de convênio em que as partes são obrigadas a conceder e obter o que é desejado por cada uma delas por meio de um sistema de concessões, com a aceitação da impossibilidade de acessar o setor não compartilhável de cada eu [...]". Mais adiante, ao definir as regras, ele diz: "Os acordos e pactos iniciais do casal circularão depois como leis universais que estruturam o significado para aquela determinada família".

Nessas definições, ele mantém uma certa concepção em que enfatiza o acordado, o concedido, o combinado e reconhece o *ajeno*, o diferente como uma impossibilidade. Ele não o anula. Mas, desde o início, ele afirma que o vínculo é o produto de acordos, pactos e alianças inconscientes.

Quase simultaneamente, na França, René Kaës (1995) descrevia o que chamou de alianças inconscientes, argumentando que o conceito de identificação não é suficiente para explicar o que acontece quando se analisa "mais de um outro".

Apesar de procederem de diferentes campos de observação, grupos no caso de Kaës e famílias e casais no caso de Berenstein, há algumas semelhanças nestas teorizações sobre a constituição do psiquismo e sobre as estipulações inconscientes.

Cada um deles, à sua maneira, apresenta hipóteses que enfatizam tanto a descontinuidade entre a realidade psíquica individual e a vincular, como também nos alertam para a redução ou o desdobramento de uma na outra. Eles baseiam seu pensamento e suas práticas na suposição de que os diferentes dispositivos implicam a necessidade de pensar sobre outras dimensões dos vínculos.

As diferentes conceitualizações do tratamento da *ajenidad* do outro (negatividade, por exemplo) foram o foco de coincidências e dissidências que continuaram a produzir e complexificar as teorizações. Essa troca entre os dois, embora intermitente, nos permite perceber neles a mesma paixão por questionar os sofrimentos vinculares e produzir ferramentas de intervenção.

Interessa-nos aqui abordar uma das intervenções de Berenstein (2010) nos últimos anos, que, precisamente em diálogo com René Kaës, comenta:

> *[...] o vínculo é um obstáculo [...] Há dez anos eu dizia que a aliança fazia o vínculo, e hoje digo que essa aliança inconsciente poderia anular o vínculo, esse fazer com a ajenidad do outro. Desse ponto de vista, uma aliança cria uma solução que anula o vínculo. Se "somos aliados", estamos em parte na mesma coisa, ilusoriamente [...] Eu digo: onde há uma aliança, não há necessidade do trabalho do vínculo. O trabalho do vínculo começa onde a aliança termina.*

Relendo essa frase repetidamente, nos perguntamos: o que mudou? A ideia de vínculo que está sendo proposta nessa declaração provocativa é diferente? Ela reformula a noção de aliança? Aqui, a ideia de aliança parece estar sustentada em uma suposição que implica a naturalização da tendência de dessubjetivação em relação ao outro do vínculo, cancelando sua *ajenidad*. Dessa forma, um *vínculo* seria definido aqui como "aquilo que se faz com a *ajenidad* do outro". *A ajenidad e a diferença como produtoras de vínculo na medida em que exigem trabalho psíquico.* Não é mais o que é acordado, o que é processado para torná-lo "comum", mas também o que é impossível de capturar, o próprio e o do outro, a ideia que predomina.

Acreditamos entender, nessa oscilação, que a aliança inconsciente deixa de ser constitutiva do vínculo para se opor a ele. A transformação na conceitualização responderia à marca de uma mudança de época. De uma época em que a estabilidade e a permanência eram valores sociais praticamente universais, para os tempos recentes em que as ideias de complexidade, incerteza etc., vêm se impondo em nosso pensamento e em nossa posição clínica. As profundas e velozes transformações sócio-históricas também modificam nossas produções vinculares, nossas práticas e teorizações. Elas estão redefinindo o campo conceitual e reordenando os eixos de discussão a partir de outras perspectivas.

Entendemos que os pactos e acordos são questionados porque são conceitos que enfatizam o que é acordado, o que é combinado entre os sujeitos. É a partir daí que o próprio conceito de vínculo é reformulado: a possibilidade do vínculo se encontraria apenas na diferença, no trabalho sobre o *ajeno* e suas coincidências (alianças) o anulariam.

Nesse diálogo com Kaës, encontramos um Berenstein que, por assim dizer, "milita pela diferença", buscando se distanciar de uma certa ilusão oferecida pelo registro do imaginário no vínculo. Entendemos que é a partir daí que ele desconstrói a noção de aliança e que esta se torna um obstáculo do vínculo, à medida que ela oferece uma certa ilusão de certeza, ocultando discrepâncias, velando diferenças.

Concordamos que o vínculo começa onde a aliança entre os sujeitos é alterada ou termina? A impossibilidade é o que produz o vínculo e a identidade o anula? Como podemos então pensar sobre o processamento da solidariedade, do cuidado com o outro?

Se o ponto de partida das teorizações é a *ajenidad* como possível promotora de vínculos, mas também de sofrimento e patologia, que lugar deve ser dado aos acordos inconscientes que produzem vínculos satisfatórios, à predominância do amoroso, do crescimento mental e vincular, a ideia do outro na amizade?

Conforme afirmado em um trabalho anterior (Zukerman, 2020), "As estipulações inconscientes também podem ser definidas como tentativas de encobrir o desconhecimento pela *ajenidad* radical do outro do vínculo. O *ajeno* inacessível, que se tenta cercar por meio da tentativa sempre ilusória de certeza".

Além disso, hoje pensamos que a afetação do "próprio", assim como o trabalho sobre a *ajenidad*, "o outro", se apresenta, se impõe. Essa imposição exige algum tipo de trabalho para acomodá-la. Entendemos que os trabalhos psíquicos que produzem vínculo afetam tanto o identitário quanto o comum e o *ajeno*, o próprio e o do outro. Ambas as dimensões exigem operações diferentes. Nós as consideramos sempre fracassadas. O opositivo e o contraditório também se fazem presentes repetidas vezes, coexistem e respondem pela tensão que não pode ser resolvida. É um desequilíbrio constante que exige o trabalho de ligação e desligamento, complexificando ou desarticulando o vínculo. O que não pode ser capturado pela linguagem, o não representável em cada um e impossível de significar, não deixa de exigir elaboração.

Pode ser por predomínio de repetição ou criação, de satisfação ou de sofrimento, de ligação ou de desligamento. Processamentos que constroem o "entre" do vínculo. As estipulações inconscientes referem-se a vínculos no decorrer dos quais os sujeitos envolvidos são modificados e alterados.

Ao mesmo tempo, o registro das transformações sociais, incluindo os feminismos, a visibilidade e o status das diversidades sexuais, bem como as novas organizações de casais e famílias, desafiam nossos conceitos e exigem discussões intra-teóricas, bem como novas ferramentas para sua abordagem.

Os modos de encontro e desencontro sempre excedem as conjecturas teóricas. Outros desafios nos são apresentados para pensarmos as novas formas de relações sexo-afetivas enquadradas nos casais abertos, no poliamor, por exemplo, que desconstroem as formas consideradas hegemônicas de relações amorosas entre sujeitos.

Uma vinheta

Alicia e Bernardo se consultam como resultado da infidelidade de Bernardo. Eles parecem ter construído um vínculo sólido em termos dos aspectos "administrativos" da vida familiar: cada um deles tem um filho de casamentos anteriores e criaram juntos uma empresa comercialmente bem-sucedida.

Ao mesmo tempo, eles descrevem um grande sofrimento vincular. Nos momentos iniciais do vínculo, parecem ter deixado de lado certos aspectos de cada um deles com a repetição inconsciente de padrões infantis: ela, sua necessidade de apoio e carinho por ter tido; para se defender de um ambiente familiar muito hostil. Ele, aceita um papel secundário e depende do afeto do outro, como no relacionamento com sua mãe.

A infidelidade parece ter sido a maneira pela qual algo do que foi negativizado, do que foi renunciado, retorna a fim de sustentar esse vínculo e, ao mesmo tempo, abalá-lo. Talvez algo da repetição e da insatisfação transborde e surja esse outro espaço associado ao prazer de Bernardo. Aquilo que é excluído do vínculo do casal que, por sua vez, vem se estreitando e perdendo o sentido. A inclusão abrupta da infidelidade quebra algo da estabilidade, da segurança e da dependência sem prazer no encontro. Naquele momento, eles fazem a consulta.

O que buscam? Restabelecer os pactos iniciais? Desmontar completamente o vínculo?

Ele se descreve como fraco comparado com ela, diz que ela é mais inteligente do que ele, é fria e distante. Eles parecem ter sustentado o relacionamento em um pacto de fundação no qual ele seria posicionado como infantil, desejoso de afeto, fraco. Ela como fria, distante e inteligente. Com o consequente efeito de vivências de solidão e insatisfação para ambos.

Ela reconhece que se distanciou e se decepcionou com ele quando ele não a ajudou em um acidente grave envolvendo seu filho. Mas ela não consegue justificar ou perdoar a infidelidade. "Não importa o quanto eu pense sobre isso, de vez em quando tenho um ataque de fúria, ódio e dor e quero me separar". Ela sugere que passem um tempo separados. Ele contesta: "Se eu for embora, eu vou embora". Ao que ela hesita. Meses depois, a sequência se repete.

Ele parece muito firme em sua escolha de uma separação definitiva e ela novamente hesita.

Uma nova modalidade de troca – ele mostra-se firme e ousado em suas propostas e ela mais hesitante – dá origem a outro momento do tratamento que mostra mudanças importantes: de um humor inteligente, mas ácido, para o surgimento de ternura em suas piadas; eles começam a discutir o que gostariam de fazer um com o outro e o que gostariam que o outro fizesse. Em uma das sessões, eles levantam isso como "condições" para ficarem juntos. Eles negociam. Eles riem. Eles barganham.

O analista tem a impressão de observar nessas manifestações clínicas os efeitos do processamento inconsciente, produzindo novas estipulações entre eles.

E em outros contextos?

Referimo-nos ao conjunto de variáveis sociais, econômicas e políticas que sustentam os encontros e os desencontros entre os sujeitos, o que explica a multiplicidade de vincular.

Berenstein, entre outros autores, colocou o social como uma das dimensões da constituição psíquica logo no início de suas teorizações.

Para abordar essa questão, é interessante pensar em outros cenários nos quais a crise socioeconômica e de valores leva a consequências como fome, o desemprego e o desamparo. Essas realidades são expressas sem velamento. Elas têm consequências sobre o sistema representacional, sobre a subjetividade e, é claro, sobre a forma de construir vínculos.

Nos últimos anos, algumas de nós participaram como supervisoras externas das equipes que trabalham em uma instituição que recebe crianças e adolescentes de rua (Caina)[3]

Registramos de que modo a falta e o distanciamento, produzem um cenário em que a criança/adolescente se constitui muito fragilmente como sujeito psíquico. O frágil constitui um modo de ser para si e para o mundo, sendo identificado com enunciados que o colocam como um remanescente, fora da perspectiva de futuro. Na maioria das situações, a família tem sido uma trama que caracterizamos como descontínua, rasgada. O familiar é apenas mais um contexto em que as crianças, desde muito cedo, alternam sua vida cotidiana com outras pessoas: a rua, alguma instituição, algum parente ou algum vizinho. Essa perambulação tende a consolidar uma subjetividade sem as condições necessárias para que essas crianças possam construir vínculos de continuidade. A representação do outro, como um semelhante, se instala de forma precária e fugaz.

Ir embora, fugir, diante de qualquer obstáculo ou desencontro com o(s) outro(s) é facilitado. O desencontro e o mal-estar não têm lugar porque não podem ser processados.

Poderíamos dizer que os vínculos se constituem em condições de contatos descontínuos. Essa "vinculação" intermitente constrói uma modalidade que imprime a forma assumida pelos encontros/desencontros com os outros.

3 Centro de Atención Integral de la Infancia y Adolescencia (Caina). É uma instituição de portas abertas para crianças e adolescentes em situação de rua.

Utilizamos as categorias conhecidas? Apenas parcialmente. Falamos de uma filiação que se constituiu em descontinuidade. Perguntamo-nos se podemos considerar essas situações como uma ruptura nos acordos, pactos, à medida que essa suposta continuidade foi alterada ou se é o nosso olhar que exige que haja algo para continuar, ali onde, precisamente, o olhar, a proteção, o cuidado, a proteção foram pausados.

Os vínculos mantidos entre eles geralmente são intensos, mas precários, sem laços estáveis. Às vezes, os vínculos entre irmãos também oscilam entre o desconhecimento de seu paradeiro, de sua existência, e outros caracterizados por seu reconhecimento e seu afeto.

Como dissemos anteriormente, o vínculo com o outro necessita de um trabalho psíquico permanente, exigindo o tempo todo um fazer para produzir, permanecer ou partir. Às vezes, opera em nosso pensamento a suposição de que o que é constante é melhor do que o que é interrompido.

Estamos interessados em pensar nelas como "outras subjetividades" que representam outras lógicas sociais produzidas à margem do discurso social predominante.

A tendência antissocial vai se construindo como um derivado de uma infância desamparada, em que a falta transcende o material, o simbólico. Referimo-nos a um processo de ausência de referentes de cuidado e a uma intensa anestesia social sustentada diante do sofrimento dessas crianças, adolescentes.

Dissemos em um trabalho anterior:

> *[...] Sustentamos que a oposição entre os "integrados" e os que habitam territórios "marginais" é produto de um mesmo sistema. Um sistema que organiza as condições daqueles que são reconhecidos apenas como excluídos, ou seja, significados apenas pelo que lhes falta e outros*

> *"incluídos" com base em critérios familiares que definem as formas de cuidar das crianças que aceitam e reproduzem o contrato social. (Rajnerman, Santos, 2016)*

Continuando com essas ideias, dissemos:

> *Hoje, propomos complexificar a ideia de descontinuidade na esfera filial com a ideia de desfiliação social (Castel, 1995). A precariedade dos vínculos familiares é agravada pelo caráter intermitente de um laço social fragmentado que aproxima esses jovens de um status que caminha na fronteira da sobrevivência. Eventualmente, às vezes, eles conseguem articular formas espontâneas de recomposição em que identificações recíprocas são produzidas sob outros códigos [...]. (Rajnerman, Santos, 2021)*

Vemos a desfiliação social como uma das facetas desse pacto social desmantelado que não oferece amparo, cuidado ou moratória para os adolescentes.

Referindo-nos ao que dissemos nos parágrafos anteriores acerca do pensamento de Isidoro Berenstein, o social está presente desde a própria constituição do tema. A miséria social se instala como miséria psíquica (Viñar, 2013) e o sujeito sobrevive a uma vida em que a falta se combina com o violento, o mundo interno com o mundo externo, construindo um amálgama que o desfilia tanto da linhagem social quanto familiar. Nessas condições, as formas de produzir vínculos também mudam: acentuam-se os pactos de aliança, acentuam-se as identificações sobre o diferente.

Nós nos perguntamos: em situações em que há uma clara violação de direitos, o pacto social foi quebrado? Ou é a própria noção de pacto que devemos questionar?

Reconstruí-la implicaria gerar bases que ajudassem a coconstruir, junto com essas famílias devastadas, legalidades que levassem em conta suas necessidades e possibilidades. Essa reconstrução requer uma visão que coloque o outro em uma posição de sujeito, portanto, fora de qualquer estigma que o cristalize como um remanescente social. Essa reparação exige que construamos redes sociais e comunitárias que recuperem a noção do vincular de conjunto.

Acreditamos que o pacto narcísico é um conceito válido para essa população devastada, como para qualquer outra. Parte do sofrimento desses grupos humanos é não conseguir se incluir, não encontrar um lugar onde se sintam reconhecidos como o que são: sujeitos.

Um breve exemplo disso foi o comentário feito por um dos jovens que frequentavam o Caina que, diante de uma mudança da instituição, ao ver as novas instalações (banheiros com portas, chuveiros com cortinas etc.) seu comentário foi "isso é para quem tem dinheiro".

Pensar em termos de ruptura parece ser um termo que carece de intensidade, quando o que estamos falando é de um processo de invisibilização, de vazio. Entendemos que é a própria noção de semelhante que está em jogo.

Essa população marginalizada à qual nos referimos representa um estrangeirismo tão grande que muitas vezes é impossível incluí-la em nosso contexto. Há algo irredutível em sua *ajenidad*. Assim, grandes grupos de pessoas tornam-se invisíveis. A falta dessa afiliação social empurra muitos jovens para esse lugar de "ninguém", tanto aos seus próprios olhos quanto aos olhos dos outros.

Conclusão, sempre provisória

Questionar o óbvio e trabalhar com o legado de nossos mestres exige a capacidade de questionar, discordar e ampliar os limites do que já foi acordado.

Não se trata de colocar a força motriz do vínculo do lado do compartilhado, consensual (pactos e acordos) ou do lado da diferença (*ajenidad*). Ambas as dimensões do vínculo impulsionam o trabalho do vínculo. Elas não se anulam nem rivalizam entre si. Os opostos não são superados ou eliminados, mas convivem na contradição do cosmo e do caos (Kush, 1975). Essa dialética entre o próprio e o *ajeno*, entre o semelhante e o diferente, entre o contínuo e o descontínuo, sustenta uma certa tensão que impulsiona o trabalho vincular.

Continuamos a sustentar que as estipulações inconscientes são estabelecidas para incluir/excluir, provisoriamente, a *ajenidad* do outro e a própria. A presença do outro se impõe e afeta o próprio funcionamento psíquico. Excede o espaço disponível para cada um acomodá-lo. É uma tentativa que sempre falha, pois essa imposição de presença, por definição, transborda.

O encontro entre sujeitos exige um trabalho diversificado, mesmo em contextos de constante vulnerabilidade, mas defendemos que, mesmo assim, e talvez por isso mesmo, persiste algo do não capturável. Também em nossas teorizações, que estão sempre em construção e desconstrução.

Referências

Berenstein, I. (1990). *Psicoanalizar una familia*. Paidós.

Berenstein, I.; Kaës, R. (2002). Diálogo Berenstein-Kaës (Vol. XXIV, n. 1. y. 2). Revista. *Psicoanálisis*. Asociación Psicoanalítica de Buenos Aires.

Castell, R. (2004). *Las trampas de la exclusión*. Trabajo y utilidad social. Topía. (2018) SigloXXI Edit.

Galeano, E. (2007)."*Los nadies" en Amares*. Alianza Editorial.

Kaës, R.(1995). *El grupo y el sujeto del grupo*. Elementos para una teoría psicoanalítica del grupo. Amorrortu Edit.

Kaës, R. (2010). *Un singular plural.* El psicoanálisis ante la prueba del grupo. Amorrortu.

Kusch, R. (1975). *América profunda.* Editorial Bonim.

Rajnerman, G.; Santos, G. (2016). *Lo discontinuo como marca filiatoria.* En Pensar la niñez. Psicología del desarrollo desde una perspectiva americana. Editorial Grijley.

Rajnerman, G.; Santos, G. (2021). Adolescencias intervenidas: una perspectiva en situaciones de vulnerabilidad social (Año 10. n.37). *Revista Intersecciones Psi.* Fac. de Psicología. UBA.

Pichon-Rivière, E. (1985). *Teoría del vínculo, selección temática de transcripciones de sus clases,* años 1956/57, realizada por Taragano, F. Nueva Visión.

Viñar, M. (2013). *Mundos adolescentes y vértigo civilizatorio.* Noveduc.

Zukerman, P. (2020). Apuntes para una psicopatología de la economía cotidiana: El dinero en la clínica vincular (n. 14). *Revista de Psicoanálisis de Guadalajara.*

Zukerman, P. (2021). Continuidad-Discontinuidad, art. *Rev. Controversias,* APdeBA.

15. Encontros e desencontros na terapia de casais: buscando abrir espaço para que as novidades criativas sejam ouvidas

Yubiza Zárate Zuvic

Quando penso na consulta psicanalítica de casais, me vem à mente os movimentos de encontro e desencontro que ocorrem na sessão. Pensando nos casais que atendi, alguns destes entram na sessão com visíveis gestos de incômodo entre eles, como se o outro[1] não tivesse em si a ilusão do objeto representacional. Em outros, observa-se como a mulher é cuidadosa com o que fala na frente do marido, olha para ele ansiosa, temendo que ele se irrite com o que ela vai dizer, enquanto o marido se mostra confiante em seu papel de provedor e zelador da segurança familiar. Em casais onde a esposa aparece como se detivesse o poder de como o marido deveria ser no relacionamento, desqualificando todas as suas ações. Esses são alguns exemplos, entre outros, que me fazem pensar que estavam reeditando por intermédio

1 Outro: um termo que nomeia um sujeito que é tão investido quanto aquele outro sujeito que eu sou, mas que, no entanto, é diferente, e essa diferença é irredutível ao que chamarei de: *ajenidad* (Berenstein I, 2007, p. 169, citado por Kupferger, 2014).

da identificação projetiva as relações com representações objetais, características da Lógica do Um (Puget, 2018).

Mesmo quando pensamos caso a caso, os casais, individualmente, consultam-se sobre o sofrimento do seu relacionamento. Alguns podem moldar esse sofrimento. Eles expressam isso em "algo mudou entre nós depois que a criança nasceu". "Algo quebrou entre nós e não somos mais os mesmos". "Nós nos tornamos estranhos". "Eles não me levam em consideração em decisões importantes". "Um outro surgiu entre nós" "perdemos a intimidade entre nós". Esses são alguns exemplos de discurso de casais quando chegam à terapia. Nesses discursos são expostas as complexas configurações psíquicas complexas do casal, em que se destaca o peso do aspecto cultural, a rigidez dos papéis atribuídos inconscientemente, por sua vez, emerge a necessidade de mudanças na dinâmica das trocas, tanto economicamente, no trabalho, no jogo de papéis em casa, nas diferenças na educação dos filhos. O que mostra o mal-estar intersubjetivo da falta de comunicação, do jogo de poder, da imposição, entre outros.

Por vezes, a ruptura do casal revelou o ressentimento que um dos dois sente por estar posicionado num papel estático e a necessidade de maior flexibilidade e fluidez, aspirando a maior segurança, confiança e equidade entre eles. Noutros, as situações dolorosas que tiveram de viver como pais fizeram com que um dos membros encapsulam o luto traumático, e o casal se recusa a calar a perda e isso os distancia, perdendo a intimidade.

Com este trabalho quero compartilhar a experiência de como se constrói o espaço *entre*, que permite aos integrantes da área aprender com a experiência emocional que está sendo vivenciada. É surpreendente para mim como analista perceber como ocorre a transformação psíquica no casal e em mim como analista. Como se expande a capacidade de escuta do outro: não dito, novo, emergindo como diferente, por meio do discurso confuso e por vezes violento de imposição de um sobre o outro, de intuir a sutil sedução que um dos integrantes realiza para tornar presentes os acordos silenciosos de não falar sobre determinados temas na sessão. É uma forma, por vezes gestual, de silenciar e ofuscar o que quer emergir e aquilo que ainda insiste em se fazer presente na turbulência e alcançar a capacidade de conter isso, o diferente, sinistro, e começar a dar-lhe figurabilidade para pensá-lo e elaborá-lo.

Descreverei com mais detalhes o movimento em sessão de um casal que chamo de Daniel e Daniela. Numa sessão após um fim de semana prolongado, observa-se uma entrada politicamente correta, o olhar entre eles, os sorrisos que demonstram entre si, como se exigissem entrar na sessão formando uma equipe especular diante do psicanalista/testemunha. Eu me pergunto o que eu sou para eles? Represento algum objeto perseguidor? Ou será que entrar na sessão gera ansiedade e eles precisam reafirmar que são uma equipe, diante das possíveis turbulências que podem surgir na sessão?

Quando cada um escolhe onde sentar, Daniel e Daniela ficam em silêncio, como se estivessem se perguntando qual dos dois inicia o relato. Aguardo, sem entender muito do que está acontecendo entre eles com essa linguagem pré-verbal. Daniel começa fazendo uma narrativa do que aconteceu de acordo com sua percepção dos acontecimentos. Ele expressou com certo gozo o quanto se divertiram, o que fizeram juntos, como compartilharam, parecia relaxado, feliz, transmitindo a plenitude do quão bem tinha se saído. Enquanto o escuto formando parte do campo situacional, percebo que Daniela está inquieta e perturbada, pois seu rosto começa a mudar, ela fica séria, seu sorriso se dissipa, ela se mexe na cadeira, arruma o cabelo, passa a mão no rosto. Ela o interrompe e pergunta de forma agressiva: "você acha mesmo que foi assim! [...] *sim...*, as coisas aconteceram assim, você fazendo suas coisas e empurrando todo mundo para o que você quer fazer". O rosto de Daniel muda, [é um poema], entre sério, irritado e decepcionado. Fico chocada com o tom de voz agressivo de Daniela, o clima é de turbulência emocional que atrapalha a capacidade de pensar. Surge o caráter discordante de uma realidade, em que a visão de cada pessoa corresponde à sua história intrassubjetiva.

A tensão que percebi no ambiente desencadeou em acusações mútuas, ambos demonstrando raiva um do outro. Observa a cena, perguntando-me o que poderia dizer diante de tamanha descarga emocional, minha mente estava em branco..., deixei a cena rolar, o clima ficou sufocante. Me veio à mente a fantasia da guerra dos botões, um filme infantil em que os botões são agrupados criando dois lados para lutar. Talvez quisessem me mostrar com essa cena qual dos dois vê as coisas como elas são? E que um dos dois saiba como deveria ser. Entretanto, pensei que era uma testemunha silenciosa/ausente, uma vez que não me incluíam, os seus olhares estavam fixos um no outro. Para mim, eles estavam em sua guerra de existência e precisavam de um espaço seguro, a sessão, para dizerem um ao outro o que não podiam dizer da maneira habitual.

O impacto emocional me afetou, pensei na cena e me perguntei: com quem cada um deles está falando? Nessa escuta surda entre eles, pergunto-me: se ficam decepcionados porque o outro não se assemelha à representação objetal subjetiva que cada um tem? Surpreende-me o quão invisível sou para eles. Sou testemunha de sua descarga emocional que não gera nenhuma interferência alguma na realização da fantasia intersubjetiva do casal? O efeito de presenciar a cena violenta me faz tossir, [possivelmente, metaforicamente, para expulsar a reação emocional que sua agressividade produz em mim], mas eles continuam engajados na luta de descarga emocional e não lhes é possível olhar para a cena onde eu também fui incluída.

Aí pensei, o desencontro tem que ocorrer na presença da terapeuta, como testemunha dos seus problemas, e porque Daniela não se atreve a falar dos seus mal-estares no casal se este não estiver neste espaço. Quando encenam seu cotidiano, é como se dançassem uma valsa em uníssono de tarefas rotineiras e sorrisos. O espaço da terapia é para expressar o que não é dito entre eles. Eu me pergunto: se eles consideram o espaço analítico como seguro e continente, que ali podem colocar o mal-estar que sentem sem medo? Mas que medo eles sentem de se comunicarem fora do dispositivo analítico?[2]

Nesse momento em que me sinto desconcertada, quando presencio a descarga de raiva de forma bidirecional, o clima da sessão é denso, confuso, carregado de raiva. Eu intervenho: "Acho que quando os dois se ouviram, acabaram irritados. Você, Daniel, achou que tinha se esforçado nesse final de semana e achou que tinha feito tudo certo para agradar Daniela, mas você, Daniela, ficou muito frustrada ao sentir que não foi vista por Daniel, o que desencadeou raiva entre os dois". O tempo mudou, porém, Daniela continuou irritada e fez um comentário que incomodou Daniel, que franziu a testa e permaneceu em silêncio. Eu intervenho, dizendo que o que acabei de dizer para Daniela não é suficiente, ela quer dizer que sabe como Daniel deveria ser no relacionamento.

Como a sessão está prestes a terminar, acrescento que se sentem seguros neste espaço que estamos a construir para pensarmos juntos, porque se sentem livres para expressar as emoções que sentem. Que estão percebendo que são e sentem de formas diferentes as coisas que vivem... e, aparentemente, não se conhecem além de quão bem cumprem suas rotinas diárias.

Pensando fora da sessão o que mobilizou esse desacordo, conjecturei que se tratava do surgimento de algo que ainda não está claro, não é visto e não é dito. O encontro de transformou num desencontro porque gerou uma situação que aumentou o mal-estar e a confusão na situação analítica. Porém, abriu um espectro do *ajeno* que

2 No "dispositivo psicanalítico coexistem campos heterólogos. O campo transferencial-contratransferencial, percorrido pela criação de uma fantasia inconsciente intersubjetiva que compromete, em graus assimétricos, áreas da história pessoal dos participantes que admitem transferências. E um campo de vincular no qual são desdobradas produções mentais que denotam um setor do outro, impossível de ser investido objetivamente pelo Eu" (Kupferger, 2014. p. 385-6).

surpreendeu cada participante. Do meu ponto de vista, estou surpresa com o movimento dinâmico quase acelerado que se desenvolvia à medida que a sessão avançava.

Relato outro trecho de uma sessão realizada meses depois, que começou com uma lista de acontecimentos que mais uma vez destacou o quanto eles se divertiram nas férias de inverno, o quão próximos eram um do outro, irradiava no ambiente a alegria percebida no rosto de ambos, enquanto eu pensava: "Que bom, eles conseguiram se comunicar! Que puderam compartilhar e ao mesmo tempo eu suspeitava dessa felicidade".

A história de Daniel foi ouvida por Daniela, respondendo-se mutuamente. Resolvi observá-los e continuar ouvindo a conversa entre eles. Daniel sentia-se pleno, percebia isso em seu corpo, em seus gestos, e Daniela tinha um olhar indefinido, mas atento ao que Daniel propunha. Ela intervém abruptamente perguntando: "Espero que você não vá jogar nessas datas?" ... Daniel surpreso, seu rosto mudou, ele franziu a testa... Daniela continua dizendo, ... "Porque você tirou uns dias de férias para ir jogar nessa região X e depois veio para a capital e jogou todos os dias", o rosto dele se transformou, continuou Daniela apontando, "porque você vai saber que enquanto você faz isso, quem fica responsável pela casa e pelos filhos sou eu, e estou cansada..., essa não é a família que eu quero ter...".

O jeito dela de alertar agressivamente Daniel me lembrou da reclamação dele na primeira sessão, me perguntei por que estávamos voltando à origem do problema de um ano atrás? "...e por que pensei na origem?" Daniela continua, "...Sua expectativa é continuar fazendo o que você quer e que eu fique cuidando dos filhos..., você está sempre procurando o que fazer, o que fazer...". O comentário de Daniela teve como resposta de Daniel: "Já informei que não vou participar dessa temporada", Daniela responde: "Não acredito em você, [em tom inquisidor], você já me disse a mesma coisa muitas vezes". Fico desconcertada e percebo que Daniel está irritado e ressalto que estou surpresa com o tom de cobrança de Daniela quando chegaram tão sorridentes na entrada da sessão. Comentei que aparentemente eles tiveram o cuidado de não falar nada um com o outro nas férias enquanto esperavam pela sessão, mas que o mal-estar foi se acumulando e se intensificando.

Agora que reiniciamos a terapia, eles se sentem em um espaço seguro para comunicar seu mal-estar. Daniela continua: "é como sempre, ele não me escuta, tenta tapar minha boca com aquele comentário". Daniel diz: "é sempre igual, ela me conheceu jogando e agora vira um problema", Daniela responde: "você está sempre em movimento, fique quieto, o que você faz é perigoso..." e ele responde baixinho algo que não ouço bem, fico com palavras soltas "deixar tudo" "tranquila" "separar-se" e "morrer"... Daniela o repreende, "o que disse?" [em tom agressivo]. Daniel diz: "bom, não vou morrer se parar de jogar...". Daniela começa a chorar, enxuga as lágrimas com o suéter: "Não quero isso, porque me faz sentir culpada, faça o que quiser".

A sessão está prestes a terminar, proponho que reservemos um tempo para pensarmos juntos, que existe um mal-estar entre eles, que mantiveram guardado isso todo esse tempo, e que agora sai como uma tempestade e ainda não está claro do que se trata essa angústia: "O que é perigoso, o quieto e o móvel? Se dedicarmos o tempo necessário poderemos entender melhor o que está por trás disso que trouxeram hoje". Dar-nos tempo para pensar antes de tomar decisões, como desistir do que Daniel considera significativo, e para entender o que Daniela quer dizer ao querer que Daniel esteja mais envolvido com ela.

Daniela me interrompe e acusa Daniel de que ele foi jogar nas férias e a deixou sozinha. Daniel a acusa de volta, ressaltando que ela foi ver os pais por alguns dias e ele ficou encarregado dos filhos.

Nesse momento de encerramento da sessão, parece-me que o tempo da sessão foi insuficiente para conter a dor sentida e a frustração retida durante o período de férias. Percebo que estão sobrecarregados, com um misto de sentimentos entre raiva, tristeza, impotência e culpa. Que ambos vivenciaram as férias de forma diferente e ainda não está claro o que está causando o sofrimento.

Proponho que continuemos pensando juntos, que aparentemente as expectativas que cada um de nós tinha para a sessão de hoje foram frustradas. Que a turbulência emocional de hoje gerou surpresas que nos dizem que cada um vive as coisas de forma diferente e que até agora não o tinham contemplado. Que a discordância permitiu que surgissem as diferenças entre eles e que se nos dermos a oportunidade de ouvi-los, eles poderão saber o que há de diferente em cada um e acomodar o que há de diferente do outro para elaborá-lo.

A sessão deixou o mal-estar em aberto. Ambos se despediram à distância, de uma forma diferente das outras ocasiões. Fiquei com uma sensação de perplexidade e frustração. Repensando a sessão, vivenciei a confusão que havia sido desencadeada na dinâmica do campo. A sensação de não entender do que se tratava o que aconteceu. Aquela incerteza incômoda que sinto, representa graficamente como se fossem pedaços espalhados, ainda sem sentido. Pensei: Por que Daniel, para evitar problemas, quer renunciar a algo que é significativo para ele, da linha transgeracional?; Por que ele se comporta como acredita que Daniela quer que ele se comporte?; e, Por que Daniela diz querer que Daniel fique quieto, porém mais envolvido com ela? O que ela quer dizer com mais envolvido com ela?

Acho que o desencontro é gerado porque cada um age de acordo com suas representações internas e nessa sessão não conseguimos criar vínculo e construir o espaço entre. Eu me pergunto: como é possível abrigar e inscrever isso do outro, novo, que não pode ser representado? Berenstein (2018), assim diz: "Na relação com o outro? Tenho que conseguir encontrar uma forma de inscrever aquilo do outro que não consigo representar" (p. 218). O que foi apresentado na sessão gerou interferência pelo efeito de presença. Você pode perceber na cena como eles agem e reagem de acordo com o intra e intersubjetivo de cada um, buscando que cada um complete o outro, agrade ao outro, porém, surge algo novo, ainda indizível; O espaço *entre* da produção permite pensar as discordâncias que aparecem como algo novo no *entre* e implica um trabalho de ligação que dará possibilidades de geração de novas subjetividades. Esta resenha permite observar como numa sessão a lógica do Um e do Dois coexistem simultaneamente, quando são convidados a pensar a alteridade, dar espaço respeitoso ao que é diferente do outro e assim poder trabalhar o mal-estar.

Acho que Daniela desconfia da mudança que Daniel teve, ela a considera uma "mordaça", como se trouxesse à cena que existem pactos denegativos,[3] (Kaës, 1993) entre eles, são alianças inconscientes, acordos silenciosos nos bastidores da terapia de casal. Que ela revela, como se fosse da boca para fora, porque eles estão aqui comigo.

Essas diferentes realidades que foram mostradas hoje na sessão. Na tentativa de diminuir o mal-estar que ficou da sessão, imaginei que os dois, não se sentindo compreendidos, começaram a brigar como duas crianças. Eu, como outro integrante, senti que hoje o vestígio do *entre*[4] foi apagado, acolhi o turbilhão de sentimentos, ficando com pedaços dispersos que não eram muito compreensíveis na época e me perguntando, o que está acontecendo aqui? Não intervi

---

3 O pacto denegativo surge como um complemento do contrato narcísico, introduzido por Kaës em 1985 com o objetivo de descrever um tópico do vínculo intersubjetivo. Em 1993, ele afirma que ele apresenta duas polaridades, uma que organiza o vínculo e outra defensiva. Os pactos denegativos são formados nas conjunções de intersubjetividade. Para Kaës, "as alianças inconscientes são formações de um aparelho psíquico dos sujeitos de um conjunto intersubjetivo, casal, grupo, família, instituição. Elas determinam as modalidades de vínculo entre os sujeitos e o espaço psíquico do grupo por meio deles" (Kaës, 1993, p. 278)

4 Zona de encontro para a alteridade, um espaço vazio onde os pensamentos e sonhos de cada membro são acolhidos, enriquecendo o campo. Nessa zona habita o que está disperso, o *ajeno*, o desconhecido para o outro. Pensar entre 2 ou mais nasce do des-encontro, da não coincidência e da impossibilidade de internalizar o outro (p. 41).

porque esperava esclarecer-me mais durante a sessão. Eu me perguntei por que o mal-estar deles levou a um ataque bidirecional. Presumi que a realidade que Daniel expôs não é a realidade do acontecer para Daniela. Eu me pergunto, por causa da percepção da realidade. Parece que as realidades são muitas, pois cada pessoa a registra de acordo com sua história de vida, as experiências vividas, sua condição de gênero, entre outros fatores. Tenho tendência a procurar sentido na falta de sentido que satura o campo mental, e depois descartá-lo, deixando espaço vazio para entender o que está acontecendo e conter a incerteza de não saber. Um exemplo disso é quando me baseio em teorias para dar sentido ao que está acontecendo. Uma dessas explicações foi supor que o ataque de Daniela ao comportamento de Daniel nas férias foi por inveja, atacando o relacionamento, sem poder aproveitá-lo. Outra conjectura foi que as férias e o retorno ao mundano eram sentidos como falta de comunicação e perda, atualizando o trauma da desconexão, da solidão e da evasão do risco de morte que experimentaram há dois anos. Agora, surgiu o medo de perder o companheiro com tanta movimentação esportiva "perigosa". Percebendo minha necessidade de compreender o que ainda é incompreensível, esvaziei-me de conjecturas, contive a mobilização emocional convidando-os a continuar pensando juntos e sugeri que antes de tomarmos decisões abruptas pensássemos nelas porque se tratava de conteúdos delicados e fundamentais para o relacionamento. Aludindo ao fato de as intervenções serem com o intuito de recuperar a escuta para que se ouçam e vejam o que são capazes de fazer juntos. Até esse momento existe algo que não tem lugar nem espaço para ser ouvido.

Na sessão seguinte, Daniel começa comentando seus sentimentos, que está triste, frustrado, que está desanimado com a expectativa de que terá que parar de jogar para que Daniela fique feliz. Percebi que ao ouvi-lo, seu sentimento ecoou em mim e me perguntei por que estava tomando partido. Eu intervi dizendo que Daniel estava renunciando sem nos dar tempo para pensarmos juntos aqui. Daniela me interrompe e passa as mãos no rosto e puxa os cabelos para trás com as mãos, parecendo demonstrar desespero. E diz: "você está errado, eu te escuto e o que você fala não é o problema...". Fico desconcertada [percebo que o que penso não é], e Daniel fica em silêncio, olhando para ela como se não entendesse, eu também não entendo, o que ele quer dizer? Daniela hoje diz que gosta de esportes, que jogar não é o problema, que o problema central é que Daniel não escuta, [parece que eu também não], que Daniel não quer o que ela quer dar a ele. Eu intervenho perguntando-lhe: o que ele quer dar a ele... e o que Daniel quer? Eles permanecem em silêncio.

Esse material me faz pensar sobre os problemas que surgem na situação psicanalítica da psicoterapia de casais, para isso me baseio nas ideias de Baranger como um campo dinâmico que cria uma fantasia intersubjetiva básica criada pelos participantes do campo e que é original do mesmo (Kupferger, 2014).

Na semana seguinte, solicitam alteração de horário para as próximas duas sessões. Perguntei-me: por que exigem a saída temporária do dispositivo analítico? Nessa mudança de sessão ocorreram outros eventos que aparentemente permaneceram silenciosos no dispositivo habitual. Daniela entra primeiro, sorrindo, dizendo que achou que era meia hora mais cedo e achou que ia se atrasar, Daniel a segue. Ele inicia desde várias sessões atrás e narra que saíram para jantar no dia seguinte à última sessão. E eles estavam conversando sobre o que o incomodava, sobre o que Daniela disse na última sessão. Daniel fala sobre a intimidade perdida e que são necessários espaços para eles. Daniela fala sobre a intimidade de anos perdidos, não fica claro para mim e pergunto: O que querem dizer com intimidade? Continuam falando em dialeto porque não é compreendido e pergunto novamente, a intimidade envolve vida sexual íntima? Daniela diz: "óbvio que não tem nada disso, porque quando ele me procura eu me fecho, porque antes de chegar nisso é preciso que a gente se conheça mais, compartilhe nossos mundos, o que ele pensa e não me jogue de lado toda vez que eu chegar perto". Nessa sessão o campo em direção a um eixo, que deu sentido ao vazio de sentido, saturado de frustração e mal-estar. Senti que Daniel poderia fazer alguma coisa com o que ela falou, e ele disse: "a gente está aqui para construir um vínculo que não é eu ter que ir na direção do que você fala ou você tem de fazer o que eu falo. Acho que é algo que temos que criar juntos".

Então eu finalizo: "Essa sessão foi esclarecedora, abriu campo e pudemos perceber o início de um vínculo, no qual podemos olhar as diferenças um do outro e pensar sobre elas juntos. Deixa claro que não se trata de um querer impor seu ponto de vista ao outro porque acredita ter um conhecimento exato. Mas sim dar espaço para se conhecerem no que é diferente sem medo de perder, sem enrijecer a relação com papéis que correspondem a representações subjetivas do outro. Convido você a continuar pensando para acomodar a diversidade de realidades, abrindo novas possibilidades, sem descartar a forma como o outro percebe a realidade vivenciada. Ouvir um ao outro depois da tempestade emocional, querer despertar a curiosidade para saber o que não sabem um do outro, pensar juntos, enriquece e transforma o relacionamento. Dê um tempo a si mesmo, para que nas idas e vindas você possa se tornar íntimo, comunicando o que sente, compartilhando seus mundos desconhecidos".

Referências

Berenstein; Kaës (2002). Encuentros: Diálogos Berenstein-Kaës (p.1-18). *Revista de Psicoanálisis de ApdeBa*, recuperado en https://www.psicoanalisisapdeba.org

Cincunegui S.; M. de Chebar, N. (1996). El encuadre de la pareja matrimonial (p. 27-58). En Janine Puget [Comp] *La Pareja: Encuentros, Desencuentros, reencuentros*. Paidós.

De Mendilaharzu, G. B.; Waisbrot, D. (1996). Transferencia y Dispositivo en Psicoanálisis de Pareja (pp.59-106), En Janine Puget [Comp] *La Pareja: Encuentros, Desencuentros, reencuentros*. Paidós.

Kupferberg, P. L. (2014). Un dispositivo psicoanalítico en clave de borde en *Psicoanálisis (*vol. XXXVI, nº 2/3, p. 381-406).

Puget. J. (2018). *Subjetivacion Discontinua y Psicoanálisis*: Incertidumbre y certezas. Lugar Editorial.

16. Desafios no tratamento de casais e famílias migrantes com setting on-line[1]

Lucia Morabito

Introdução

A prática psicanalítica deve obedecer a uma série de características específicas em seu método para que possa ser considerada como tal. O setting é uma delas. Entretanto, a vida contemporânea trouxe uma série de mudanças que seria desejável levar em consideração para garantir a sobrevivência e o desenvolvimento de nossa disciplina.

A crise migratória sofrida pelos venezuelanos nos últimos 15 anos obrigou muitos colegas do meu país a enfrentar grandes desafios ao setting na prática psicanalítica. Esses desafios acabaram sendo muito úteis durante a pandemia, quando o trabalho on-line esteve na ordem do dia.

Não vou me deter em comentar os prós e os contras do trabalho on-line, mas, sabendo que o setting on-line está longe de ser ideal, farei um relato de duas experiências clínicas em que a própria

---

1 Este texto é uma versão revisada pela autora de um artigo apresentado no Congreso de Familia y Parejas sobre Variaciones del Setting realizado em Nápoles em fevereiro de 2019.

modalidade on-line proporcionou o contexto adequado para o trabalho psicanalítico. Trata-se de dois casos tratados entre 2015 e 2019, nos quais as próprias características do trabalho on-line abriram o horizonte interpretativo e, longe de ser um obstáculo, tornaram-se aliadas do processo analítico.

Os casos que apresento aqui e muitos outros que tratei nos últimos 20 anos me convenceram de que é o setting interno do analista e sua escuta particular que, junto com o desejo dos pacientes de investigar, constituem a verdadeira metodologia da psicanálise. Outros recursos, como o uso do divã e a presença física, entre outros, embora facilitem nosso trabalho, não são indispensáveis para o tratamento.

Caso 1

Cristóbal e Susana entram em contato comigo pelo WhatsApp de um país europeu, indicados por um colega que atende Susana individualmente em um setting on-line. Cristóbal também é atendido da mesma forma por um colega desconhecido.

Levamos mais de duas semanas para marcar um horário para a primeira consulta. Seus respectivos horários não coincidiam. Finalmente conseguimos: eles se conectaram por telefone, no carro, imediatamente após deixarem a filhinha de um ano e meio em uma creche localizada bem longe de onde moram. A primeira sessão coincidiu com o primeiro dia da criança na creche. Eles chegaram ao local em seus próprios carros, depois, ambos entraram no mesmo carro para se conectar comigo. Ao final da sessão, cada um seguia seu próprio caminho. Foi assim que eles fizeram a partir de então.

O motivo manifesto da consulta era a enorme irritabilidade e agressividade com que discutiam sobre assuntos *sem importância*, o que os levava a se distanciar um do outro por longos períodos de tempo, apesar de se amarem muito.

Cristobal é um jovem profissional da área de engenharia aeronáutica, proveniente de uma família estável onde, como ele diz, "sempre veem o lado positivo das coisas". Ele emigra para a Europa graças a uma transferência de emprego (6 anos antes do início do tratamento do casal), o que facilita sua adaptação e lhe cria a ilusão de poder levar gradualmente seus pais e sua irmã com ele. Esse sonho tem de ser adiado quando, após um acidente grave no trabalho, a irmã fica incapacitada em uma cadeira de rodas. Pouco tempo depois, em uma viagem de família a Caracas, ele conhece Susana. Eles começam um relacionamento à distância por pouco mais de um ano, durante o qual fazem várias viagens curtas. Finalmente decidem se casar, com a subsequente emigração de Susana. Após três anos de casamento, decidem ser pais.

Alguns meses após o nascimento do bebê, a irmã de Cristobal tem um problema de saúde que exige cirurgia e, devido à negligência médica, ela morre.

Susana, uma profissional de criação, vem de um lar desestruturado onde, segundo ela, "tudo é um drama e, embora todos sejam bem-sucedidos profissionalmente, eles sempre se concentram mais nas coisas negativas". Durante a gravidez, ela sofreu de depressão, da qual ainda não se recuperou. Ela também não conseguiu encontrar um emprego no país anfitrião e estava esperando ansiosamente que o bebê começasse a frequentar a creche para fazer uma nova tentativa de trabalho. Parece que essa não é a primeira vez que Susana está deprimida.

A crise que antecedeu imediatamente o pedido de terapia de casal deveu-se ao fato de que, alguns dias antes de o bebê começar a frequentar a creche, Cristobal pediu a Susana que, se o primeiro dia na creche coincidisse com uma viagem de trabalho dele, eles pudessem adiar o início até que ele estivesse presente para acompanhá-la. Susana ficou chateada, achando que o pedido de Cristobal era injusto, pois ele sabia o quanto era importante para ela ter tempo livre para se dedicar à procura de emprego. Cristobal também achava injusto porque, segundo ele, três dias a mais não fariam muita diferença e Susana sabia o quanto era importante para ele estar presente em um dia tão importante para o bebê. A discussão ficou fora de controle e eles chegaram a se agredir fisicamente.

Conforme vimos ao longo do trabalho analítico, a base do casal estava fundamentada na fantasia de Cristóbal de poder resgatar Susana (como talvez não tivesse conseguido fazer com sua irmã) e dar continuidade ao legado familiar de sempre ver o lado positivo das coisas. E, da parte de Susana, a fantasia de encontrar em seu relacionamento com Cristóbal o equilíbrio que compensaria todas as coisas negativas que prevaleceram em sua vida. Esse pacto secreto inconsciente os compensava mutuamente e permitia que se livrassem de seus aspectos mais vulneráveis. Assim, o casal se tornava num sistema projetivo compartilhado (Dicks, 1970).

A morte da irmã de Cristobal e seu luto, que coincidiu, entre outras coisas, com o nascimento de sua filha, produziram uma mudança catastrófica no casal que os levou a uma *descompensação projetiva* (Morabito, 2012), cujas consequências disso deixaram os dois cheios de uma angústia avassaladora impossível de ser contida pelo outro.

Além do luto migratório de diferentes estágios e conteúdos, esse casal estava passando por um luto pessoal e individual, não apenas difícil de compartilhar, mas também mutuamente negado e defendido na certeza tácita de que sua própria dor era mais forte do que a do outro. Somente a separação da filha bebê, devido à sua entrada na creche, mobiliza uma crise que os força a encontrar um espaço comum (representado no espaço analítico do casal no carro), a partir do qual possam entender e aceitar mutuamente a dor um do outro.

Um casal cujos horários disponíveis teriam tornado quase impossível encontrar um espaço onde pudessem participar de sessões de casais presenciais juntos conseguiu, graças a uma análise de carro on-line, dar a si mesmos a oportunidade de buscar ajuda.

O espaço no carro, representativo do único espaço psíquico de dor verdadeiramente compartilhada, permitiu o início de um caminho no qual eu os acompanhei. Esse espaço mental/físico serviu de continente para a fúria e a dor de Susana ao perceber que Cristóbal não podia mais salvá-la, bem como para a enorme angústia de Cristóbal ao se sentir limitado e insuficiente. Juntos, tentamos construir um novo equilíbrio.

O trabalho analítico que continuamos a realizar lhes proporcionou um continente mais seguro para sair do refúgio psíquico individual (Steiner, 1997) e ver o outro e, sobretudo, o próprio casal como um terceiro que poderia resgatá-los. Ou seja, que realmente surgisse um vínculo.

Caso 2

Comecei a atender Fernando quando ele estava passando por uma crise de casal, encaminhado por um colega que estava tratando sua esposa, com a ideia de que mais tarde eles começariam a fazer um trabalho de casal. Eu ainda estava morando na Venezuela e o casal estava prestes a emigrar para o Cone Sul. Naquela época, Fernando passava a maior parte do tempo no Caribe a trabalho. Meu colega me disse que eles eram uma bela família com três filhos, que estavam passando por uma grande crise porque Fernando havia se envolvido com uma mulher em suas viagens de negócios.

Na primeira sessão, pude observar que Fernando estava em um estado francamente maníaco, no qual sua paixão e vínculo erótico com sua amante o impediam de pensar, e muito menos de entender, o que estava acontecendo com ele. Além disso, ele estava tomando antidepressivos sem prescrição médica.

Descartei a terapia de casal e me voltei para o tratamento individual de Fernando. Encaminhei-o a um psiquiatra de minha confiança, que ajustou sua medicação e, pouco a pouco, conseguimos iniciar o trabalho analítico.

Quando a mediação adequada começou a surtir efeito, o desejo manifesto de Fernando, motivado principalmente pela culpa, era que o ajudasse a se desvincular da amante para restaurar o equilíbrio de sua família.

No entanto, isso não foi possível, pois ele mentia e mentia sem parar. Ele mentia para a esposa, para os filhos e, obviamente, também para mim. Com o passar do tempo, percebemos que toda a sua vida tinha sido uma mentira. Desde que se lembrava, ele usava mentiras para agradar aos outros. Ele era um fantoche com um rosto sorridente. Ele sempre foi movido pelos desejos de seus pais, depois pelos desejos de sua esposa e filhos e agora, muito provavelmente, pelos desejos de sua amante. Mas, como era de se esperar, Fernando não queria ter nada a ver com essa última. Ele ainda não estava pronto para assumir o controle de si mesmo. Isso não foi possível até um ano e meio depois, quando a amante engravidou e ele teve de se casar e passar por um complicado processo de migração para que ela obtivesse residência no país anfitrião.

Esse foi o momento em que Fernando finalmente decidiu, provavelmente por ter força suficiente para fazê-lo, assumir o controle de seus desejos e acabar com as mentiras, especialmente as mentiras que contava a si mesmo. A partir daí, começou o trabalho familiar com seus filhos. Foi um trabalho difícil, porque o verdadeiro Fernando teve de se construir a partir dos dois polos que marcaram sua existência: fazer o que ele supunha que os outros queriam e fazer o oposto do que ele supunha que os outros esperavam.

Realizamos sessões individuais e sessões com os filhos. No início, ele procurou reconquistar a confiança dos filhos e, progressivamente, aprender a conversar com eles de forma espontânea, pois a cada pergunta que lhe faziam, Fernando era invadido por uma angústia tão grande que o paralisava e o impedia de expressar seus pensamentos e, muito menos, seus sentimentos por meio de palavras. Fernando estava apenas descobrindo quem ele era, e os filhos achavam difícil entender por que esse pai que eles achavam que conheciam não passava de um boneco sorridente. Cada um dos filhos teve de encontrar seu próprio lugar no espaço familiar desmembrado. Fizemos as sessões com a tela dividida em quatro, pois cada um deles estava em diferentes regiões do mundo.

Dos três filhos, a mais velha (23 anos) parecia ser a mais compreensiva e emocionalmente estável, mas com o ônus de manter a coesão familiar sobre seus ombros. A mais nova (16 anos), uma adolescente que evitava e negava seus sentimentos e que, pouco mais de um ano depois, apresentou sintomas de transtorno alimentar. O filho do meio (21), o único menino, foi o que mais sofreu, ficou psicótico e fez uma tentativa de suicídio quando sentiu que o pai lavou as mãos e o abandonou à própria sorte, preso a uma mãe controladora, agressiva e infantil.

É importante ressaltar que, embora a mãe nunca tenha participado desse tratamento, foi muito importante mostrar tanto a Fernando quanto a seus filhos que, longe de demonizá-la, era necessário entender a razão do papel que ela havia desempenhado na estrutura familiar. E, especialmente, a responsabilidade de Fernando em atribuir a ela o papel que ele a havia feito desempenhar no casal, por meio de identificações projetivas maciças. Como Fernando não era capaz de fazer contato, muito menos de expressar seus sentimentos e desejos, uma esposa controladora e rígida tinha sido perfeita para ele. Não foi em vão que eles construíram e mantiveram uma família por mais de 20 anos.

O tratamento com os três filhos não durou muito tempo. Mantivemos apenas as sessões com o filho devido às condições emocionais de ambos. Um espaço analítico era essencial para proporcionar a eles uma interlocução que os ajudasse a se comunicar melhor. O menino precisava lidar com a raiva e o ressentimento em relação a um pai com quem se identificava muito, mas que não conseguia perdoar. E Fernando teve de enfrentar a enorme culpa que ainda sentia. A relação entre os dois era marcada por uma grande ambivalência, de modo que ainda havia muito a ser interpretado para que eles alcançassem uma capacidade discriminativa maior e mais saudável.

Embora tivesse voltado a morar com a mãe na mesma cidade em que o pai morava e o jovem não faltava às sessões conjuntas, ele se recusava a estar no mesmo espaço em que Fernando morava com sua nova família. Por esse motivo, continuamos a fazer as sessões on-line, mas cada um deles em um espaço diferente. Acompanhá-los de duas janelas separadas foi uma trajetória de aprendizado para todos, inclusive para mim.

Numa sessão, Fernando disse ao filho que, embora não quisesse pressioná-lo, ficaria muito feliz se, assim como suas irmãs, ele pudesse conhecer o bebê. Percebi imediatamente como o rosto do rapaz demonstrava terror. A imagem de um pequeno animal enjaulado cuja porta estava sendo aberta e que não ousava sair passou pela minha cabeça. Usei essa imagem para formular uma interpretação, que foi bem recebida por ambos.

A imagem da gaiola, provavelmente acionada em minha mente, entre outras coisas, também pelas janelas separadas do trabalho on-line, tornou-se um referente para colocar em palavras o confinamento psicótico protetor do rapaz. Fernando conseguiu entender que isso não era um capricho do filho, mas uma defesa carregada de fúria que não apenas o protegia de sua vulnerabilidade, mas também servia para proteger o bebê das fantasias agressivas que o assolavam constantemente.

Como resultado desse marco, pudemos trabalhar em como, com o divórcio, Fernando estava "saindo da jaula" e seu filho estava "entrando nela". Algo como a transmissão geracional de um papel na família que o rapaz estava tentando resolver em seu próprio espaço de análise individual; mas que, graças a uma análise on-line de características muito especiais, uma família desestruturada, representada pelas diferentes janelas das quais se conectavam para as sessões, teve a possibilidade de redirecionar o caminho para um novo equilíbrio.

As filhas conseguiram encontrar uma saída criativa ao se desidentificarem com a família mítica idealizada que inicialmente lhes proporcionava uma função estruturante. O homem, por outro lado, incorporou, de acordo com Kaës (1993), um vínculo intersubjetivo de sustentação e investimento narcisista cujos enunciados e proibições o mantiveram preso em um papel que não lhe pertencia. O processamento psíquico desse fenômeno transgeracional, estimulado pela imagem contratransferencial do analista, ajudou a descongelar a repetição de um discurso temporal que até então havia permanecido congelado.

Conclusão

Agarrar-se à ideia de que todos os tempos passados foram melhores apenas atrasa o luto que nós, como psicanalistas, teremos necessariamente de elaborar se quisermos que nossa prática permaneça viva e adaptada aos tempos atuais e não fique como uma excentricidade à qual apenas alguns privilegiados têm acesso.

Sabemos que a presença física do contato direto com o paciente favorece a transferência e o vínculo analítico, mas a psicanálise contemporânea precisa se reinventar sempre, mantendo o que é verdadeiramente essencial ao método, mas também adaptando-o à virtualidade inexorável que veio para ficar.

Referências

Dicks, H. (1970). *Tensiones Matrimoniales*. Hormé.

Kaës, R. (1993). *El grupo y el sujeto del grupo*. Elementos para una teoría psicoanalítica del grupo, Amorrortu. 1995.

Morabito, L (2012). *La Descompensación Proyectiva*: El psicoanálisis de pareja como ventana para abordar lo intrapsíquico. Trabajo presentado en el Congreso de FEPAL: Invención Tradición. 2012.

Steiner, J. (1997). *Refugios Psíquicos: organizaciones patológicas en pacientes psicóticos y fronterizos*. Biblioteca Nueva.

17. O impacto do suicídio de um filho na vida de seus pais

Lea S. de Setton

Neste artigo, o autor explorará os aspectos psicanalíticos do suicídio, com o objetivo de alcançar uma compreensão mais profunda da dinâmica do suicídio. Esta apresentação inclui a descrição do tratamento com os familiares do jovem que cometeu suicídio.

O processo de luto é muito difícil devido à raiva e ao ódio que sentem pelo ato cometido. Esses sentimentos fortes perturbam os processos reparadores de assunção de culpa e responsabilidade, resultando no medo da culpa e da punição (Briggs, 2008).

Freud foi uma das primeiras pessoas interessadas na autodestruição. Em *Luto e Melancolia* (1917), ele descreve que a divisão que pode ocorrer no *self* pode matar se ele se tratar como seu objeto.

No seu trabalho sobre trauma e suicídio, ele explicou a qualidade intrusiva de um evento traumático que perfura o escudo protetor que protege o *self* (Freud, 1920).

Desde a infância, as experiências traumáticas influenciam o desenvolvimento de ideias suicidas. O trauma surge quando uma experiência afetiva ameaça impactar a capacidade do indivíduo de regular seu funcionamento psicológico.

Muitos autores que estudaram esse tema consideram que o trauma esclarece a dinâmica do suicídio. Existe uma relação entre trauma e pensamentos suicidas.

Existe uma relação entre trauma e pensamentos suicidas. Caroline Garland (2002, 2004) identificou que um dos elementos-chave do impacto do trauma é a dificuldade em pensar sobre a representação da experiência emocional; a simbolização é substituída pelo pensamento concreto (Segal, 1957). A pessoa que está sobrecarregada emocionalmente não consegue usar suas defesas contra a ansiedade; ela não tem confiança e se sente perseguida.

Há um ataque aos objetos internos, um desejo de matar a representação interna. O corpo é tomado especificamente como objeto (Briggs et al., 2012).

Freud explicou que existe a utilização de mecanismos de cisão em que existem duas atitudes opostas em relação à realidade externa. Uma aceita a realidade e a outra a nega.

Existe um patamar de desenvolvimento em que a individuação e a necessidade de dependência são intoleráveis devido ao aumento da ansiedade relacionada com sentimentos de perseguição ou abandono (Chabrol; Sztulman, 1997).

Um afeto importante que deve ser considerado influente nos pensamentos suicidas é a vergonha. Na vergonha, existe uma tensão entre o ego e o ideal do ego. Há uma sensação avassaladora de fracasso e medo de abandono. A vergonha ataca o ideal do ego, e os resultados são sentimentos de inferioridade e inadequação que afetam a integridade pessoal. Os resultados das lesões narcisistas podem levar à regulação patológica da autoestima (Biddle, 1955).

O ideal do ego ocupa o centro da onipotência narcisista: o narcisismo e a vergonha estão intimamente relacionados. As primeiras experiências de vergonha podem predispor à vulnerabilidade narcisista

(Morrison, A.P., 1996). A vergonha está na essência do ser e torna a autoaceitação quase impossível.

Os graus de vergonha são o resultado de interações familiares, apoio, contenção e apego. A vergonha devasta a autoestima; aumentam os sentimentos de desesperança e auto-ódio. Indivíduos suicidas evidenciam funcionamento comprometido do ego, pensamento distorcido, difusão de limites, medo da intimidade e incapacidade de manter relacionamentos íntimos empáticos. Eles têm sentimentos intoleráveis de tristeza, abandono e aniquilação. Há uma dissociação mente/corpo. A falta de satisfação em sua vida é um fator decisivo. A autodestruição é a "solução mágica".

A ideação suicida inclui falta de autoestima, ódio de si mesmo, autoaversão, vergonha, desamparo, culpa, autoacusação e humilhação. Todas as religiões são contra o suicídio. Em todos os países e em todos os momentos, a taxa de suicídio é baixa quando os padrões econômicos, políticos e religiosos são elevados, mas aumenta à medida que diminuem. Fatores externos servem como estimulantes ou dissuasores do suicídio (Kilpatrick, 1948).

Caso clínico

Suicídio cometido por Karl, de 21 anos.

Um membro da família de Karl me ligou pedindo que eu atendesse a família.

Eles foram extremamente afetados pela tragédia.

As sessões familiares contaram com a presença dos pais, um filho e uma filha; um adolescente e outro iniciando a faculdade.

Durante algumas sessões, os pais gritaram e culparam uns aos outros. Os irmãos permaneceram em silêncio.

Decidi fazer uma sessão de casais semanalmente e com os irmãos a cada duas semanas.

Na terapia de casal, trabalhamos nos primeiros meses para que ninguém tivesse culpa.

Aparentemente, Karl foi diagnosticado com Asperger quando era jovem. Ele tinha dificuldades de aprendizagem na escola e estava socialmente isolado.

A mãe disse que ele era diferente dos outros.

Ele estava em tratamento psicológico e medicamentoso há anos. Sua mãe era muito dedicada ao Karl, muito próxima dele.

Ela sempre sentiu seus sofrimentos. Ele sabia que não era igual aos seus irmãos.

Ele havia sido enviado para estudar em uma escola religiosa no exterior por um ano. Lá, ele não se sentiu bem e voltou.

Karl foi com a mãe se candidatar aos estudos universitários, mas na primeira semana decidiu que não poderia concluí-los.

Então, sua mãe o matriculou em uma escola especial para jovens com Asperger. Isso o incomodava muito e ele não queria ir.

A mãe sente que Karl sabia que sua vida não seria normal. Ele sofreu muito. Foi muito isolado. Seus irmãos eram gentis com ele e o visitavam frequentemente em seu quarto.

Naquela noite, os pais convidaram Karl para jantar. Quando eles voltaram, sua mãe acompanhou Karl por um tempo até seu quarto.

Às 23h30, o pai pediu à mãe que fosse para a cama.

É por isso que ela culpa o pai. Se eles tivessem ficado com Karl, nada teria acontecido. O pai respondeu que aquele não era o lugar dele para passar a noite no quarto de Karl.

A mãe recebeu uma mensagem de Karl em seu celular: "Mãe, eu te amo". Ela sentiu que era uma mensagem estranha. Ela foi até o quarto dele e viu a cama vazia, uma garrafa de uísque vazia e a janela aberta.

Ela chamou a ambulância. Na terapia, a mãe lembrou que algumas semanas antes Karl havia mencionado a ela que tinha algumas ideias suicidas. Naquela época, o psiquiatra havia aumentado as doses da medicação e achou que isso ajudaria Karl com suas ideias negativas.

Os pais conversaram sobre o quanto amavam Karl; ele era bom, inocente e calmo. Eles desfrutaram de algumas viagens em família juntos. Ele sempre foi atendido profissionalmente, mas eles não esperavam isso.

Um dos principais objetivos do ano de tratamento foi ajudar o casal a ter um relacionamento mais saudável, tratar-se com gentileza, compreender seus sentimentos e respeitá-los.

Os irmãos trabalharam o sentimento de vergonha, pois, de certa forma, sentiram alívio. A doença do irmão tinha sido uma preocupação e um fardo. Eles sempre sentiram que algo ruim iria acontecer com Karl.

Karl reconheceu sua condição. Ele sentiu que não conseguiria um diploma universitário, não poderia ser social, sentia-se isolado e desesperado. Ele sentia que não seria capaz de viver uma vida normal.

Mas eles reconheceram o quanto o amavam, cuidavam dele e lhe faziam companhia.

Eles superaram o luto e, aos poucos, puderam rever os amigos e dedicar tempo aos estudos.

Nessa família, os membros se amam muito, e isto tem sido de grande ajuda no apoio e contenção que têm sido oferecidos.

Primeira sessão de Zoom

Quando a pandemia começou no nosso país, em fevereiro de 2020, foi imposto um confinamento que durou 14 meses.

Naquela época, foi necessário dar continuidade aos tratamentos através de sessões de Zoom.

O casal de pais estava preocupado com as sessões de vídeo. Eles não sabiam se seriam capazes de tolerar isso, se seria benéfico. Se eles ainda se sentiriam próximos de seu terapeuta.

A primeira videoconferência foi agendada. O casal se conectou ao link do Zoom. Eles estavam sentados na cama, um ao lado do outro, bem próximos, como se estivessem se protegendo da tela. Eles estavam nervosos.

> Esther iniciou a sessão dizendo: "Como você viria à minha casa hoje, resolvi abrir o quarto de K. e arrumá-lo. Eu vou te mostrar mais tarde." (Estou pensando que passamos oito meses trabalhando juntos e eles se recusaram a abrir o quarto de K. Seria aceitar sua morte. Já haviam dito muitas vezes que sentiam que ele estava longe e que voltaria a qualquer dia. Eu estava surpreso com seu progresso.)
> E.: "Ontem saí por uma hora para comprar alguma coisa. Felizmente, em casa me sinto mais calmo e posso ser feliz. Assisti TV quando K. morreu e não queria saber de nada."
> J.: "Agora estou usando a sala como escritório. Arrumamos o quarto, tiramos muitas coisas. Acabei de deixar as fotos na parede."
> Decidimos arrumar o quarto e o armário para que todos tenham espaço.
> A.: Então você perdeu o medo de entrar no quarto de K.?
> Agora parece diferente. Fizemos isso porque "você veio". Não queríamos que você o visse fechado. J.F. acredita que está sendo mais responsável e trabalhando mais por conta própria.
> E.: Estou preocupado que J. repudie exageradamente as pequenas coisas.
> R.: Talvez vocês dois estejam concentrando sua energia no comportamento de R., quando sabem que ele está bem. Ele é um menino quieto.
> E.: Você está certo, não deveríamos estar tão em cima dele. Ele está bem... (pausa) e M. está trabalhando com meu tio, mas está procurando algo mais desafiador. Trabalho. Ambos sentem falta da vida social.(pausa).

Como casal estamos indo bem. J. fica ocupado o dia todo em seu "novo escritório" e não em cima de mim.

R.: Acho que abrir o quarto de K. e torná-lo uma área útil está ajudando no processo de luto.

E.: Venha, vou te mostrar. (Ele vai para a sala mostrando no computador).

R.: A sala parece muito bem organizada e confortável.

J.: Fez diferença na casa.

E.: Sim… isso mesmo. Às vezes vamos sentar na varanda. Mas fico muito triste. Penso em como K. pulou da janela do seu quarto.

Mas aí eu entendo que ele estava sofrendo muito. Ele não gostava de sua vida e não tinha esperança de que seria melhor no futuro.

J.: Você sabe que tem sido útil estarmos todos ocupados durante os dias. À noite, às vezes brincamos juntos ou assistimos a um filme.

R.: É um bom momento para união familiar. Como você se sentiu em relação à sessão de Zoom?

E.: Parece o mesmo porque já temos um relacionamento com você há algum tempo. Obrigado por encontrar esse caminho para continuarmos nosso tratamento.

R.: Sim, de fato.

Vejo você na próxima semana.

Por mais de um ano, eles não ousaram entrar no quarto de Karl. O fato de terem consertado e passado a usá-lo foi uma grande conquista no processo de luto.

Considerações finais

A tragédia de perder um membro da família por suicídio afeta muito seus entes queridos. Eles não superam completamente essa dor.

Sentem também baixa autoestima, sentimento de fracasso, de não terem conseguido evitar tal morte.

O processo de tratamento garante principalmente que eles sejam capazes de tolerar o luto, enfrentar e superar a perda. Há mais paz entre os membros da família.

A maioria conseguiu voltar ao trabalho, o que foi uma grande ajuda. Eles melhoraram seus relacionamentos e desfrutaram de sua família e amigos. A possibilidade de poder dar continuidade ao tratamento via Zoom fez a diferença. Não tivemos interrupções. O trabalho em vídeo conferiu estabilidade, consistência, contenção e segurança à terapia. Acho que o cuidado e o carinho do terapeuta empático e sincero fazem com que os pacientes se sintam acompanhados e apoiados durante o processo de luto, o que os ajuda a pensar e refletir.

Referências

Biddle, S. G. (1955). Shame and guilt. A psychoanalytic and a cultural study (24:131-134). *Psychoanalytic Quarterly*.

Briggs, S.; Goldblatt, M. J.; Lindner, R.; Maltsberger, J. T.; Fiedler, G. (2012). Suicide and trauma. A case discussion (26:13-33). Psychoanal. *Psychotherapy*.

Briggs, S. (2008). *Postvention*: the impact of suicide and suicidal behaviour on family members, professionals and organizations Relating to self-harm and suicide:

Broucek, F. (1990). Shame: The underside of narcissism (71:738-740). *International Journal of Psycho-Analysis*.

Chabrol, H.; Sztulman, H. (1997). Splitting and the psychodynamics of adolescent and young adult suicide attempts (75:1199-1208). *Int. J. Psycho*. Anal.

Freud, S. (1917). Mourning and melancholia. In *The Standard Edition of the Complete Psychological works of Sigmund Freud, 14 ed.* Strachey, J. The Hogarth Press and the Institute of Psychoanalysis. p. 239-242.

Freud, S. (1920). Beyond the pleasure principle. In *The Standard Edition of the Complete Psychological Works of Sigmund Freud, 14 ed.* Strachey, J. The Hogarth Press and the Institute of Psychoanalysis. p. 1-283.

Garland, C. (2002). *Understanding trauma*: a psychoanalystic approach (p. 43-316.). Karnac Books/Tavistock Clinic series.

Garland, C. (2004). Traumatic events and their impact on symbolic functioning: the perversion of loss. In *Psychoanalytic Perspectives on trauma*. Levy & Lemma, A. Whurr. p. 22-192.

Kilpatrick, E. (1948). A psychoanalytic understanding of suicide (8:13-23). *American Journal Psychoanal.*

Lansky, M. (1987). Shame and domestic violence (p. 335-362). In D. L. Natanson (Ed.). *The many faces of shame*. Guilford Press .

Morrison, A. P. (1996). *The culture of shame* (225 p.). Ballantine Books.

Psychoanalytic perspectives on practice, theory and research ed. Briggs, S. Lemma, A. Crouch, W. Routledge. p. 22-192.

Segal, H. (1957). Notes on symbol formation (38:391-397). *International Journal of Psychoanalysis*.

Smith, L.; Jessie, S.; James, M. E.; Seelig, B. (1998). An empirical sStudy of the psychodynamics of suicide (46:777-796). *Journal of the American Psychoanalytical Association*.

Winnicott, D. (1971). *Playing and Reality*. Tavistock.

18. Relações passionais[1]

Angela Piva

Por ocasião da jornada da Sociedade Brasileira de Psicanálise em 2023 cujo tema foi *Adicções e Dependências* participei de uma mesa sobre neo necessidades e potencialidades adictivas. A proposta dessa temática me deu a grata oportunidade de refletir desde um vértice que ainda não havia me debruçado com cuidado e profundidade. Nesse percurso me reencontro com o pensamento poderoso de duas grandes psicanalistas, Piera Aulagnier e Joyce McDougal e por associação e surpresa com a escritora Carla Madeira, que como todo artista tem o dom de colocar em palavras o conceito de neonecessidades proposto por McDougal e das relações passionais de Aulagnier e abrindo-se desde aí para uma perspectiva vincular.

Revisando brevemente, McDougall (2001) acrescentou à noção de neosexualidade a noção de neonecessidades, quando os objetos, ou as práticas sexuais são buscadas freneticamente, assim como as drogas. Propõe que a solução adictiva é uma tentativa de cura de si mesmo frente a estados psíquicos ameaçadores e insuportáveis e que em um vínculo com caráter de adicção o outro está colocado na posição de objeto de necessidade. Segundo ela a escolha de um objeto

1 Trabalho apresentado na Jornada Científica da Sociedade Brasileira de Psicanálise de Porto Alegre – *Adicções e dependências*. Novembro de 2023.

adictivo não é aleatória, pois o objeto escolhido revela a busca do estado ideal que o indivíduo busca alcançar.

Seguindo com Piera Aulagnier (1985) encontramos a definição de uma relação como passional, quando o objeto tornou-se para o Eu uma fonte exclusiva de todo prazer e se transportou para o registro das necessidades, sendo este vital para a sua satisfação. Podemos diferenciar segundo a autora três formas de relações passionais: a do toxicônomo, a do jogador e a relação amorosa.

Vou me deter aqui sobre a relação amorosa em sua versão de relação passional a qual configura-se como uma modalidade de violência que promove alienação. Uma relação passional implica uma situação de dependência patológica e adictiva que se potencializa pelo mal-estar contemporâneo aonde os dispositivos tecnológicos funcionam como meios de controle do outro enquanto objeto de necessidade: GPS, exigência da posse da senha do celular, patrulhamento das redes sociais, o que acaba também sendo outra modalidade adictiva.

Em uma relação passional vamos encontrar determinadas características que julgo importante destacar aqui:

O Eu se pensa como tendo o poder de oferecer o prazer ao objeto, mas não tendo o poder de ser fonte de sofrimento. Sendo esta uma das razões da dependência passional.

O Eu atribui ao Eu do outro um poder de prazer exclusivo. Este Eu torna-se o único capaz de satisfazer o que se tornou para o primeiro uma *necessidade de prazer*. No entanto, este mesmo Eu tem o poder desmedido também de gerar sofrimento. Lembrando que em uma relação passional encontramos a prevalência do sofrimento, seja pela rejeição do objeto, seja pelo temor desta rejeição.

Se o Eu se registra como desprovido de poder de fazer o outro sofrer, se registra como alguém com excesso de capacidade de sofrimento. E através desse sofrimento se legitima a necessidade de prazer.

A par de se encontrar um componente masoquista nas relações passionais, ver apenas por este viés seria reducionista, visto que no par sadomasoquista existe um engajamento dos Eus nesta relação. Sendo que uma vivência masoquista não implica necessariamente uma paixão.

Tudo é rio

O livro de Carla Madeira é uma obra-prima e tomo emprestado as palavras de apresentação da escritora Martha Medeiros (2023) " [...] quando se termina a leitura dá vontade de começar de novo, no mesmo instante, desta vez para se demorar em cada linha, saborear cada frase, deixar-se abraçar pela poesia da prosa". A escritora me foi apresentada no trabalho de Joana Martins (2023) a propósito do trabalho de Berenstein (2007) sobre os estados de Irritação que surgem como efeito da intolerância a singularidade do outro à medida em que esta não coincide com a representação e ao nosso desejo.

Compartilho o capítulo que me capturou ao descrever um momento do casal Dalva e Venâncio que nos descreve de forma sensível, intensa e brilhante uma relação passional.

> *Venâncio e Dalva se casaram apaixonados. Perdidamente. Quem via os dois pedia a Deus uma sorte igual. O amor tem nome, mas não é nada que a gente possa reconhecer só de olhar. A dor a gente sabe o que é, tem lugar e intensidades que cabem na ciência. A raiva, o medo, o ódio entortam a cara com um jeito provável de se manifestar. Mas e o amor? O que é senão um monte gostar? Gostar de falar, gostar de tocar, gostar de cheirar, gostar de ouvir, gostar de olhar. Gostar de se abandonar no outro. O amor não passa de um gostar de muitos verbos ao mesmo tempo. No caso de Venâncio e Dalva, o gosto de cada sentido grudava os dois para mais de muitas vidas, pareciam eternos de tão*

juntos. Um saboreava o outro. Viveram assim irrigados até que Dalva engravidou. A notícia parecia boa, amor dando fruto, coisa mais sagrada ela e ele somados, a natureza perfeita providenciando a continuação de tudo. Era isso que deviam sentir, e ficaram muito tempo tentando fazer o que deviam. Insistiram na bobagem de pôr no caminho deles a estrada dos outros. Deu no que deu. Quem pode negar, no mais honesto olhar, que dado, um encaixe perfeito, não sobre espaço para mais nada? Era justo demais o jeito que um juntou o outro. Venâncio quando viu a barriga de Dalva crescer, foi vendo crescer nele um ciúme doentio. Mas era tarde, não comandava o curso do rio. Estava feito.

Dalva, já queria aquele filho mais do que qualquer outra coisa. Pensava nele, falava dele, entregava as mãos à barriga e dela não se afastava. Era bercinho para cá, bordados para lá, banhos demorados voltados para o próprio umbigo, tardes inteiras cantando canções de ninar com voz débil, daquelas que os adultos fazem quando pensam encantar as crianças. Passou a evitar Venâncio com medo de machucar o bebê, olhava mais para o espelho do que para os olhos dele e foi alimentando nele a mais profunda convicção de que naquela barriga crescia um ladrão que ia roubar para sempre a mulher de sua vida.

A loucura começa como a doença, miúda. Vai se alastrando célula a célula, ocupando tudo, destruindo a saúde, acabando com a vida de quem não encontra recurso para deter os pensamentos ruins, fazedores dos mais profundos infernos. O pensamento solto, insistente e amargo constrói e antecipa a desgraça, é cruel no jeito de destruir.

Naquele dia Venâncio podia ter saído, já estava lá fora no portão, quando pôs sentido na bexiga pesada e cheia.

> *Voltou para mijar. Nos últimos anos, a lembrança deste segundo, o preciso momento em que decidiu voltar, provocava nele uma aflição e um alívio. O filho tinha nascido naquela manhã, quando ele entrou no quarto, Dalva oferecia o bico do peito para o menino. Os olhos de Venâncio pararam ali, sentiu uma dor de infidelidade, traição, a nuca esquentou num quase desmaio. Ela punha na boca do menino o bico do seio que era dele, o bico acordado e nu, estava lá entumecido, pronto sem que ele o tivesse excitado.*
>
> *A boca do neném buscava ansiosa o peito farto e úmido querendo sugar, engolir e ainda sem saber. O mamilo se sobrava passando na boquinha pequena, querendo ser pego por ela. Dalva se entregava a uma emoção única, da mais comovente ternura. O momento dela e do filho cegou Venâncio de uma absurda loucura. Ele arrancou o menino dos braços dela e jogou longe, bateu em Dalva, bateu, bateu. Espancou. (p. 19-21)*

Depois de tal narrativa parece que se tem pouco a dizer, ou que torna-se desnecessário. No entanto, cabe bem aqui destacar a diferença entre o encontro amoroso, o Amor, palavra que utilizada pela escritora ao descrever a relação de Dalva e Venâncio com uma relação passional.

Retomando Piera Aulagnier, no Amor há uma relação de simetria, que pressupõe uma relação de diferença entre alteridades. Badiou (2012) nos diz que o amor é a única prova de existência da humanidade. O amor começa por um Acontecimento. É a experiência de encontro, como Acontecimento. É simplesmente a diferença. O amor é sempre colocação em cena dessa diferença. No caso de Dalva e Venâncio a experiência de Amor, como um acontecimento que coloca em cena o trabalho com a diferença não se deu e foram tragados pela tragédia.

Na relação passional se joga uma relação de assimetria, cabe ressaltar que nessa relação de assimetria se encontram um Eu com tendência a idealizar e precisa usar o outro como prótese com um outro Eu que se coloca no lugar de ideal. Aquele que se coloca nesse lugar de objeto de paixão não somente aceita ocupar esse lugar, como de várias formas o induz.

Quando Venâncio começou a namorar Dalva o convívio com a família dela provocou uma mudança em sua vida, pois não tinha ainda experimentado um ambiente com afeto, liberdade, alegria.

> *A graça de Dalva cantando, sua voz afinada, a maneira como ela emprestava sentido ao que as músicas diziam seu jeito de corpo eram tão atraentes para ele que não podiam deixar de ser para todos os rapazes da sala. Na cabeça de Venâncio quem olhasse para ela não escaparia de seus encantos. (p. 94)*
>
> *"Queria apagar a luz de Dalva na sala e acender no quarto, só para ele". Até o dia em que se comemorava o aniversário dela, ao ver um amigo chegando e lhe entregando um buquê de flores, partiu violentamente de socos para cima do rapaz. Comoção na família, festa cancelada e Dalva se retira em silêncio. No fim da noite recebe uma caixa de madeira com uma carta de Venâncio e um anel de noivado. Estava sendo pedida em casamento. "O esquecimento começava a jogar o seu manto".*

Eu diria aqui que vários sinais de violência como prenúncios da tragédia foram sendo recusados, tanto por Dalva, quanto por Venâncio. E o retorno, desde desmentido, se dá da forma mais dolorosa possível.

No dia em que Venâncio arrancou o filho de seus braços quentes e o atirou longe, ela conheceu a dor desumana de perder tudo. Perdeu o homem que amava, o filho que amava e a fé. Venâncio bateu nela, e a misericórdia de Deus não veio em seu encontro. Continuou viva. Morrer teria sido um gesto de bondade, morta perdoaria Deus. Queria a inconsciência, não mais saber, não ter visto, não ter vivido. Mas ao contrário, o escuro estava aceso como nunca, tudo estava lá no seu corpo pesado e impotente, na sua alma ensanguentada. Não esqueceria. Perdeu todas as palavras.

Venâncio saiu de casa com o filho nos braços enquanto Dalva, no chão, tentava se levantar, para correr atrás de Venâncio, mas o corpo não obedecia. Tinha gosto de sangue na boca, e os olhos mal se abriam. Mesmo assim, arrastou seu peso, tentou ficar de pé nas pernas trêmulas. Caiu. Não podia se lembrar direito do que tinha acabado de viver. Sentia o dente arranhar a língua ferida. As lágrimas não desciam. Queria com sede suas lágrimas, queria chorar todo o seu sangue. Virar poça. Mas o susto secou suas lágrimas, queria chorar todo o seu sangue. Virar poça. Mas o susto secou suas águas. Foi traída. Tentava pensar no rosto do filho e não conseguia se lembrar. Entrou em desespero, o ar desapareceu. Não viu onde o filho caiu, não sabia onde o filho caiu, não sabia se ele tinha chorado. Que mãe era ela que não sabia? Por favor, filho me perdoa. Na sua cabeça vinha o ódio que viu nos olhos de Venâncio, olhos que ela gostava tanto de olhar. De onde veio aquele ódio? Filho, por favor, não olhe. Dalva desacordou, precisava morrer um pouco. (p. 67)

O ódio provém da zona das sombras, portanto precisa ser recusado, do contrário tem que ser por em marcha um doloroso trabalho psíquico e trabalho de vínculo. Ou onde estavam os olhos dela que não viram o ódio ciumento de Venâncio crescer?

Mas a recusa do ódio seguiu, assim como Dalva e Venâncio também, seguiram juntos no silêncio e na dor. Dalva saía toda manhã e vagava pela cidade, olhar perdido e ausente. Venâncio como zumbi ía para o trabalho e a noite passou a habitar o prostíbulo da cidade. E eis que despertou a atenção de Lucy a prostituta mais famosa e cobiçada.

> *"Puta". Não tem outro nome para Lucy. De profissão ela era puta mesma. Trabalhava num puteiro, vivia num puteiro. Mas não era puta só por isso. Se só por isso fosse, podia outros nomes mais respeitosos, como meretriz ou prostituta. Era puta e pronto, que palavra, a seco, carrega um xingamento, que quem conhecia Lucy queria logo desabafar. Tinha um jeito baixo e arrogante de provocar todo o mundo esfregando o sexo sem censuras, descobrindo os seios e atirando palavras cruas encharcadas de lama. Uma beleza disputada a tapa pelos frequentadores dava a ela o poder de não bastar aos olhos: quem via Lucy queria degustar... Lucy tinha vontades, não aceitava dó de ninguém, repelia com sadismo as senhoras cristãs que lhe ofereciam um pouco de bondade. Eu pratico o gozo e não o sofrimento, humilhava... Vivia dizendo que daquele puteiro, e talvez de todos os outros puteiros do mundo, ela era a única que podia ser chamada de mulher de vida fácil. Quer vida mais fácil que a minha, uma puta que gosta de dar?*
>
> *Nesse vai e vem de tudo quanto é cor, posses e credos, é difícil de acreditar que Lucy tenha caído de amores logo por Venâncio... Um homem triste, pesado, que carregava com ele um tormento sem tamanho. Mãos de marceneiro marcadas pelos erros dos martelos e dos serrotes e olhos profundos de abismos por dentro. Pois foi esse sujeito afastado de*

> *qualquer vaidade, suado e maltratado, que Lucy via sem interesse e com alguma aversão, que acabou provocando nela uma paixão desmedida, daquelas vermelho-sangue, tempestuosas, que só uma puta difícil sabe permitir.*
>
> *A história dos dois começa sem nenhuma novidade nenhuma, é a bobagem de sempre, gostar de quem não gosta da gente. Todo mundo queria Lucy, comprava briga, gastava ouro, fazia tudo pelo deleite de se esfregar nela. Menos Venâncio. Este chegava à zona e deitava com qualquer uma sem tomar conhecimento da disputaria. Ela se oferecia, ele recusava. Era um não com voz reta, não de promessa, jurado no silêncio das entranhas. Ninguém arrancava dele o motivo. (p. 11-12)*

Interessante a vida, não é? Venâncio passa agora a ser objeto de necessidade para Lucy. Ela tão senhora de si, sempre no controle, dos mais variados homens-objetos á sua disposição e com os quais desfrutava de uma sexualidade de forma aditiva. Se desconectava de suas dores e ainda era paga por isso. No entanto, a recusa de Venâncio, reabriu suas feridas, ficou obcecada e também despejou em Dalva seu ódio, da mesma forma que Venâncio fez com ela e com o filho. Xingou, humilhou, bateu, mordeu.

Interrompo aqui e interrogo: se a dependência gerada no encontro amoroso e no amor faz parte desta experiência como se desenvolve a capacidade para desfrutar da dependência sem que esta seja vivida como risco e ameaça?

Podemos abrir a perspectiva de que na relação com o outro quando se põe em movimento o trabalho de vínculo desde o trabalho com as diferenças. Em um vínculo pode se ativar a repetição e a potencialidade aditiva está presente em todo ser humano, mas também cada vínculo tem o potencial de se configurar como uma nova origem e novas possibilidades de subjetivação. Aliás, a escritora Carla Madeira também descreve com perfeição esta possibilidade em seu romance e deixo aqui a sugestão de se deliciarem com esta obra. Também o título, "Tudo é Rio", me remeteu a um pensamento de Deleuze e Guattari, que vou usar para encerrar esta reflexão.

> *"Entre" as coisas não designam uma correlação localizável que vai de uma à outra reciprocamente, mas uma direção perpendicular, um movimento transversal que as carrega uma e a outra, riacho sem início nem fim que rói suas margens e adquire velocidade pelo meio. (Deleuze; Guattari, 2011, p. 40)*

Referências

Aulagnier, P. (1985). *Os destinos do prazer*. Imago.

Badiou, A. (2012). *Elogio del amor*. Flammarion.

Deleuze, G.; Guattari, F. (2011). *Mil platôs: capitalismo e esquizofrenia* (Vol. 1 e 2.). Ed. 34.

Madeira, C. (2023). *Tudo é rio*. Record.

MacDougall, J. (2001). *As múltiplas faces de Eros*. Martins Fontes.

Martins, J. (2023). Unidos em um. Trabalho apresentado na disciplina Noções gerais de Vincularidade da formação em Psicanálise Vincular do Contemporâneo – Instituto de Transdiciplinaridade.

Medeiros, M. (2023). Apresentação do livro Tudo é Rio. Trabalho apresentado na Jornada Científica da Sociedade Brasileira de Psicanálise de Porto Alegre – Adicções e Dependências. Novembro de 2023.

Macdougall, J. (2001). *As Múltiplas Faces de Eros*. Martins Fontes.

19. Entre Nós – Outros: as múltiplas caras da violência[1]

Teresa Nora Popiloff e Alicia Lotufo de Wainstein

Esta enunciação, as múltiplas faces, mostra que não há uma forma única de expressão da violência, nem uma homogeneidade em sua manifestação. Entendemos que a violência, que pode ser dissimulada ou explícita, está embutida na própria condição humana e encontra formas muito diferentes de figurabilidade de acordo com épocas, situações e culturas.

Tentaremos problematizar brevemente o estatuto da violência vincular. Um conceito que talvez se replica e se sobre-entende, que nos traz a dimensão da relação com o outro e com os outros.

Entre "nós-outros", alude não só àqueles outros que "habitam" nosso inconsciente e aqui destacamos a transmissão inter e transgeracional da violência e seus efeitos, situações traumáticas, segredos indizíveis depositados na psique de um sujeito de outra geração, mas também àqueles "outros" do mundo que nos colocam o trabalho de processar as diferenças entre o eu e o outro. entre o próximo e o

1 Essas ideias são uma elaboração das conceituações trabalhadas na oficina *Entre nós – outros. As múltiplas faces da violência que apresentamos dentro do Projeto Oficinas* – 2023 organizado pela Comissão de Psicanálise de Família e Casal da Fepal (CPFP-Fepal).

semelhante. Trabalho sempre inacabado e com resultados diversos, dos quais as relações de poder e a violência nos movem cotidianamente, tanto em nossa vida social quanto no trabalho psicanalítico.

> *"Hoje o termo violência se impôs claramente no vocabulário conceitual, deslocando o de agressão. Quando você lê textos de algumas décadas atrás, essa tradução tem que ser feita". (Rodulfo, 2009, p. 19)*

Em 1915, Freud, S. escreve: "a importância do mandamento 'não matarás' nos dá a certeza de que somos da linhagem de uma série interminável de assassinos que carregavam no sangue o gosto de matar" (Freud, 1915, p. 298). Se quisermos levar em conta nossos impulsos inconscientes de desejo, somos como homens primordiais, que implementaram a violência de várias formas. Assistimos, mais uma vez, à eclosão de guerras, à distribuição desigual da riqueza, à marginalidade e às diversas formas de escravatura mesmo nos laços familiares e de casais, à vingança pela própria mão e a muitas outras.

Pensamos que há uma necessidade urgente e prioritária de criar e fornecer chaves para produzir, com o uso da bagagem conceitual psicanalítica, novos caminhos que nos permitam sustentar uma cota de esperança e aliviar o sofrimento psíquico que, entendido como vínculo, advém do fato de sermos seres sociais. Somos com.

Curiosamente, haveria antecedentes iniciais do que viria a ser o vincular. Em 1967, Bleger expressava:[2]

> *Ter que admitir, como se faz, a existência de identificação projetivo-introjetiva para todos os casos, requer o pressuposto de que cada sujeito é um 'sistema fechado' e que se comunica por vários canais com outros seres humanos, enquanto admitir a participação como um fenômeno*

2 Eu já estava pensando em termos de um sistema aberto e não um sistema fechado.

> *original implica a hipótese de que o ser humano começa ou parte de uma organização como um 'sistema aberto' e que ele gradualmente se torna individualizado e personificado. (Bleger, 1967. p. 189)*[3]

Os aspectos que as dimensões intrapsíquicas, intersubjetivas ou vinculares diferenciam não seguem cortes nítidos nem planos. Sua interpretação dependerá da perspectiva teórica do analista e da situação clínica. Assim, a partir de um registro intersubjetivo, R. Kaës indaga se

> *[...] devemos considerar o vínculo do ponto de vista de cada sujeito considerado isoladamente, mas do ponto de vista em que suas relações objetais e identificações são efeitos do vínculo, ou devemos admitir que a realidade psíquica nos vínculos adquire uma consistência específica que tem suas próprias formações e processos?*

Dentro do mesmo registro, autores da psicanálise relacional como Jessica Benjamin, citada por Puget (2015, p. 56) entendem que relacionar é da ordem do reconhecimento do campo de si mesmo, é compartilhar uma experiência mental análoga.

No registro do vincular, diferentemente do intersubjetivo, a ênfase é colocada nos espaços entre. O vínculo, como o entendemos, mostra o problema do encontro que não é objetivado via representação ou subjetivado via reconhecimento mútuo. A presença de cada um dos habitantes do vínculo excede o representado pelo outro.

---

3 In Bleger, J. (1967) "Simbiose e Ambiguidade"

Um exemplo clínico de violência familiar pensado a partir do registro intersubjetivo

Marta, uma menina de 18 anos, filha única, ficou hemiplégica em decorrência de um tumor cerebral. Embora a qualidade do tumor não comprometesse sua vida, ele deixou essa sequela irreparável no local onde estava localizado. Os médicos que a tratavam ficaram extremamente afetados, não só pela tragédia desta jovem, mas também pela situação familiar.

A mãe a sujeitava a maus-tratos, não só verbalmente por considerar Marta "mentirosa, desorganizada e desobediente", mas também a sujeitava a castigos corporais quando não se conformava com suas exigências, relacionadas à forma de auxiliá-la ou à dieta que lhe impunha de acordo com o que considerava "saudável".

Quando Marta chegou à consulta com um hematoma no rosto, os médicos solicitaram uma consulta psicológica para os pais e até foi gerada nos profissionais a fantasia de adotá-la.

Nas entrevistas com os pais, aparece um pai desvalorizado, tímido, esquivo, com pouca participação, mal falava e desviava o olhar. Maria, a mãe, entra sorridente, bem vestida, maquiada. É ela quem fala. Quando questionada sobre como a família enfrenta a situação que tem que passar, Maria diz que se sente maltratada pela filha doente: "Ela é uma desorganizada, não aceita dependência de mim nesse momento ou que o pai veja pelos meus olhos. Eu tenho que ser forte".

Em sucessivas entrevistas, Maria conta a história de seu irmão mais velho, Dardo, de 8 anos, que morreu em um acidente de trânsito quando ela tinha 8 meses de idade. Ela lembra que a própria mãe a culpou por essa morte, já que ela disse que, por ter que atendê-la, não conseguiu ir buscar Dardo na escola.

A saga familiar narra a imensa semelhança de Marta com Dardo, tanto no físico quanto no caráter: "Todo mundo me dizia que eu era o Dardo".

Propomos que a identificação com esse significante – dardo – era sua possibilidade defensiva diante do peso da culpa, da dor e do luto não resolvido, violentamente embutido nela, a filha sobrevivente, dentro de uma ecologia familiar dilacerada.

Nos laços pais-filhos, ocorrem canais privilegiados de transmissão psíquica. Quando Marta nasce, Maria-Dardo, não dá à luz uma menina cujo ser ela vai impactar com violência, ela dá à luz um Golem. Marta estava amarrada "antes da origem" ao destino de outro, à violência herdada.

Podemos nos perguntar o que aconteceu com os avós maternos no duelo por Dardo. Pensamos que neles permaneceram aqueles elementos brutos que Eiguer citado por Jaitín (2006) chamou de "objetos ocos" (1986).

Como expresso por Kaës (1993):

> *[...] não só do que é fracasso e falta é organizada a transmissão, mas do que não é advindo, do que é ausência de inscrição e representação, ou do que, sob a forma de criptografia, está em êxtase sem ser inscrito. (p. 24)*

Os pais de Paula não só transmitiram o que pode ser dito, representado em uma história, em um mito familiar, mas também o que não é dito. Quais foram as consequências de ser filha de uma mãe enlutada, filha de uma "mãe morta", como A. Green (1986) poderia considerá-la? Quem sai dessa maternagem interrompida?

Um sistema defensivo materno que Liberman (1993) descreveu como uma "mãe que lança bombas"? Uma mãe que ficou sendo aquele dardo envenenado com o conteúdo da culpa, do luto não processado e da dor, que foi agressivamente jogada na psique de Marta na tentativa de realizar a fantasia de se livrar dela?

Quanto à noção de violência vincular

Do ponto de vista do vínculo, o *estar com* expõe a um exterior, a uma exterioridade que inevitavelmente faz fenda na suposta interioridade do sujeito e em sua suposta individualidade. Nessa perspectiva, entendemos uma relação como o trabalho dessa exterioridade que perturba, que diríamos mesmo que mina, a identidade do sujeito concebido como indivíduo em si mesmo e no seu interior. Essa abertura ao entre, essa exposição inevitável, implica o questionamento da propriedade original do si mesmo.

A identidade é herdeira de múltiplas identificações parciais, cruzadas, às vezes fragmentadas, mutáveis, fracassadas, inconclusivas que se articulam nesse processo incessante que é o advento do sujeito (um advento que nunca chega completamente). Nunca culmina naquela identidade ideal concebida como sujeito acabado em si mesmo.

Os outros estão sempre lá desde o nascimento do bebê humano, não apenas os pais. Os aparatos tecnológicos, supostamente fora de um espaço familiar, já estão presentes instalados no próprio seio familiar e, por vezes, são veículo de mensagens que exibem, promovem ou tentam justificar atos violentos.

É difícil encontrar uma única interpretação que se encaixe nas ações que podemos considerar violentas porque insistimos que só podemos conceituar violência em uma situação. Independentemente da forma como olhamos para ela, nunca é isenta de consequências. Abordamos uma definição de violência quando dizemos que ela é o resultado da ação exercida por um indivíduo ou grupo contra um terceiro cujas consequências podem variar da comoção até à morte. A possibilidade da morte como consequência última do comportamento violento está sempre presente.

Lacan (1983) em sua Introdução ao comentário de Jean Hipólite escreve: "Não sabemos por acaso, que nos confins onde a palavra renúncia começa o domínio da violência e que ela reina, já ali, mesmo sem ser provocada". Dessa forma, coloca a violência do lado do ato e não do lado da palavra.

Pensadores como Jean Marie Müller, diretor do Instituto de pesquisa para resolução não violenta de conflitos,[4] entendem que falar é o fundamento e a estrutura da socialização e se caracteriza pela renúncia à violência.

Apesar do que foi dito dessa forma, podemos muito bem pensar que, por sua vez, a linguagem pode implicar violência, bem como justificar intelectualmente situações de violência. A distância que isso implica em relação ao ato não implica necessariamente sua ausência. Daí a multiplicidade de manifestações de violência.

Insistimos na dificuldade de estabelecer diferenças absolutas entre as diferentes faces da violência, seja ela social, aquela que aparece nas relações de casal ou a violência familiar. É composta por fios que tecem uma teia de tolerância as moções pulsionais destrutivas, que de repente precipitam um evento que se destaca dos outros.

Como chamamos esse ser com os outros que inevitavelmente expõe a suposta individualidade? Alguns chamam isso de produção vincular, produção entre. Não há produção vincular sem um certo "mal-estar", sem incerteza, que nos introduza na questão do encontro com a alteridade: a alienação do próprio e a propriedade do *ajeno*. É no vínculo que se evidencia a experiência de uma alteridade constitutiva. Não há vínculo possível sem a experiência dessa alteridade.

A não coincidência, o irrepresentável, apresenta uma incógnita radical. A alteridade não se deixa reduzir a nenhuma representação e se impõe como excesso. Entendida dessa forma, apresenta-se como uma singularidade que se impõe a cada um dos sujeitos do vínculo, como um excesso na medida em que ultrapassa a representação que

4 Instituto de Pesquisa em Resolução de Conflitos Não Violentos.

se tem do outro e de si mesmo. Há algo da ordem do desconhecido, do estranho, da alienação, da singularidade, do irrepresentável.

Segundo Puget (2015):

> *[...] para a relação entre dois ou mais outros, os conceitos básicos são a diferença radical, a alteridade e a alienação e também um fazer entre dois ou mais concebido como o custo a ser pago para pertencer e habitar os vínculos. (Puget, 2015, p. 20)*

Talvez possamos aproximar a alteridade radical de uma certa conceitualização do real em Lacan. Nisso o autor conceituará o real como o impossível, referindo-se então ao fato de que o real rejeita toda representação, às limitações evidenciadas pelo simbólico, àquela impossibilidade do significante de captar tudo o que está em jogo, insuficiente para expressar o que existe. "O real não é o mundo. Não há a menor esperança de alcançar o real por meio da representação" (Lacan, 1974, p. 82).

A violência é um comportamento significativo dirigido a si mesmo ou a outro ou é pura descarga, passagem para o ato e, nesse caso, é aparentemente sem sentido? Quando em certas circunstâncias irrompe, acontece sem medida, o que se violenta? por que isso acontece? como começa? que tipo de vínculo se organiza a partir dele? podemos articular um impulso a um propósito? O sujeito ou os grupos violentos afirmam que agem "porque sim". Costumamos falar em "transbordamentos", de sair do controle, de estar fora do controle, fora de si mesmo. De nossa parte, pensamos que a violência ainda precisa ser pensada como um elo e não individualmente.

A violência constitui-se naquilo que está vinculado uma ação por apropriação, por destituição da alteridade do outro e de si mesmo. É uma confiscação que perfura e fere os membros do vínculo, que busca neutralizar a expressão do poder do outro em sua ânsia de reduzir tudo ao semelhante, ao familiar, ao não outro.

Geralmente a violência está associada ao poder e as relações de poder. E estas últimas foram pensadas como a violência que um sujeito exerce sobre o outro. Pensado dessa forma, a violência recai sobre um sujeito e depois se diz que este ou aquele é um sujeito violento.

Foucault muda substancialmente a concepção de poder. Não a pensa como a relação entre um soberano e um dominado, um contra o outro, mas pensa-a como "a multiplicidade de relações de forças imanentes e próprias do domínio em que são exercidas e que são constitutivas de sua organização", acrescentando que

> *o poder não é uma instituição, e não é uma estrutura, não é um certo poder com o qual alguns seriam dotados: é o nome dado a uma situação estratégica complexa em uma dada sociedade. (Foucault, 1977, p. 112 e p. 113)*

Entendido à maneira foucaultiana, não há sujeito de poder nem haveria sujeito de violência. Queremos dizer que o poder não é mais o poder de sujeição de um ao outro – caso em que seria exercido por um sujeito – mas entendemos que os sujeitos são efeitos do poder. A partir das relações de forças, não há sujeitos de poder, mas sujeitos terminais. Os sujeitos são efeitos deles e não causa. Consequentemente, se o sujeito é o emergente de uma rede como se fosse o meio e não a causa, isso o torna ativo e passivo ao mesmo tempo em uma situação muito mais complexa. Muitas vezes encontramos um adolescente cujos comportamentos agressivos costumam ser rapidamente interpretados como tentativas de afirmação quando, na realidade, são uma reação a um clima tóxico de violência. A violência é dos vínculos. Ninguém é violento em si mesmo. Pensá-la dessa forma não apenas simplifica o que é em si fortemente complexo, mas também conduz repetidamente a ações capazes de reforçar a própria violência.

Referimo-nos, por exemplo, a recursos excludentes, como a ordem de restrição de distância perimetral.

Uma ilustração clínica

Jorge e Ana formam um casal em que ele é assiduamente violento. No meio das entrevistas, ele grita alto. Ana mostra sua violência ao tentar violentar a terapeuta quando tenta impedi-la de pensar livremente, por exemplo, quando pergunta sobre a violência de Jorge. Tenta deixá-la sem escolha a não ser dizer o que ela quer que ela diga. Ela busca que a terapeuta confirme o marido no lugar do violento. Simultaneamente às entrevistas do casal, Ana se consulta em um Centro da Mulher para violência entre parceiros íntimos, onde a primeira coisa que lhe disseram foi parar com o tratamento do casal.

Diante dessa indicação, refletem com a terapeuta que desde o início do tratamento não houve situações de violência e não houve aumento do desconforto entre eles.

Para o centro da mulher, está definido que o portador da violência é Jorge e ele deve ser afastado. Essa seria a estratégia. A terapeuta entende que, por haver um homem violento no casal, isso não indica que a violência seja só dele; pode ser, mas não significa que seja.

Seria levantada aqui a diferença entre pensar em termos de "sujeitos violentos" e pensar em termos de relações de forças. A proposta da terapeuta entende que o sujeito se constitui no entre. Não haveria, então, sujeitos constituídos; o sujeito está sempre (é) na relação, as relações fazem o sujeito e não o sujeito a elas.

Entendido dessa forma, a terapeuta tenta colocar a questão da violência em jogo para ver o que acontece no vínculo, como ele é gerado, o que institui em cada um.

Podemos pensar que há um aspecto do vínculo analítico que responde à ideia clássica de transferência e uma outra dimensão onde se produzem efeitos e eventos que têm a ver justamente com o poder instituinte do vincular, com o aqui e agora e o caráter inédito do encontro entre pacientes e analista. Casais e famílias evoluem por intermédio de contatos criativos decorrentes de efeitos inesperados como são os efeitos da presença e da interferência.

Para produzir transformações a partir do sofrimento de casais ou famílias, é necessário trabalhar os "efeitos da presença" (Puget, 2005), uma vez que estes últimos são causas frequentes de desorganização de qualquer posicionamento identitário. Puget e Berenstein criaram a expressão efeitos de interferência

> *[...] para falar sobre o que é produzido em sessão sobre a ordem dos efeitos da presença e, portanto, sobre a potencialidade do espaço entre dois. Isso excede conceituações baseadas no sujeito com seus objetos internos-externos. (Berenstein, 2004; Berenstein; Puget, 2004, Puget, 2015, p. 40)*

A violência realiza alguma operação? Uma operação de reencontro, de manutenção da unidade dos membros da família? Quando falamos em violência familiar, não tendemos a fazer da família uma interioridade reunida em si mesma que, por isso mesmo, clama pela violência? Por sua vez, a busca pela homogeneidade expressa uma modelagem particular do espaço através da qual a família força a sustentar um interior "familiar", resistindo a tudo o que está fora como estranho, estrangeiro. A questão da violência familiar leva-nos, então, a repensar a divisão "naturalizada" do fora e do que está dentro, da família e do social. Deixamos de lado o aspecto social quando falamos em violência familiar?

Nos casais e nas famílias, muitas vezes encontramos a necessidade de impor significados únicos, de reduzir tudo ao semelhante. A supressão da alteridade exerce violência à própria constituição da ideia de família. Entendemos que isso, por um lado, supõe uma expressão de certa resistência aos vínculos, resistência que, ao apagar as diferenças em favor de uma construção homogênea, fechada em si mesma, constituísse em violência. Os laços amorosos muitas vezes colocam sua armadilha potencial nas fronteiras incertas entre cuidar, controlar, monitorar e subjugar. À medida que se infiltra no amor, acaba por distorcê-lo. Distorcendo-o no que poderíamos chamar, junto com o psicanalista Ricardo Rodulfo (2017), de "amor à dominação". Por que em si, o domínio pode abranger motivos políticos, econômicos, passionais.

Em algumas ocasiões, a violência, como propõe Puget (2005), "cria um laço adesivo no qual a subjetividade de cada um se dilui e as diferenças perdem sua potencialidade vinculante". Muitas vezes o vínculo violento se baseia em uma relação de necessidade, de sobrevivência de um traço identitário, o que afeta a dificuldade de desapego. Assim, nesses vínculos, o outro aparece na mente do outro do casal como essencial e a violência se instala como único meio de resolver a angústia e a intolerância produzidas pela presença do outro enquanto outro. Fixações de apego amoroso aparecem para os outros do vínculo que respondem negativamente às demandas de ternura que lhes são repetidamente solicitadas.

Quando os casais consultam especificamente sobre sua compulsão à violência, descobrimos que no início ela foi negada, desmentida e/ou banalizada. As discussões conjugais são expressas em palavras cuja função é denunciar a incompreensão e a responsabilidade do outro pelas discordâncias. Manifestam sofrimento e reprovação no discurso e entendem que a mudança ocorrerá na medida em que o outro do vínculo mudar. Eles não podem imaginar outra maneira de fazer isso. A violência se torna um suporte precário. Eles não têm consciência de que seu sofrimento é vincular e que está na própria condição do vincular abrir espaço para o que discorda, o que não é regular.

Encontrar um espaço para expressar o que acontece com eles na presença do analista e do outro constitui um trabalho vincular. Como diz Ungar, *intervir não é apenas dar sentido ou "descobrir" conteúdos inconscientes, mas "uma atividade ligada à descrição e conjectura imaginativa em um trabalho interpretativo realizado por analista e paciente". (Ungar, p. 14)*

Conclusão

A violência ligada ao vínculo produz espanto e constitui um desafio. Preservar a atitude psicanalítica como modo de pensar nos obriga a implementar procedimentos criativos diante do "fechamento de sentido", nas palavras de Cornelius Castoriadis. Exige um processo de constante elaboração e reformulação, necessária abertura intelectual e, fundamentalmente, compromisso ético. Não se trata aqui de encontrar uma forma de evitar a violência. Assim, é preciso se acomodar nos próprios modos da relação, desvendar suas linhas sem se deixar aprisionar pela tentação de adotar práticas de exclusão, extirpação da violência. Para o pensamento do psicanalista, para nossa prática, trata-se de viajar por terras desconhecidas em cada caso. Um desafio tanto para os psicanalistas quanto para os membros de cada vínculo e sua produção.

A clínica nos desafia com casos graves e crescentes de violência. Diante deles, um dos primeiros recursos que são implementados é a judicialização das relações na busca de identificar o sujeito violento. Continuação do modelo que busca o sujeito da violência e depois o pune declarando-o culpado. Assim, liminares como ordens de exclusão ou ordens de restrição de perímetro são frequentemente usadas.

Pensamos que a perspectiva e o trabalho de articulação é uma tarefa que, sem retirar responsabilidades, pode aliviar a culpa, tentando assim sustentar esse tecido que nos constitui como seres sociais e esperar, como disse Rodulfo, "algo melhor de nossa existência".

Referências

Berenstein I. (2004). *Devenir otro con otro(s)*: ajenidad, presencia, interferencia. Paidós.

Berenstein I. (2001). *El sujeto y el otro*. Paidós.

Berenstein I. (1997). *Familia Hechos Sucesos Acontecimientos* en Revista Buenos Aires, A.A.P.P.G.

Berenstein I. (1990). *Psicoanalizar una Familia*. Paidós.

Bleger J. (1967). *Simbiosis y ambigüedad.* Estudio Psicoanalítico. (4. ed.). Paidós.

Bracchi, L. (2011). Vicisitudes de la clínica con parejas: lo nuevo es el vínculo. Articulo actualizado en 2011, para la web UCES en PDF, sobre la base de un artículo aparecido em 2001 en *Actualidad Psicológica.* Recuperado de file:///C:/Users/Usuario/Documents/Documentos/FAMILIA%202013/COLEGAS%20TRABAJOS/bracchi%20pareja.pdf

Foucault, M. (1977). *Historia de la sexualidad.* La voluntad de saber. Siglo XXI editores.

Freud, S. (1915). De guerra y de muerte. Temas de actualidad. En J. Strachey (Ed.) y J.L. Etcheverry (Trad.) *Obras Completas (vol. XIV*, 1992, p. 273-303. Amorrortu.

Green, A. (1986). *La madre muerta.* En Narcisismo de vida, narcisismo de muerte. Amorrortu.

Jaitin R. (2006). *Clínica del incesto fraternal.* Lugar Editorial, 2010.

Kaës, R. (2009). La realidad psíquica del vínculo. *Revista Internacional de Psicoanálisis de Pareja y Familia* n° 6-2009/2.

Kaës, R.;Faimberg, H.; Enriquez, M.; Baranes, J.-J. (1993). *Transmisión de la vida psíquica entre generaciones.* Amorrortu.

Koval S. Compiladora; Popiloff, T. (2020). *Un paseo con un niño.* De lo individual a lo vincular. En La subjetividad puesta en jaque. Vergara Editorial.

Lacan, J. (1988). *Escritos*. Siglo XXI.

Lacan, J. (1974). *"La tercera", Intervenciones y textos II* (2010). Editorial Manantial.

Liberman, D. (1993). *Del cuerpo al símbolo*. Paidós.

Lotufo de Wainstein, A. I. (1996). Laura, su historia. Reflexiones sobre la psiquis, el soma y lo transgeneracional (Tomo LIII, No. 4, p .957-969). En *Revista de Psicoanálisis*. Asociación Psicoanalítica Argentina.

Puget, J. (2015). *Subjetivación dicontinua y psicoanálisis*. Incertidumbres y certezas. Lugar Editorial.

Puget, J. (2005). Violencias en pareja y familia. Función testimonio, estado de amenaza, crueldad. Violencia en pareja y familia (nº 328). *En actualidad Psicológica.*

Rodulfo, R. (2017). *Ensayos sobre el amor en tiempos digitales*. Dominios sin dueño. Paidós editores.

Rodulfo R. (2012). *Padres e hijos*. En tiempos de retirada de las oposiciones. Paidós.

Rodulfo R. (2009). *Trabajos de la lectura, lecturas de la violencia*. Lo creativo-lo destructivo en el pensamiento de Winnicott. Paidós.

Spivacow, M. (2005). La intervención vincular en el tratamiento psicoanalítico de pareja.registro Publicado en la *revista Aperturas* nº019. Recuperado de: http://www.aperturas.org/articulo.php?articulo=0000324#:~:text=La%20intervenci%C3%B3n%20vincular%20apunta%20a,dimensi%C3%B3n%20intersubjetiva%20es%20particularmente%20relevante.

Ungar, V. *El oficio de analista y su caja de herramientas*: la interpretación revisitada. Recuperado de: file:///C:/Users/Usuario/Documents/Documentos/IPA/BOSTON/BOSTON%202015/boston%20trabajos/Ungar%20El%20oficio%20de%20analista%20y%20su%20caja%20de%20herramientas.pdf

20. Comentário sobre o filme *Mães Paralelas* de Pedro Almodóvar[1]

Silvia Resnizky

Mães Paralelas é um filme de Pedro Almodóvar que levanta várias questões, todas elas muito atuais. O filme se refere, não apenas, às maternidades no plural, como o título sugere, mas também à violência de gênero, à identidade e à memória, à gravidez na adolescência e às novas configurações familiares. Almodóvar celebra a maternidade, mas também reflete sobre tudo o que é exigido da mulher ao ser mãe.

Duas mulheres, Janis e Anna, se conhecem em um quarto de hospital. Ambas são solteiras e engravidaram acidentalmente. Janis, de meia-idade, é mãe por opção e está emocionada ("no meu caso foi um acidente, mas estou feliz"). Anna é uma adolescente, menor de idade, assustada e traumatizada. Elas se conheceram durante a internação nas horas que antecederam o parto e mantiveram contato depois disso, inicialmente sem saber que seus bebês foram trocados acidentalmente no hospital durante os primeiros dias de vida.

Uma das bebês, Annita, morre algum tempo depois de morte súbita e Janis, uma das mães protagonistas, percebe que a bebê que ela

1 Apresentado nas Jornadas sobre *Clínica psicoanalítica de pareja y familia hoy* organizada pela Sociedade Brasileira de Psicanálise do Rio de Janeiro. Maio de 2022.

tem não é sua filha, que aquela que era sua filha biológica, Annita, é a que morreu de morte súbita enquanto dormia.

A história contada no filme consegue reunir a contradição de Janis, interpretada por Penélope Cruz, quando ela embarca em uma busca pela verdade sobre sua história e a identidade de seus antepassados, ao mesmo tempo que oculta a identidade de sua própria filha.

A recuperação da memória histórica é um problema que continua a existir na Espanha como resultado da guerra civil e da ditadura de Franco. O filme assume uma posição clara sobre a memória histórica e a identidade.

Como cidadã argentina, não sou alheia ao drama dos desaparecidos. Durante a ditadura militar (1976-1983) em meu país, sofremos com o terrorismo de Estado, que levou ao assassinato e à prisão de muitas pessoas e à existência de 30.000 detidos desaparecidos enterrados em valas comuns em locais desconhecidos e até mesmo seus corpos jogados no Rio de la Plata. Mulheres grávidas foram sequestradas e assassinadas após o parto e seus bebês foram levados e dados para adoção a outras famílias, até mesmo a famílias envolvidas no desaparecimento e na morte de suas mães e pais.

Diante da violência e do terrorismo de Estado, as Mães e Avós da Plaza de Mayo surgiram como um movimento de resistência auto-organizado, como um coletivo fraterno formado exclusivamente por mulheres, que foi criado durante a ditadura civil-militar na Argentina. Inicialmente, com o objetivo de recuperar os presos desaparecidos com vida. Seu lema era pedir a aparição com vida dos desaparecidos, localizar e devolver todos os bebês e crianças roubados e, em seguida, identificar os responsáveis pelos crimes contra a humanidade para promover seu julgamento.

Começaram a se reunir em 1977, às quintas-feiras, às 15h30, na Plaza de Mayo. Diante da ordem da polícia de não parar ou se agrupar, mas circular, elas decidiram caminhar ao redor da praça, em frente à sede do governo, para dar visibilidade a seus casos. As Mães, inicialmente em número de 14 e depois chegando a 6.000, caminhavam semanalmente ao redor da Pirâmide na Plaza de Mayo, com lenços brancos feitos de tecido de fralda na cabeça com os nomes de seus filhos desaparecidos bordados, algumas carregando nas mãos cartazes com fotos de seus filhos ou filhas. Nem o frio, nem a chuva, nem a polícia a cavalo conseguiram deter sua marcha. Nem o sequestro e o desaparecimento de Azucena Villaflor, uma de suas fundadoras. A ditadura se referia a elas como "as loucas da Plaza de Mayo".

Esses coletivos fraternos de mães e avós aparecem diante do terrorismo de Estado como uma alternativa ao vácuo de referências, ao silêncio, à cumplicidade e à ocultação.

Assim que a busca por parentes desaparecidos começou, surgiu o problema de como identificar os corpos que poderiam ser encontrados em valas comuns e como identificar os netos. A genética foi uma maneira possível de complementar as informações fornecidas pela antropologia forense.

Em cada uma de suas viagens ao exterior, as avós consultavam geneticistas, antropólogos forenses e hematologistas para descobrir se havia algum elemento constituinte do sangue que só aparecia em pessoas pertencentes à mesma família. Graças aos avanços desenvolvidos pela geneticista Mary Claire King e à colaboração de uma equipe internacional de cientistas, foi possível formular o que eles chamaram de *índice de abuelidad*, e as Avós desempenharam um papel fundamental no incentivo ao desenvolvimento desta técnica. Esse índice permite determinar a filiação de uma criança na ausência de seus pais e estabelece a possibilidade de parentesco entre um neto e seus avós com base na análise do material genético.

Ao longo dos anos, as Avós da Plaza de Mayo tiveram que enfrentar situações complexas. Algumas pessoas identificadas por elas como possíveis netos, filhos de desaparecidas e desaparecidos e crianças sequestradas se recusaram a fazer os testes que lhes permitiriam conhecer sua identidade. O testemunho de um neto recuperado é eloquente a esse respeito:

> Eu sabia que era adotado e tinha a sensação de que meus pais poderiam ter desaparecido durante a ditadura, mas eu estava bem com quem eu era e não estava interessado em entrar em uma busca com um resultado incerto. Foi somente em 2006 que percebi que havia muito egoísmo em minha posição. Eu tinha que estar ciente de que do outro lado poderia haver um irmão, um tio, uma avó procurando por mim.[...] O direito à identidade não se negocia, não se abandona e não se esquece.

A equipe de antropólogos forenses argentinos foi criada em 1984, um ano após o retorno à democracia, também a pedido das Avós da Plaza de Mayo, para colaborar com o antropólogo americano Clyde Snow na recuperação de corpos enterrados ilegalmente durante a ditadura. O objetivo era devolvê-los a seus familiares e fornecer os resultados desse trabalho forense ao sistema judiciário e às comissões de inquérito.

Quando participei do 41º Congresso Internacional da IPA em Santiago do Chile em 1999, pude participar da exibição do documentário *Fernando ha vuelto*. Foi comovente para nós que estávamos lá ver o trabalho meticuloso dos antropólogos forenses e o profundo significado para a família de poder recuperar o corpo do homem que até então era uma pessoa desaparecida.

Almodóvar assume uma posição clara sobre a memória. Anna argumenta, em uma discussão acalorada com Janis, que é inútil e sem sentido olhar para o passado. Janis se irrita e responde enfaticamente:

> *É hora de você se interessar pelo país em que vive, há 100.000 desaparecidos. Seus netos e bisnetos gostariam de identificá-los para que possam ter um enterro digno. Até que façamos isso, a guerra não terá terminado.*

O filme também sugere pensar que, embora se trate de duas gestações indesejadas, as circunstâncias de vida de cada uma das protagonistas são muito diferentes, assim como as configurações de suas respectivas famílias de origem.

A gravidez de Janis é o resultado de um caso amoroso com um antropólogo forense que Janis conhece de seu trabalho como fotógrafa e a quem ela consulta posteriormente sobre sua história pessoal. Embora ele diga que não está apto a ser pai naquele momento, Janis decide levar a gravidez adiante por conta própria e dá à criança o nome de Cecilia, em homenagem à sua avó materna. Janis é filha e neta de uma mãe e uma avó solteiras. Seu bisavô é um desaparecido. Ele foi levado de sua casa pelos falangistas depois que a guerra foi declarada, quando sua avó tinha 10 anos de idade. Seu pai parece ter sido um traficante venezuelano. Sua mãe morre de overdose aos 27 anos de idade, quando ela tinha 5. Poderia ser a transmissão transgeracional de resíduos radioativos que leva à morte da mãe de Janis por overdose? Janis é criada por sua avó. Sua mãe lhe dá o nome de Janis Joplin, uma cantora de rock que também morreu aos 27 anos de idade de overdose. Ela foi uma menina criada com amor por sua avó, que teve seu pai desaparecido e deixou uma história bem documentada sobre o desaparecimento de seu pai e a presunção de que ele foi enterrado em uma vala comum nos arredores da cidade. Janis é uma fotógrafa como seu bisavô desaparecido, que era professor e fotógrafo, e vai em busca da verdade seguindo as informações que sua avó lhe deixou.

Janis foi criada por uma avó que perdeu o pai aos 10 anos de idade e depois por uma filha muito jovem de 27 anos. Ela é bisneta de um bisavô desaparecido, sua mãe tinha sérios problemas com drogas e seu pai era traficante de drogas. Janis deve ter passado por situações traumáticas desde cedo.

Talvez também tenham sido esses rastros traumáticos e os restos radioativos que ainda não estavam representados que levaram Janis a ocultar a identidade da menina, porque ela não se sentia capaz de lidar com a tremenda perda, a dor de ser separada da menina que ela estava criando com amor como sua filha. Uma conjunção do não simbolizado da história individual e da história coletiva.

O conceito de transmissão radioativa foi desenvolvido por Yolanda Gampel (2002), uma psicanalista argentina radicada em Israel que trabalhou com populações que sofreram catástrofes sociais. O termo radioativo pertence à física, mas ela o utilizou como metáfora para os efeitos da violência socioestatal que, como a radioatividade, penetra em nosso aparelho psíquico sem que tenhamos controle sobre sua entrada, sua implantação e seus efeitos. A transmissão e a identificação radioativas aludem à transmissão de traumas sofridos pelos sujeitos como resultado da violência social. Todos nós podemos ser receptores passivos e/ou transmissores dessa radioatividade, que pode ser transmitida de forma transgeracional, produzindo efeitos nas gerações seguintes. Um evento traumático pode ser transmitido de uma geração para outra e produzir efeitos de longo prazo. Os "resíduos radioativos" inodoros e incolores podem se manifestar como um distúrbio psíquico, como uma doença somática, como uma pulsão desencadeada na terceira geração.

Haydee Faimberg (1988) refere-se à "telescopagem das gerações", identificações inconscientes alienantes que condensam três gerações e podem ser reveladas na transferência.

Inés Vidal (2010), psicanalista argentina, refere-se ao status metapsicológico das experiências traumáticas, que ela descreve como rastros que se inscrevem como elementos perceptivos, desarticulados e heterogêneos que não adquiriram representação.

A transmissão também pode ser organizada com base no negativo, de aquilo que não se manifestou, porque carece de inscrição no simbólico. Não apenas aquilo que falha e/ou falta é transmitido, mas também aquilo que ainda não encontrou um lugar e um sentido no transmissor. A negatividade se refere não apenas ao que é reprimido, negado, mas também ao que nunca foi representado nem é representável por meio de palavras. O que não está lá, o que está faltando é justamente o que é transmitido.

A negatividade faz alusão à formação de criptas ou fantasmas, conforme descrito por Abraham e Torok, gerando um modo patológico de transmissão que ameaça o processo de historicização à maneira de um muro impenetrável.

O luto inacabado, por exemplo, acaba sendo expresso nas gerações seguintes como palavras ou atitudes incompreensíveis que afetam a vida cotidiana. Os fantasmas que habitam a cripta podem retornar na forma de atos, sinais, sintomas que são incompreensíveis para o sujeito, que não tem as chaves para descobrir do que se trata. Eles também podem se manifestar como buracos na memória, como ataques contra a atividade de ligação do sujeito.

Anna, a outra mãe protagonista do filme, é filha de uma mulher, Teresa, uma atriz, que se casou para fugir da casa dos pais e, um ano depois, nasceu sua única filha, Anna. Ela se divorciou para seguir sua vocação de artista, e esse divórcio foi uma transgressão de todos os mandatos de sua época e de seu meio social. Ela pagou o preço de ficar separada de sua filha Anna por anos. A gravidez de Anna é o resultado de um estupro coletivo não relatado. Anna é uma vítima de violência de gênero silenciada. Ela provavelmente também sofreu um trauma precoce, pois foi separada da mãe ainda muito jovem. O pai envia Anna para morar com a mãe em decorrência da gravidez, mais do que qualquer outra coisa, com a ideia de evitar um conflito, um escândalo. E é nesse vínculo conflituoso e difícil entre Anna e Teresa que Almodóvar mais uma vez traz à tona a questão da maternidade. Embora Anna não deseje a maternidade após o nascimento da menina, ela não se separa dela. Ela consegue diferenciar o vínculo com a bebê da forma como ela foi concebida, chama-a pelo próprio nome e, ao mesmo tempo, consegue formar um vínculo diferente com a mãe.

Não sabemos se a inclinação homossexual de Anna é reativa ao estupro que sofreu ou se é uma forma de se refugiar da tremenda perda de sua filha, formando uma família com Janis e uma criança para cuidar.

A restituição de Anna por Cecilia, o luto de Janis pela menina morta (Encontrei minha filha quando ela já estava morta) o que provavelmente possibilita o reencontro de Janis com Arturo, o fotógrafo, e a nova gravidez. Janis diz: se for uma menina, ela se chamará Anna como a bebê falecida e, se for um menino, será Antônio como o bisavô.

A frase final de Eduardo Galeano no final do filme é eloquente:

> *Não há história muda: não importa o quanto a queimem, não importa o quanto a quebrem, não importa o quanto mintam sobre ela, a história humana se recusa a manter sua boca fechada.*

A memória não é a preservação estática de um conhecimento já constituído; a memória se revela como uma construção, como uma memória em movimento.

Pensar a memória em uma dimensão que excede a memória, como disse Derrida, a institui como uma lousa da subjetividade. De tempos em tempos – argumenta S. Freud (1895 [1950]) – o material preexistente dos traços mnêmicos sofre uma reordenação de acordo com novos nexos, uma retranscrição. O texto psíquico é inscrito diversas vezes, não é um simples arquivo ou uma única marca. Cada nova escrita afeta e é afetada pelas anteriores.

Elizabeth Jelin (2022) argumenta que o espaço da memória é um espaço de luta. "Memória contra o esquecimento" ou "memória contra o silêncio" esconde o que é, de fato, uma oposição entre diferentes memórias rivais (cada uma com seus próprios esquecimentos). Trata-se, na verdade, de "memória contra memória".

Como analistas, sabemos que, de fato, como diz Eduardo. Galeano, a história não é muda, ela insiste e produz efeitos por mais que se tente amordaçá-la.

Referências

Derrida, J. (1967). *La escritura y la diferencia.* Anthropos.

Faimberg, H. (1988). A la escucha del telescopaje de las generaciones: pertinencia psicoanalítica del concepto. En *Transmisión de la vida psíquica entre generaciones.* Amorrortu. 2006.

Freud, S. (1895 [1950]). *Proyecto de Psicología.* T. I. (OC) Amorrortu. 1982.

Gampel, Y. (2002). El dolor de los social. *Revista Psicoanálisis.* APdeBA. Vol XXIV. Número ½.

Gampel, Y. (2006). *Y esos padres que viven a través de mí. La violencia de Estado y sus secuelas.* Paidos Ibérica.

Jelin, E. *Los trabajos de la memoria* Fondo de Cultura Económica Argentina. Buenos Aires. 2022.

Mauer S.; Moscona S.; Resnizky S. (2014). *Dispositivos clínicos en Psicoanálisis.* Letra Viva.

Mauer S.; Moscona S.; Resnizky S. (2020). *Psychoanalytic work with families and copules.* Routledge.

Vidal I. (2010). Clínica de lo traumático: la función del analista. Revista Psicoanálisis. APdeBA. Vol XXXII., Número 2/3.

21. Os sofrimentos de hoje, os efeitos da produção de subjetividades e a experiência analítica[1]

Elizabeth Palacios

Pensando a clínica de hoje

A partir de uma série de vinhetas clínicas, entramos no tema que pretendo abordar.

Caso de Jack e Jill

Jack e Jill são um casal na casa dos trinta anos, tinham sido os melhores amigos durante a universidade e, quando terminaram os estudos, decidiram que não queriam separar-se e casaram. Jill foi contratada por uma multinacional, num emprego desejável para alguém como Jill e Jack, num país culturalmente muito diferente. Quando me consultaram, estavam vivendo na Espanha há 6 meses e estavam casados há 7 anos. Tinham vivido em 4 países diferentes e, nesse período, tinham tido 3 filhos, a mais nova com 2 anos. Decidiram migrar para a Espanha porque o país era culturalmente atraente para eles e pertencia

---

1 Trabalho apresentado na *V* Jornada *O Casal e a Família no Divã da SBPRP* no dia 29 de outubro de 2022.

ao mundo ocidental. Jill teve uma importante crise de ansiedade que a levou a ser hospitalizada durante uma semana; antes do nosso encontro, pensavam que se tratava de angina de peito. Jill parece ser, no casal, a depositária de toda a loucura e a que procura ativamente um terapeuta de casal. Pede aos sogros que convençam Jack de que "este casamento está a desmoronar-se e temos de tentar salvá-lo, eu já não tenho forças". Na primeira sessão, Jill aparece com o seu traje de executiva e Jack parece um turista numa viagem de turismo. Jack parecia desconfortável e olhava para o vazio, como se não estivesse conosco. Jill fez o seu melhor para manter o contacto visual comigo, criando uma atmosfera emocional amigável. Foi ela que começou espontaneamente a explicar o imenso sofrimento que sentia na sua relação com Jack. Ele interrompeu-a num tom reprovador para dizer: "Não entendo o que há de errado, nós temos tudo o que alguém poderia ter desejado na nossa idade. Uma família, uma bela casa num belo país e, no entanto, achas que não estamos bem!". Jill responde com certa exasperação: "A nossa parceria não está funcionando bem, sinto que não fomos capazes de construir uma relação de pertença, um sentimento de lar, e você não compreende isso". Ela olha para mim e explica: "Acho que o Jack está tendo dificuldade em lidar com as suas emoções, costumávamos conectar-nos de alguma forma, mas agora é tudo muito mais difícil. Preciso senti-lo perto de mim, digo-lhe uma e outra vez, mas isso não muda. Agora estamos numa situação muito má, não conseguimos falar quando estamos juntos. Quando chego a casa, nem sequer nos cumprimentamos, é como se eu fosse transparente para ele, como se não quisesse que eu estivesse lá". Jack explica que trabalha à distância e que segue o horário da Costa Oeste, por isso vai para a cama muito mais tarde do que Jill, duas horas antes de ela se levantar. "Trabalho muito e faço tudo de casa. Às vezes, quando a Jill se levanta, eu ainda não estou dormindo e ouço os seus passos pela casa... Tento fazê-la feliz, fazer as coisas que uma família faz às sextas-feiras à noite e aos fins-de-semana, mas parece que nada funciona bem. Ela sempre me entende mal".

Há alguns anos, Jill aceitara a interpretação de Jack das suas dificuldades mentais como um porta-voz do mau funcionamento do casal, chegando mesmo a medicar-se. Agora compreendia que era o tipo de relação que tinha com Jack que lhe causava o verdadeiro sofrimento. Não poder voltar ao estado em que eram os melhores amigos e podiam passar horas juntos falando das suas vidas era impossível de recuperar. Não tinham tido relações sexuais desde que ela engravidara da sua filha mais nova. Não era fácil para eles compreenderem que estavam tendo grandes dificuldades como casal, que não conseguiam fazer com que o outro sentisse que pertencia à relação que tinham tentado construir, que não se sentiam seguros na companhia um do outro, que tinham feito muitas mudanças, que tinham vivido muitas perdas, muitos países, três bebés, muitas questões importantes na vida que exigiam um estado mental que não tinham conseguido alcançar e que se culpavam desesperadamente um ao outro por essas dificuldades, num estado de reprovação constante.

Construir um espaço de pertença significa que somos capazes de habitar esses lugares e de realizar as ações pertinentes, que nos permitem apropriarmo-nos desse lugar e dessa realidade. Precisamos de estar alojados nesses lugares para podermos realizar essas ações. Isto não pode acontecer se formos excluídos pela alteridade (Derrida, 1997; Lévinas, 1971) ou se formos considerados como uma posse do outro e a alteridade for encoberta pela semelhança.

O nosso presente impõe novos problemas a serem apreciados que não existiam no passado, obrigando-nos a incluir não apenas a compulsão à repetição. As relações entre as pessoas têm lugar em espaços e situações fluidas, com pouca estabilidade, e essa relação depende do que são capazes de fazer em conjunto, o que é sempre imprevisível. Essas realidades não têm a ver com o desamparo original, têm a ver com um intercâmbio entre sujeitos que vivem juntos numa posição de simetria.

Caso de Ramiro e Rita

Dois outros jovens de trinta e poucos anos, Ramiro e Rita, casados há 8 meses, dirigem-se ao centro que criamos durante a pandemia para ajudar as pessoas em estado de sofrimento. Estão angustiados e sobrecarregados. Não sabem como vão reagir quando as fronteiras entre as províncias se abrirem, se vão separar-se, divorciar-se, ou se suicidarão ou se matarão um ao outro. Aquela fantasia de casal que certamente lhes permitiu unirem-se e os projetos que ambos iniciaram para manterem essa crença, tinham agora sido subvertidos. Utilizaram o dinheiro que inicialmente tinham destinado a pagar uma entrada para comprar uma casa depois de casados, junto com o dinheiro obtido por intermédio de um empréstimo bancário, a pagar ao longo de várias décadas, para abrir um negócio de restauração: "Nosso grande projeto". Ela "fresca, divertida, aventureira" fotógrafa de eventos, e mais algumas outras coisas, como muitos jovens contemporâneos. Ele, um rapaz formado para fazer negócios "tranquilo, alegre e empreendedor". Porém "tudo desmoronou com o início do confinamento". Os meses de prosperidade económica no negócio, metaforizados como meses de prosperidade no vínculo cheio de esperança do início da convivência, desapareceram junto com a restrição das liberdades de todos os cidadãos.

Poderíamos pensar: qual seria a ideia de casal que Ramón e Rita teriam cunhado no inconsciente vincular? Qual seria a fantasia constitutiva da mesma, que lhes facilitaria manter a crença de que, a partir dos projetos que se propuseram, poderiam resolver os conflitos com que vinham dos seus próprios grupos de origem? Eles não previam, como nenhum de nós previu, que uma situação sociocultural e política mundial iria desmantelar a economia dessa fantasia constitutiva, assim como a economia financeira destruiria os seus projetos de vida.

A pandemia se tornou uma violenta invasão ambiental que os violou, e o conflito do casal se desdobrou com o surgimento das "loucuras privadas" (Green, 2001) de cada um dos que habitam esse vínculo. Algo interrompeu abruptamente seus planos e isso foi transformado e desviado em um conflito de casal. Diante dessa situação extrema, eles pensam que "havia pequenas coisas" antes, que elas já estavam lá e que eram as possíveis sombras que poderiam atrapalhar esses desejos de realizar os planos que haviam feito. Por que, nesse caso, em vez de se unir por meio da solidariedade, a situação se torna violenta e as exigências e reivindicações e as reprovações ganham todo o espaço no vínculo do casal? Como podemos ajudá-los a sonhar com um futuro? Pensar a partir de uma perspectiva vincular nos permitiu considerar os efeitos do sofrimento e os processos de mudança que são vivenciados nessas circunstâncias nos vínculos humanos entre famílias, casais e no contexto social mais amplo. Estamos diante de um suplemento aleatório que irrompe no contexto da repetição. No limite entre o ser e o não ser, no limite da descontinuidade, somos forçados a lidar com novas possibilidades subjetivas que se manifestam de maneiras imprevisíveis.

A família de Joaquín e Merche

Joaquín e Merche consultam em família. Sua filha adolescente de 15 anos, Amapola, não pôde comparecer. Eles não sabem o que fazer com ela, que está trancada em casa desde a pandemia, só se comunicando pelo computador e gravando vídeos ao vivo que são assistidos por um grande número de seguidores. Ela quer ser uma YouTuber, não quer se conectar diretamente com as pessoas, diz que é uma hikikomori e que não se importa em participar de nossas sessões, mas não poderá comparecer pessoalmente. Eles contam que os três eram muito próximos quando ela era criança, que Amapola acompanhava o pai aonde quer que ele decidisse levá-la, mas que nos últimos dois anos tudo tem sido difícil para ela. Ela não faz nada além de brigar com o pai e ele não a suporta. Sua mãe comenta as cenas violentas entre os dois. O pai parece cabisbaixo, desgrenhado, aparentando ser muito mais velho do que sua idade sugere. A mãe, em um tom gentil e conciliador, mas triste, comenta em um ritmo lento as dificuldades familiares pelas quais estão passando. Todas elas, de acordo com a narrativa que constroem, estão ligadas à mudança na forma de Amapola estar no mundo. Sem aparentemente dar muita relevância a isso, quase como uma informação passageira, fico sabendo que Amapola cortou seu corpo, sofreu bullying na escola, frequentou grupos trans e, em resposta a uma pergunta, eles comentam sobre o nome que ela tinha naquela tribo urbana. Eles não sabem o que fazer com Amapola, então decidem mandá-la sozinha para uma casa que têm em uma cidade a cem quilômetros de onde moram, que é onde me procuram. Eles pensaram que isso os deixaria mais tranquilos e que ela perceberia que precisava começar a viver por si mesma. É surpreendente como eles chegaram a essa conclusão, considerando os dados que forneceram e aos quais não conseguem atribuir o significado de seriedade que eles possuem. A mãe comenta que, no final, a decisão que eles tomaram aumentou a angústia de ambos os pais. Agora eles não a veem trancada no quarto todos os dias e as brigas constantes entre Amapola e o pai foram evitadas, mas eles não sabem se ela come ou não, se dorme e não conseguiram o que queriam, que era que ela aprendesse a administrar sua vida cotidiana. A Amapola não atende às ligações telefônicas. Ela faz o mesmo que fazia na casa da família, só que agora não a veem.

Sobre o enquadre

Trata-se de uma situação clínica que precisa ser pensada. Após um longo silêncio em uma sessão de grupo on-line de um seminário de solidariedade, realizado para colaborar com colegas em um dos países baixos, onde há tirania governamental e perda da liberdade de expressão, um participante relata a seguinte questão clínica:

"Há alguns anos, não consigo receber um paciente que venho tratando em um ambiente analítico".

Naquele país, as garantias sociais haviam sido suspensas, eles estavam passando por uma situação de catástrofe social, com a perda das garantias do direito à vida: um estado de excepcionalidade. O paciente não pôde comparecer a nenhuma de suas sessões, pois teve de comparecer ao tribunal convocado pelas autoridades depois de ter participado de uma manifestação silenciosa na qual um grande grupo de cidadãos expressou sua discordância com as medidas que o governo estava fazendo com que eles sofressem. O supervisor desse jovem analista havia lhe indicado que era importante preservar o enquadramento como uma forma de metacomunicar ao paciente a continência que os encontros analíticos deveriam ser capazes de proporcionar nesses momentos difíceis. Ele indicou que, nesse caso, era importante que a cobrança pelas sessões fosse mantida para que o paciente pudesse ver que seu analista ainda estava disponível para ele.

Nossos esquemas referenciais e nosso envolvimento na prática analítica que desenvolvemos fazem parte dos processos de subjetivação pelos quais nós, como psicanalistas, atravessamos nos contextos institucionais dos quais participamos. O conhecimento que constitui nossa prática como analistas, bem como os elementos técnicos que compõem essa prática social, a prática psicanalítica, levam em consideração as condições sociais, políticas e econômicas como esses conhecimentos foram construídos. Em minha opinião, nossa posição como psicanalistas requer revisões periódicas para que não se perca o poder de subjetivação de nosso dispositivo terapêutico ao longo do caminho.

O intra, o inter e o transobjetivo

O sujeito ao qual fundamentalmente nos dedicamos a maioria dos psicanalistas é o sujeito individual, seu mundo interno, seus objetos internos, seus conflitos, seus processos de subjetivação e a realidade psíquica inconsciente que é sua hipótese constitutiva. A forma como esse conhecimento foi constituído e a modalidade técnica que adquiriu para abordar o sujeito individual nos obrigaram a recorrer a uma manobra que nos permitisse abordar a realidade intrapsíquica individual (Kaës, 1987, 1993). Essa manobra consistiu em ter de isolar o intrapsíquico de outros fatores, ou seja, dos espaços intersubjetivos e transubjetivos. Trata-se de um ardil por meio do qual restringimos nosso objeto de estudo com uma intenção técnica, deixando de lado um resquício que é desconsiderado nesse contexto de intervenção. Nossa existência é efeito dessa realidade psíquica inconsciente da qual participam outros sujeitos, auxiliando-nos na formação de estruturas intrapsíquicas, assim como participamos da constituição da realidade psíquica dos outros. Hoje podemos ressignificar as teorias freudianas do ego, do superego e das identificações em termos intersubjetivos (Kaës, 2009). Conceitos como repressão, sinalização da pulsão e alianças inconscientes exigem que consideremos essa dimensão.

O conceito de intersubjetividade provém e é importado de outros campos de conhecimento relacionados, como a filosofia, a linguística e a psicanálise francesa. Isso levanta uma questão que não podemos deixar de considerar: se, como Freud colocou na *Introdução ao Narcisismo* (1914), somos elos em uma cadeia de sujeitos que nos precedem e nos antecedem. Como diz René Kaës (2009), podemos ser considerados sujeitos singulares e plurais, que somos constituídos e, ao mesmo tempo, constituintes de conjuntos, alianças e vínculos. As relações de objetos e identificações são o resultado da participação nesses conjuntos, sejam eles vínculos intersubjetivos ou organizações mais complexas. Poderíamos definir cada um de nós como um texto sofisticado, como uma espécie de hipertexto, composto por uma rede de outros textos, de múltiplos vínculos de múltiplas raízes que podem facilitar nossas vidas, proporcionar-nos múltiplas possibilidades de criatividade e solidariedade ou acorrentar-nos a todos os tipos de sofrimento, destruição ou até mesmo a morte.

Intervir em vínculos, fazer parte de conjuntos, requer uma demanda de trabalho psíquico. Investimos com nossa libido narcísica e objetal esse outro, esse conjunto intersubjetivo e, ao mesmo tempo, somos reconhecidos por esses outros como o sujeito desses vínculos. Piera Aulagnier, em *La violencia de la interpretación* (1977), desenvolveu o conceito de contrato narcísico. Ela afirma que esse contrato tem como assinantes a criança e o grupo, que o grupo antecipa a catequização que a criança fará dele. O grupo investe a criança como uma voz futura e exigirá que ela repita as declarações da herança, garantindo sua permanência. Ressalta ainda que a criança, por sua vez, solicitará o direito de ocupar um lugar próprio, independente daquele concedido pelos pais, o que, mantendo as leis do conjunto, possa preservar a ilusão de permanência ao longo do tempo, transmitindo-a a outros que virão depois dela. Adotar os ideais do conjunto em detrimento dos próprios é um processo complexo e conflituoso, nem sempre factível de ser alcançado, pois impõe crenças, adesão a ideais, regras, compartilhamento de sentimentos e ideologias. Ela promove operações defensivas que incidem sobre as psiques participantes. Todas elas são exigências para participar de vínculos intersubjetivos, para nos constituirmos como sujeitos de vínculos. Fazer parte de uma "comunidade de direito" que garante nossa participação em uma comunidade, em um contexto cultural, nos permite participar de um lugar psíquico comum, de um invólucro psíquico comum que nos proporciona continuidade e continência vincular, com uma ilusão de pertencimento, com uma aparente segurança conjunta. Alianças inconscientes de diferentes ordens operam desde os momentos iniciais do desenvolvimento humano, este tecido relacional liga cada sujeito humano ao conjunto, ao grupo ao qual pertence, definindo diferentes níveis contratuais estruturantes, sejam eles de ordem familiar (filiação, parentalidade, geracional, transgeracional), bem como outras alianças que nos ligam ao contexto social do qual participamos (a fraternidade, o pai como representante simbólico, o controle dos impulsos destrutivos), garantidores do espaço psíquico comum que habitamos (Kaës, 1993).

As catástrofes e crises sociais nas quais estamos envolvidos contribuem para essa perda de garantias. Esse marco transubjetivo afeta o marco psíquico individual à medida que exerce um efeito estruturante ou desestruturante sobre as formações intrapsíquicas do inconsciente individual: o superego, os ideais e as funções do ego repousam sobre essas alianças inconscientes que sustentam essas garantias culturais e sociais.

Efeito do transubjetivo nos psiquismos individuais: produção de novas subjetividades e novos estilos de vínculo

A realidade psíquica dos vínculos intersubjetivos é importante se quisermos intervir terapeuticamente. Ela nos obriga a levar em conta a consistência desse espaço entre os sujeitos, essa realidade psíquica comum e compartilhada, e não apenas o efeito desse espaço intersubjetivo no mundo interno de cada sujeito. Os sujeitos são constituídos na intersubjetividade como sujeitos do inconsciente e cada um de nós, por sua vez, faz parte da intersubjetividade que está entrelaçada com os outros. Observamos que a consistência e as formas contemporâneas do vínculo intersubjetivo estão em mutação. Os garantes culturais e sociais não cumprem mais suas funções de enquadramento, de marcas contextuais, eles deixaram de cumprir seu papel. Nos casos em que houve rupturas, transformações catastróficas, as ameaças ao conjunto são inevitáveis e o sofrimento daqueles que habitam esses grupos também é inevitável. No mundo contemporâneo e em nossos atendimentos a crianças e adolescentes, é visível a ausência ou variações dos sistemas intersubjetivos de para-excitação e dos ditames da vida pulsional. A constituição de objetos internos estáveis é substituída por formações não subjetivadas ou escindidas, e observa-se que os processos de simbolização tornam-se turvos, que há dificuldades sublimatórias e sofrimento narcísico significativo. A formação do inconsciente e do pré-consciente é inevitavelmente afetada, junto com a formação da alteridade, a capacidade de amar, trabalhar, sonhar, pensar, o uso de representações verbais e a construção de significado inerente à qualidade das relações intersubjetivas. Observamos variações nos processos de formação de identificações e estruturação de alianças intersubjetivas que instituem interdições fundamentais, como o incesto ou o assassinato, que promovem a renúncia à atuação de pulsões destrutivas. Tudo o que está ligado ao contrato narcísico parece estar em processo de destituição.

O conceito de sujeito social ou sujeito da cultura (Castoriadis, 1986) provém de outras áreas do conhecimento (antropologia, sociologia, filosofia, história). Poderíamos dizer que seria um desafio para a psicanálise poder instituir hipóteses teóricas que lhe permitissem incorporar em seu corpo teórico e, portanto, em suas práticas, o corpo do social, aquilo que compõe o transubjetivo que modela a constituição subjetiva em uma época, em um contexto sócio-histórico. Isso significaria levar em conta que cada sujeito singular é constituído subjetivamente em um mundo de múltiplas redes vinculares, como um efeito e uma causa intersubjetivos.

As profundas mudanças que ocorreram nas últimas décadas geraram um novo contexto no qual observamos novas formas de vínculo social com os outros. Transformações na maneira como os laços sociais são estabelecidos, que dão lugar a formações de conjuntos onde a exclusão e a marginalidade estão presentes ao lado de manifestações de individualismo significativo. Essas transformações têm o efeito de produzir novas subjetividades, novos estilos de vínculo, que provocam novas doenças e novas formações de sintomas ou distúrbios, o que nos faz considerar novas modalidades de intervenção. A partir dessa perspectiva, a subjetividade pode ser pensada como uma estrutura em permanente mudança, como um sistema aberto, conforme desenvolvido por Janine Puget em *Subjetivación discontinua y psicoanálisis. Incertidumbres y certezas* (2015). Os termos subjetividade e subjetificação entraram em nossa disciplina há pouco tempo. Silvia Bleichmar (2005) se propôs a analisar a incidência de fatores socioeconômicos e políticos que produzem estados de desamparo e violência que põem em risco o contrato narcísico. Marcelo Viñar (2002) enfatizou que os psicanalistas não podem dar as costas a essa mutação civilizatória e seus efeitos na constituição das psiquês, nas mudanças significativas que os modos históricos e sociais têm na produção do sujeito psíquico, mudanças que afetam as formas de trabalho, de amor, de sexualidade, de como ter filhos, de configurações familiares, as formas de apresentação do sofrimento, entre muitas novidades que acompanham o novo milênio. Vários debates estão ocorrendo nos fóruns psicanalíticos sobre como o Édipo permanece válido nas novas formas de subjetividade. Green (2005) anunciou a morte do Édipo, pois, em sua opinião, o papel tradicionalmente atribuído ao pai em sua dimensão simbólica não se mantém nas sociedades contemporâneas. Os vínculos e a produção histórica de subjetividades constituem um campo de reflexão que tenta pensar as formas de existência dos sujeitos, as modalidades de ser sujeito de uma determinada cultura, como efeito de certas práticas sociais que funcionam como dispositivos. A epistemologia da complexidade (Morin, 1994) nos permite abordar aqueles fenômenos que não podem ser pensados apenas a partir de um corpo de conhecimento, pois são considerados sistemas abertos, como é o caso da subjetividade humana. A compreensão dos complexos processos de transformação dos agrupamentos e instituições que compõem a sociedade em que vivemos é fundamental para nossas intervenções clínicas.

Palavras finais

Freud afirma em *Psicologia das Massas e Análise do Ego* (1921) que o aumento dos distúrbios nervosos é um produto das demandas culturais. É por isso que não podemos deixar de considerar o caráter fundador do social na constituição da psique. A partir de seu eixo de análise, a psicologia individual é, ao mesmo tempo, psicologia social.

Jill e Jack, Ramiro e Rita, Amapola e seus pais e o colega do país em guerra nos forçam a repensar nossa disciplina, nossas ferramentas teóricas e técnicas. Considerá-los como produtos histórico-sociais é certamente um grande exercício de descentração, pode até provocar um sofrimento narcísico, mas também pode nos permitir pensar em práticas transformadoras em que nossos conhecimentos e dispositivos técnicos demonstram seu esgotamento.

Referências

Aulagnier, P. (1977). *La violencia de la interpretación. Del pictograma al enunciado*. Amorrortu Editores.

Bleichmar, S. (2005). *La subjetividad en riesgo*. Topia Editorial.

Castoriadis, C. (1986). *Los dominios del hombre. Las encrucijadas del laberinto*, Gedisa.

Derrida, J. (1997). *El monolingüismo del otro o la prótesis del origen*, Buenos Aires, Ed. Manantial.

Freud, S. (1914). *Introducción al Narcisismo*, Obras completas, Vol. XIV, Amorrortu Editores.

Freud, S. (1921). *Psicología de las Masas y análisis del yo*, Vol. 18. Amorrortu.

Green, A. (2005). *La causalidad psíquica. Entre naturaleza y cultura*, Amorrortu.

Kaës, R. (1987). *Los organizadores psíquicos del grupo*, Revista de Psicología y Psicoterapia de Grupo, 1989, XII, publicación de la Asociación Argentina de Psicoterapia de Grupo, Buenos Aires.

Kaës R. (1993). *El grupo y el sujeto del grupo*, (p. 327-328-329), Amorrortu.

Kaës, R. (2009). *La realidad psíquica del vínculo*, Rev. Internacional de Psicoanálisis de familia y pareja, N.º 6-2009/2.

Levinas, E. (1971). *Totalité et infini: essai sur l'extériorité*. Martinus Nijhoff.

Lévinas, E. (1991). *Ética e infinito*. Ed. Visor.

Morin, E. (1994). *Introducción al pensamiento complejo*. Gedisa Editorial.

Puget, J. (2015). *Subjetivación discontinua y psicoanálisis. Incertidumbres y certezas*. Lugar Editorial.

Viñar, M. (2012). *Mundos adolescentes y vértigo civilizatorio*. Noveduc.

22. Um exitoso casamento segundo a teoria de Spivacow[1]

Ana Velia Vélez de Sánchez Osella, Carmen Maria Souto de Oliveira, Lúcia Eugênia Velloso Passarinho, Maria Lúcia de Aragão Canalli, Maria José Miguel e Nize Nascimento

Resumo

O presente artigo originou-se da oficina que o grupo de estudos de psicanálise de casal e de família da SPBsb coordenou a convite da Fepal. Nosso grupo surgiu da necessidade de trocar experiências clínicas e de aprofundar o estudo da psicanálise vincular de família e de casal, pois esta prática clínica possui especificidades que demandam uma teoria que vai além do entendimento da psicanálise tradicional. Percebemos ao longo de nossos estudos, que a leitura de Spivacow vinha ao encontro das expectativas e angústias do grupo, o qual mergulhava nessa modalidade de atendimento, com as dificuldades inerentes ao nosso trabalho. O autor presenteia-nos com uma abordagem teórica articulada e entrelaçada com a experiência clínica. Apresentamos suas principais ideias e princípios teóricos.

1 Apresentado no Projeto Talleres – 2023, organizado pela Comissão de Psicanálises de Casal e Família da Federação psicanalítica da América Latina (CPCF-Fepal).

Os sofrimentos originados nas relações amorosas ocupam um lugar importante na vida das pessoas e constituem uma temática habitual na prática psicanalítica (Spivacow, 2018).

Spivacow nos mostra que durante o atendimento vincular é essencial observarmos as características do casal que está buscando ajuda, levando sempre em conta as subjetividades e a cultura em que estão inseridos. Ao destacar a importância de nos havermos com a perspectiva de que o sujeito é singular e individual em sua estrutura pulsional, mas não o é de todo estritamente individual, considerando os espaços compartilhados do vínculo e do que se produz entre os sujeitos do vínculo, ele enfatiza que todo evento psíquico é bidimensional. Em outras palavras, as dimensões intrasubjetivas e intersubjetivas constituem duas faces de um único modo de funcionamento, sem limites claros entre elas. O encontro entre dois ou mais sujeitos afeta e modifica as subjetividades de cada um do par. Nesse sentido, o analista deve estar atento aos processos de subjetivação de cada um dos pares, às histórias individuais, às famílias de origem, às transmissões transgeracionais e às expectativas individuais.

Observar a dinâmica do casal no momento da sessão, bem como a fantasia fundante do enamoramento inicial, geralmente acompanhada pelo sentimento de continuidade e completude, é fundamental. Segundo Freud, o enamoramento mobiliza funcionamentos psíquicos movidos pelo princípio do prazer. É mais um reencontro do que um encontro; o que, por sua natureza, está fadado ao desencontro. Existem, em nossa sociedade, diferentes formas de relacionamento na população adulta: matrimônios, não matrimônios, ocasionais, duradores, homoafetivos, heterossexuais etc. Os casais que procuram tratamento de orientação psicanalítica apresentam certas características: interesse pelo psicológico, a escolhera livre de seus pares e a liberdade de separação. Trata-se de relações que se originaram de um enamoramento: os pares não se imaginam separados, e a sexualidade tem um papel importante, inclusive pela ausência.

O enamoramento inicial é um estado transitório, de atração fulminante e de intensa idealização. É um momento de fusão, de possessividade, de envolvimento narcisista. É regido pelo princípio do prazer. O fim de enamoramento, por sua vez, se dá por meio da raiva narcísica. Os arranjos inconscientes iniciais entram em crise, pois o desequilíbrio entre o princípio da realidade e o princípio de prazer ameaçam o vínculo. O pós-enamoramento entra em cena e caracteriza-se pela oscilação entre as duas fases anteriores, movimento alternado que se dá ao longo da vida do casal. O trabalho clínico consiste em apontar as representações, significações e ressignificações que são postas na relação e que entram em conflito com as do parceiro.

Para Spivacow, o enamoramento e o amor são dois modos de funcionamento diferentes. O Amor funciona de acordo com o princípio da realidade, com a elaboração da frustração, ligado ao processo secundário, de prazer adiado. O autor compara-o à árvore que funda as suas raízes no inconsciente, mas cujos ramos de superfície funcionam de acordo com o princípio da realidade. O enamoramento constitui-se de funcionamentos psíquicos mais primitivos. Também funda as suas raízes no inconsciente, mas seus ramos são produtos do inconsciente modificado pela superfície pré-consciente; não existe, portanto, uma clara delimitação entre o amor e o enamoramento. Nas oscilações da vida do casal, o enamoramento é o motor da tendência passional, e o amor é o motor da tendência realista e sensata. Embora haja diferenças entre eles, nos dois predominam o princípio do prazer, e no amor, o princípio da realidade desempenha um papel de protagonista.

A chegada do primeiro filho é um momento de grande importância na vida do casal, segundo o autor. É momento de crise, pois o casal não mais consiste em um todo em si mesmo. Novas configurações operacionais são ativadas: mãe-filho, pai-filho, mãe-pai. O terceiro na relação reativa gatilhos e regressões tanto na mulher quanto no homem. Muitas vezes o homem sente-se atingido narcisicamente, pois se sente abandonado pela esposa. Sentimentos de exclusão, de raiva e de rancor são reativados. As mulheres, em geral sobrecarregadas pela ausência de apoio do companheiro, sentem-se sozinhas e rancorosas pelas renúncias e pela pausa no desenvolvimento profissional. A mulher, instintivamente, regride aos primórdios da sua vida, experimentando uma comunicação intensa com seu bebê. A interação com o marido torna-se débil, e o casal conjugal pode sair de cena, dando lugar ao casal parental. Esse momento exige de ambos um trabalho de elaboração complexo e difícil, mas também pode significar uma oportunidade para o crescimento e o fortalecimento do vínculo.

Quando o casal está em crise, a transferência entre eles, que até então era positiva mostra o outro lado da moeda e a dupla passa da idealização para a crítica. A função do analista de casal é interpretar e produzir insights que os conduzam o mais próximo possível do princípio da realidade, tanto em relação a si próprio, como em relação ao outro. Importante não perder de vista que a interpretação não se dirige a um sujeito, mas aos dois, tendo em vista que os funcionamentos responsáveis pelo sofrimento são construções da dupla. Devemos estar atentos, também, à transferência com o analista, à transferência entre os casais e à contratransferência.

O autor enfatiza que o vínculo se constitui por investiduras recíprocas entre dois ou mais sujeitos que se modificam ou não, de acordo com a resposta do outro, gerando modos de funcionamento, alianças inconscientes e interdeterminações, num processo de subjetivação contínuo. Entretanto, ele ressalta que não há uma mente do casal, não há um inconsciente grupal, mas sim um terceiro espaço de determinação psíquica, que é compartilhado e se soma aos psiquismos individuais.

Além disso, na compreensão de Spivacow, o atendimento vincular de casal privilegia o discurso conjunto, com foco na articulação entre o intersubjetivo. Dessa forma, pode-se ter uma observação privilegiada da psicodinâmica do casal, permitindo ao analista presenciar as condutas destinadas a provocar atuações e o papel das induções na vida do casal. A escuta e o olhar do analista objetivam a descoberta das alianças e das fantasias inconscientes que modelam o vínculo, na transferência com o analista e entre os membros do casal, na contratransferência, bem como nas influências recíprocas, conscientes e inconscientes, denominadas por indeterminação. A indeterminação conduz ao princípio de realidade ou ao princípio do prazer. Comparam-se, assim, as indeterminações às águas do rio que correm livremente, sujeitas às influências recíprocas e às alianças inconscientes aos diques que inibem, facilitam ou dificultam o curso das águas.

O trabalho em dispositivos vinculares possui particularidades e problemas que diferem da dinâmica individual. Entra em cena o olhar entre os parceiros e o olhar do analista. A comunicação gestual faz-se presente e diz muito do que não é falado, mas é representado corporalmente. Spivacow não nega o valor e a importância da atenção flutuante de Freud, mas considera mais adequado falar em teorização flutuante, termo forjado por Piera Aulagnier, pois analistas de uma mesma escola geralmente dizem coisas parecidas, mas não se pode negar a operatividade do lado pessoal do analista. Desse modo, entende-se que a subjetividade do analista é que diferencia a sua fala dos demais colegas. Ele acredita que o analista não opera em um campo neutro, ao contrário, está sempre implicado. Sua subjetividade pesa em todos os sentidos, suas ideologias pessoais e políticas, sua experiência de vida, seus valores e princípios éticos. Principalmente diante de um casal em que há conflito de interesses e decisões que afetam os filhos ou em situações de enfermidade física de um dos parceiros, que demandam um posicionamento ético do analista.

Spivacow ressalta que a melhor maneira de evitar que os aspectos pessoais do analista afetem negativamente o seu trabalho é o autoconhecimento, ou seja, saber como se pensa para pensar o que se faz, tentando se manter fiel à regra da abstinência. Evitar a postura pedagógica e se limitar a pensar sobre o conflito que se apresenta.

Entretanto, ele adverte que há situações que demandam uma postura mais propositiva, como nas situações de violência, em que o polo mais fraco precisa ser protegido e fortalecido a fim de se evitar as condutas abusivas, ou quando há necessidade de estimular o cuidado responsável para com crianças e adolescentes. A questão fundamental que se coloca é refletir sobre em qual ética e valores se sustentam a nossa prática. O casal é sempre singular e plural e as situações vividas são muito complexas e delicadas, pois envolvem filhos, crianças e adolescentes que possuem necessidades e carências específicas. Spivacow não acredita que se possa apostar na neutralidade no atendimento vincular. Ao contrário, o analista precisa estar implicado com o sofrimento e, muitas vezes, se colocar em atitude redução de danos.

Outro aspecto relevante na obra do autor refere-se ao encontro do masculino e do feminino na clínica de casais. Nesse aspecto, ele ressalta o papel da cultura na definição de papéis e de comportamentos considerados socialmente aceitos. As transformações que ocorreram em nossa sociedade reformularam as características consagradas dos papéis ditos femininos ou masculinos e dos funcionamentos que caracterizam essas identidades. Ele ressalta que o analista não pode se perder no imaginário popular de polos que se complementam, de passividade versus atividade, mas pensar em termos da diferença e da incompletude — importante, portanto, considerar o aspecto bidimensional do masculino e do feminino, ou seja, passividade e atividade numa única dimensão. Para Freud, somos todos resultantes da bissexualidade, ou seja, nem homens devem coincidir, inteiramente, com o masculino nem as mulheres com o feminino. O fundamental é que opere entre ambos, a falta e a circulação do falo, independente da cultura que estão inseridos.

O autor conclui que a regulação do que seja próprio das questões de gênero passa pelas questões intra e intrapsíquicas, e também por questões ideológicas. Na clínica de casais, costumam ser frequentes, questionamentos e conflitos com relação às funções de gênero. O conteúdo manifesto desse impasse pode estar ligado ao conflito intersubjetivo ou ser derivado de questões mais profundas. De acordo com o autor, o importante é que o analista tenha sempre em mente que as funções de gênero são aspectos da subjetividade em constante redefinição. Igualmente relevante é considerar que cada encontro produz em cada um dos pares diferentes funcionamentos e pode convocar ou apagar as potencialidades de cada sujeito do vínculo.

Cabe, porém, perguntar: existe na relação de casal um padrão considerado normal ou saudável? De acordo com Spivacow, para a ciência, essa pergunta continua sem resposta, e o conceito de normalidade é um conceito estatístico que pouco interessa a nós, psicanalistas. O casal dito funcional é aquele que respeita a singularidade de cada um, não se submete rigorosamente às regras ditadas pela cultura e convive, satisfatoriamente, com os conflitos que suas escolhas possam implicar. Spivacow rejeita a ideia da superioridade da relação amorosa heteroafetiva e afirma que as perversões podem estar presentes em todas as modalidades de relações. Para ele, o conceito de perversão na perspectiva do encontro intersubjetivo vai muito além das zonas erógenas. Envolve a presença de maior ou menor destrutividade não reprimida entre os membros e na falta de consideração pelo outro.

Concluindo, pode-se dizer que o trabalho de Miguel Alejo Spivacow oferece uma visão profunda e rica sobre a clínica psicanalítica com casais. Proporciona uma abordagem abrangente e reflexiva, para compreender e intervir nas complexas dinâmicas dos relacionamentos amorosos. Nas obras, intituladas *Clínica Psicoanalítica con Parejas: Entre la teoría y la intervención* e *O Casal em Conflito*, o autor explora diversos aspectos das relações de casal, desde a perspectiva da teoria psicanalítica até a prática clínica, enriquecendo nossa compreensão das relações de casal, e nos convida a explorar os mistérios do amor e do desencontro.

Referências

Spivacow, M. A. (2012). Clínica Psicoanalítica con Parejas. Entre la teoría y la intervención. Lugar Editorial. 2ª reimp.

Spivacow, M. A. (2018). *O Casal em Conflito*. Terra de Areia (RS): Triângullo Gráfica Editora. p. 33.

2ª Jornada IPA-FEPAL

Psicanalistas trabalhando com Casais e Famílias: dispositivos de subjetivação contemporâneos

23. Contrato narcísico e seus descaminhos: rastros da violência[1]

Maria Inês Assumpção Fernandes

As questões que pretendo apontar nesta breve discussão dizem respeito a três pontos principais. O primeiro refere-se à violência fundadora, estrutural, da construção do *laço* social no Brasil que expressa uma ordenação de vínculos sustentada por alianças conscientes e inconscientes modeladas pelo escravismo. O segundo aborda a questão da contratualização no mundo atual, suas contradições e a violência de que é portadora. O terceiro mostra as incidências subjetivas dessas novas contratualizações nos grupos e nas famílias, especificamente em relação à construção do contrato narcísico.

Vínculo Social no Brasil

Desde 2005 em pesquisa de livre docência (Fernandes, 2005) propus que um pacto denegativo mascarava profundas desigualdades econômicas. sociais e raciais. Discutindo o fenômeno da mestiçagem entre nós eu abordava, por intermédio do conceito de alianças inconscientes – proposto por René Kaës – a problemática da ideologia e sua função de desconhecimento e de alienação que envolvia a constituição do

1 Trabalho apresentado na 2ª. Jornada IPA-Fepal *Psicanalistas trabalhando com Casais e Famílias. Dispositivos de subjetivação contemporâneos* – dia 24/06/2023.

vínculo social no Brasil. Aproximava-me à época, na busca de uma compreensão psicanalítica sobre essa questão, da discussão sobre a formação do Brasil e da noção de homem cordial, como discutido por Sergio Buarque de Holanda, no clássico livro *Raízes do Brasil.*

Mais recentemente, em pesquisa conjunta, retomei a discussão sobre a ideologia racista – tomando-a como expressão da intersecção de categorias – raça, gênero e classe social – e, por ser uma das principais problemáticas sociais brasileira, (Costa; Fernandes, 2021), partindo da hipótese teórica de que a ideologia racista é delineada, sustentada e transformada cotidiana e estruturalmente por alianças inconscientes e conscientes intersubjetivas e coletivas transmitidas *por gerações e entre* gerações. Consideramos neste trabalho dois registros interdependentes da problemática social do racismo: o nível estrutural e o intersubjetivo.

Dando destaque à mestiçagem como ideologia nacional intersubjetiva e coletiva, portanto, fruto de alianças (in)conscientes estruturantes e intersubjetivas (Costa; Fernandes, 2021), nós a consideramos como uma das principais ferramentas do racismo no Brasil, pois é emblema enganoso de união dos diferentes.

Como toda ideologia, a ideologia racista da mestiçagem é um sistema de ideias abstratas mais *reais* do que o real, pois apresenta-se sem falhas, sem lacunas, de forma densa, compacta. Ela "se organiza em discurso e emblema necessários à construção da identidade coletiva, do sentimento de pertencimento, da representação do mundo" (Kaës, 1980, p. I). Necessária, portanto, à existência coletiva ela é ancorada na via psíquica. Funciona como construção social e, igualmente, como formação psíquica. E aqui temos um ponto fundamental que diz respeito à articulação entre o social e o psíquico.

"O discurso sobre o racismo, no Brasil, apresenta-se de forma pouco evidente, a partir da seguinte regra: 'Não há... para todos' ou 'Há... para alguns, para aqueles que têm mérito'. Esse é o explícito do texto, a constante, o que poderíamos conceber como *metaenquadre* que exibe os substantivos que compõem a regra 'não há para todos'. Esses substantivos são os mais variados possíveis" (Fernandes; Costa, 2023, p. 28) e traduzem uma violência massiva: não há empregos, nem moradia, nem respeito, nem justiça. Ou seja, o implícito do texto, o que é escamotado, mostra que esse discurso se dirige especialmente a uma parte da população, às pessoas negras, que estão excluídas do acesso aos bens sociais e à uma vida digna e segura. Nas terras tropicais, o racismo está a serviço do capitalismo, sendo uma de suas principais estratégias (Fernandes; Costa, 2023).

Ao lado desse discurso, apontamentos sobre branquitude e o pacto que a sustenta são, igualmente, relevantes: o pacto narcísico da branquitude é marcado pelo silenciamento intersubjetivo das pessoas brancas em relação ao racismo. Por meio desse pacto narcísico, de modo geral, em suas interações cotidianas e institucionais, as pessoas brancas não se implicam com a discussão e o enfrentamento ao racismo. Além disso, discriminam, cerceiam, rebaixam moral, afetiva, econômica e politicamente as pessoas negras, especialmente quando estão em espaço de poder. Deve-se considerar, no entanto, que esses atos discriminatórios nem sempre são percebidos pois não necessariamente são movidos pelo ódio contra alguma pessoa negra; mesmo porque, por vezes, as pessoas brancas não querem ou não percebem que estão a discriminar e a oprimir.

Assim, o discurso veiculado por diferentes agentes sociais descortinam pactos ideológicos degradados como o do racismo, naturalizando-os como se fossem verdades a históricas. Desenvolvem-se estratégias que são colocadas em prática e exibidas, tendo como finalidade perpetuar a imagem negativa associada ao (corpo do) negro. São pactos que modelam, como *metaenquadres*, as instituições, os grupos, as famílias, os sujeitos singulares. Esses pactos, em contrapartida, só existem porque foram criados e mantidos nas interações cotidianas – intersubjetivamente – por um grupo de pessoas contra outro grupo: o das pessoas negras.

Assim, a ideologia racista apoia-se num pacto perverso que se constitui e se mantém como parte da constituição subjetiva-identitária singular e intersubjetiva; A serviço de dividir para controlar, mantendo por meio do pacto a cisão e a fragmentação e, como consequência, a discriminação e a desigualdade, o racismo torna-se uma das principais ferramentas do capitalismo. A ideologia nacional coletiva de união/mestiçagem, além disso, garantida por acordos (in) conscientes coletivos e intersubjetivos, produz a ideia de continuidade e união entre, por exemplo, as diferentes raças, etnias e culturas, mascarando a desigualdade e as fraturas entre elas.

Salienta-se que, além de o Brasil ser um país mestiço racialmente, a mestiçagem é aqui compreendida em sentido simbólico: ela refere-se à crença falsa e ilusória de que o Brasil é unido e democrático.

Tais considerações nos levam a sustentar que, no nível estrutural, essa ideia de união pode ser compreendida a partir de dois contratos sociais sucessivos que foram traçados como projeto político-ideológico para o Brasil e que produziram impactos conscientes e inconscientes sobre a constituição das instituições, dos grupos e das famílias: "o contrato social do embranquecimento e o contrato social da democracia racial" (Costa; Fernandes, 2021, p. 35). Temos, portanto, a problemática da branquitude vinculada a outra, à problemática da democracia racial, mais diretamente, à mestiçagem.

Contrato Social – como pensá-lo

Para Santos (2010, p. 324), os valores da modernidade ocidental – liberdade, igualdade, autonomia, subjetividade, justiça, solidariedade – e as suas antinomias, estão sujeitos a uma crescente sobrecarga simbólica, significando coisas cada vez mais desiguais para diferentes pessoas ou grupos sociais. Esse excesso de significados que circulam na esfera social gera paralisia e neutralização da ação, tanto na esfera legislativa como na judicial, em resultado da perda de centralidade do Estado e da desorganização do direito social, que começa a coexistir com o direito não oficial.

Para além dessa sobrecarga, a turbulência da época atual compromete o sistema comum de medidas, impedindo-nos de ter as escalas a partir das quais estamos habituados a ver e a identificar fenômenos, conflitos e relações. Nessa cena, são postas em discussão as condições atuais de estabelecimento de um outro contrato social.

O contrato social (Santos, 2010, p. 318) é uma grande narrativa que exprime a tensão dialética entre regulação social e emancipação social, tendo em conta os interesses sociais e individuais. Essa tensão se reproduz pela "constante polarização entre vontade individual e vontade geral, coletiva, entre o interesse particular e o bem comum" (Santos, 2010, p. 317). Essa tensão permanente carrega uma contínua exposição de suas antinomias, a saber: coerção versus consentimento, liberdade versus igualdade, direito natural versus direito civil – que devem ser geridas a partir da criação de novos recursos, baseados em pressupostos *metacontratuais*, ou seja: um regime de valores e um sistema comum de medidas apoiado numa concepção de *espaço-tempo neutro*, que serviria como um denominador comum a partir do qual se definiriam as diferenças.

Contudo, sabemos que o contrato social, como metáfora fundadora da racionalidade social e política na modernidade do ocidente, constitui-se, como qualquer contrato, assentado em critérios de inclusão e, consequentemente, estabelecendo, igualmente, critérios de exclusão. Ou seja, a extensão das possibilidades de contratualização é acompanhada por uma separação radical entre incluídos e excluídos.

São os processos de inclusão e de exclusão que sustentam e legitimam o contrato social e determinam os modos de funcionamento da sociedade nas esferas econômica, política, social e cultural. Mas, se essa contratualização se apoia numa lógica de exclusão x inclusão, ela só, efetivamente, se legitima pela possibilidade de os excluídos virem a ser incluídos. Vemos, dessa forma, que a lógica operativa do contrato está sempre em tensão com a lógica da legitimação.

A violência se instala na medida em que a crise da contratualização moderna consiste na predominância estrutural dos processos de exclusão sobre os processos de inclusão, o que torna inviável a dialética do processo. Por esse motivo "os excluídos devem ser declarados vivos .... mas, em regime de morte civil." (Santos, 2010, p. 318). O que podemos deduzir em relação ao racismo e à exclusão de pessoas negras de seus direitos civis, acima nomeada, mostra que a perpetuação dessa situação de exclusão, desde os tempos do escravismo oficialmente instalado, é inerente à manutenção dos privilégios do grupo de incluídos, os brancos.

Se, diacronicamente, podemos pensar num movimento de revisão dos termos do contrato inicialmente constituído – como parte de um contínuo processo dialético – no Brasil assistimos à sua impossibilidade. A violência da dominação e a grande ameaça de perda de privilégios afasta qualquer movimento de revisão desse contrato violento, assentado, como vimos, em alianças conscientes e inconscientes e mantido nas relações cotidianas.

Tais questões, remetem-nos ao problema crucial da construção cultural da igualdade e da diferença por intermédio das quais, na modernidade ocidental, a desigualdade e a exclusão têm que ser justificadas para garantir que os princípios que a sustentam permaneçam válidos. Isso quer dizer que tais princípios desafiam, ao se manterem, a relevância de uma perspectiva pós-colonial no enfrentamento de suas contradições entre os princípios de emancipação e os de regulação. A gestão moderna e exclusivamente capitalista da desigualdade e da exclusão é um processo político de muitas dimensões e sua complexidade se intensifica na medida em que se agravam as desigualdades e a exclusão.

Como afirma Santos (2010), as práticas sociais, as ideologias e as atitudes combinam a desigualdade e a exclusão, a pertença subordinada, a rejeição e os interditos. Efeitos de poder, marca do capitalismo, cuja teoria evidencia relações (de poder) repletas de artimanhas, das quais, como afirma Demo (2002), a ideologia é a mais conhecida pois se configura como tentativa sempre renovada de justificação do cultivo e manutenção do poder. "Ideologia é discurso orientado, em primeiro lugar, para justificar, encobrir, pregar subalternidades, por vezes até de modo ostensivo, mas mais comumente de modo sibilino. Ideologia inteligente vende-se como ciência [...]" (Demo, 2002, p. 30).

São essas condições sociais e contratuais – contrato social da branquitude e o contrato social da democracia racial – que em suas múltiplas contradições embaralham o jogo social e, portanto, afetam as condições de subjetivação. Elas são parte das garantias *metasociais* que dão continência aos apoios psíquicos, ou seja, à constituição do sujeito psíquico. Suas contradições e antinomias desencadeiam ambivalências e ambiguidades, falham e, dessa forma afetam a constituição das garantias *metapsiquicas,* ou seja, a construção das alianças, dos contratos narcísicos. Os contratos narcísicos, como alianças estruturantes, inserem e inscrevem o sujeito no campo grupal, familiar, social.

O contrato social é uma forma política de aliança e como toda aliança tem uma dupla face, positiva e negativa. Se de um lado as alianças/os contratos visam dar alguma racionalidade às interações sociais; de outro, mascaram os desacordos, os desligamentos, os conflitos, as cisões, a recusa do vínculo (Kaës, 2009, p. 24.).

O Contrato narcísico: caminhos e descaminhos

Desse modo, as condições sociais atuais, marcadas por contratos sociais perversos produzem "falhas e desorganizações nas formações *metasociais* da vida social; que já não cumprem as suas funções de garantia: as formações *meta* (*metasociais e metapsíquicas*) asseguram várias funções para as formações que elas próprias enquadram: em particular as funções de apoio e sustento, de garantia e de enquadramento estruturante" (Kaës, 2012, p. 110).

Os fracassos das formações *metasociais* perturbam a função da *metagarantia* (Benghozi, 2020) e a constituição das formações *metapsíquicas* (Kaës, 2012). Por outras palavras, trata-se de um ataque às condições de legitimidade social e de igualdade de direitos, levando a um enfraquecimento da *partilha de códigos comuns* e, consequentemente, a um enfraquecimento da construção de vínculos intersubjetivos.

Os estudos de Kaës sobre ideologia mostram que "a fraqueza ou a desintegração das garantias *metasociais* ameaça as grandes matrizes de simbolização que são a cultura, a criação artística, as marcas de sentido, ou seja, tudo o que é conquistado pela sublimação e pelo trabalho da cultura (Kulturarbeit)" (Kaës, 2016, p. 235); e, coloca em risco a constituição do contrato narcísico, alianças estruturantes que contém os princípios organizadores do psiquismo.

Piera Aulagnier (1979, p. 147) afirmava que um grupo social poder fazer um número indeterminado de afirmações, mas entre elas ocupará um lugar especial a série de afirmações que definem a realidade do mundo, a razão de ser do grupo, a origem dos seus modelos. São os enunciados míticos, sagrados ou científicos em que todos os outros se baseiam e que dão a uma cultura as suas marcas, a sua identidade. Apesar das diferenças que esses enunciados comportam, eles devem partilhar a mesma exigência: a de fornecer as condições para preservar a concordância entre o campo social e o campo do discurso; e são esses que, espera-se, devam ser recebidos pelo grupo como palavras de certeza.

O contrato social da branquitude e da democracia racial embaralham/e desordenam a relação entre o campo social e suas práticas e o campo do discurso inviabilizando o alcance das palavras de certeza que, por sua vez, fratura o processo de transmissão. Esta, deve conter valores e proibições ao serviço do bem comum; o sujeito, por sua vez, deve encontrar neste discurso referências para se projetar no futuro.

São precisamente essas condições de transmissão que estão sob ataque em um contrato social leonino, injusto, que obscurece ideais e valores. Os efeitos subjetivos inerentes aos processos de colonização e migração, e seus marcadores/traços racistas, evidenciam esses ataques. Os processos de colonização e migração são emblemáticos dessa situação, testemunhando os efeitos da dominação e os ataques aos códigos compartilhados. Como Fanon (2020, p. 100) afirma em sua crítica a Mannoni (1950, p. 32), o problema da colonização envolve não apenas a interseção de condições objetivas e históricas, mas também a atitude do homem em relação a essas condições.

O cenário de dominação ataca a constituição subjetiva: a própria vida psíquica é ameaçada pela instabilidade dos fundamentos *metapsíquicos* e pela fratura das estruturas que são receptáculos/continentes indispensáveis para que os processos de simbolização se desenvolvam (Kaës, 2016).

A importância da noção de contrato narcísico advém do fato de descrever uma componente trófica e estruturante do investimento narcísico do sujeito pelo grupo. Quando esse contrato falha, "as palavras de certeza necessárias à estruturação conjunta do sujeito e do grupo deixam de garantir o lugar de cada um em sua relação contratual" (Kaës, 2016, p. 39).

O ataque à construção da aliança – contrato narcísico – implica em falhas em sua tripla função: a de assegurar uma origem e uma inscrição na relação genealógica – ou seja no processo *filiação* e na sincronia dos contemporâneos; estabelecer uma continuidade entre as gerações; e, assegurar, em contrapartida ao investimento no grupo, um lugar independente do veredicto parental!! São rupturas nas filiações que conduzem a um fracasso do registro e da ligação entre o eu e o corpo, entre a fala e a linguagem.

O ataque à herança simbólica nos processos de violência social resulta em gerações em permanente exílio, numa confusão de tempos que já não mais remete às origens. Nela, há uma desagregação dos ideais compartilhados, o esfacelamento dos mitos, um ataque às figuras maiores de identificação. Essa violência da transmissão transgeracional põe à prova a capacidade de contenção dos continentes psíquicos genealógicos, e a capacidade dos herdeiros da transmissão de conter e acolher uma configuração vaga, fragmentada, negativa.

Certamente, essas questões nos convocam a repensar a constituição da experiência psíquica em situação de exclusão quando a relação de alteridade e identidade é marcada pela reificação de uma das partes; e, verdadeiramente, a discutir como essas experiências inscrevem os sujeitos nas relações sociais e políticas da vida social e institucional.

São essas dimensões de uma análise *psico-sócio-política* que nos convocam a re-pensar o trabalho numa clínica psicanalítica. O racismo exige um trabalho social e político. O racismo exige trabalho psíquico.

Referências

Aulagnier, P. *A Violência da Interpretação*. Rio de Janeiro, Ed. Imago, 1979.

Benghozi, P. So*uffrance et Attaque de la Métagarance dans les familles, les institutions, le lien social*, 2020.

Costa, E.S.; Fernandes, M. I. A. Estudos Psicanalíticos sobre o Racismo. Branquitude e Mestiçagem como ideologias. IN: *A Psicanálise na Encruzilhada*. São Paulo-Porto Alegre, Ed. Hucitec, 2021.

Demo, P. *Solidariedade como Efeito de poder*. São Paulo. Editora Cortez, 2002.

Douville, O. De l'Exil à l'exil Intérieur In: Douville,O et all. *Clinique Psychanalityque de l''Exclusion*, Paris: Dunod, 2012, p. 15-42.

Douville, O. *De l'adolescence errante*. Paris, Ed. Des Alentours, 2016.

Fanon, F. P. N. *Masques Blancs*, Paris, Seuil, 1952. (Ed. UBU, Ambassade de France au Brésil; Pele Negra, Máscaras Brancas, 2020).

Fernandes, M. I. A. *Negatividade e Vínculo. Mestiçagem como Ideologia*. São Paulo, Editora Casa do Psicólogo, 2005.

Fernandes, M. I. A.; Costa, E. S. As Marcas do Racismo nas Famílias e nos Grupos. *Revista PERCURSO*, n.70, p. 27-34, São Paulo, 2023.

Jaitin, R. Les Alliances Incosncientes, métaorganisatrices du klien de filiation. In: *Les Apports de René Kaës à la Psychanalyse de couple et de famille*, Lyon, Ed. Chronique Social, 2022.

Kaës, R. *Le Malêtre*, Paris, Dunod, 2012.

Kaës, R. *L'Idéologie. L'Idéal, l'idée, l'idole*. Dunod, 2016.

Kaës, R. *Le Complexe Fraternel*. Paris, Dunod, 2008.

Kaës, R. *Les Alliances Incosncientes*. Paris, Dunod, 2009.

Mannoni, O. *Psychologie de la Colonisation*, Paris, Seuil, 1950.

Santos, B. S. *A Gramática do Tempo*. Para uma nova cultura política. Cap 9 (A crise do contrato social da modernidade e a emergência do fascismo social.) São Paulo. Ed. Cortez, 2010.

24. Transgeracionalidade, vínculo e esperança

Ana Rosa Chait Trachtenberg

A presente contribuição pretende recorrer, por intermédio de seis conceitos básicos, o caminho das transmissões psíquicas entre gerações e seus possíveis desenlaces. São eles: sujeito do grupo e pacto degenerativo (René Kaës), cripta e fantasma (Nicolas Abraham e Maria Torok), resiliência (Boris Cyrulnik) e vínculo (Isidoro Berenstein, Janine Puget e Julio Moreno).

Sujeito do grupo (René Kaës)

René Kaës (1997) utiliza essa expressão quando fala que o sujeito do grupo se constitui por duas determinantes convergentes: a primeira é tributária do funcionamento próprio do inconsciente no espaço intrapsíquico; a segunda provém do trabalho psíquico imposto à psique por sua ligação com o intersubjetivo, pela sua sujeição aos conjuntos dos quais procede o sujeito (família, grupos, instituições, massas).

A perspectiva aberta por Freud (1914) fala de um sujeito singular como o elo, o servidor, o beneficiário e o herdeiro da cadeia intersubjetiva da qual provém.

O grupo precede ao sujeito do grupo, já que o sujeito não tem a opção de não ser colocado em um grupo ao nascer, assim como não tem a opção de nascer sem corpo. A ligação ao grupo parte da inevitável constatação de que somos postos no mundo por mais de um outro, por mais de um sexo, e que a nossa pré-história, tramada antes do nascimento, dá um começo ao sujeito antes dessa ocasião e está arraigada na intersubjetividade. Assim, diz Kaës, o sujeito é, em primeiro lugar, um "intersujeito". É grupo e é corpo. Assim está constituído seu inconsciente.

Esse conjunto que recebe o bebê, que o nomeia, que o sonhou, que o investiu, que lhe dá um lugar e lhe fala, faz com que o sujeito do grupo seja sujeito falante e sujeito falado, não somente pelo efeito da língua, mas pelo efeito daqueles que, principalmente a mãe, são os porta-vozes (ou porta-palavras) do desejo, da proibição e das representações desse conjunto.

Não existe psique humana sem que se efetuem essas ações psíquicas e somente nessas condições é que são utilizadas pelo sujeito a linguagem e a palavra das gerações que o precederam. Uma parte dessa herança é utilizada para seu próprio fim, enquanto outra poderá impor-se como presença escura e desconhecida de um outro ou de mais de um outro dentro de si.

Pacto denegativo

Pacto denegativo, um tipo de aliança inconsciente, é uma expressão cunhada por René Kaës (1991) para falar de tudo aquilo que se impõe nos laços intersubjetivos, relacionado com o negativo em suas várias formas. Poderíamos dizer que é a expressão do negativo no âmbito da intersubjetividade e se caracteriza por oferecer a cada sujeito do conjunto aquilo que tem como destino a repressão, a denegação, a recusa, a rejeição ou o enquistamento no espaço interno de um sujeito ou de vários sujeitos. O pacto denegativo, ou seja, um pacto baseado no trabalho do negativo, está presente no núcleo da origem e do fundamento do conjunto (família, grupo social, leis etc.) e do sujeito singular.

O pacto denegativo é bifásico, contém duas polaridades: uma delas é organizadora do laço e do conjunto intersubjetivo; a outra é defensiva.

A polaridade organizadora se apoia nas formações positivas do vínculo e se caracteriza pela organização que cada conjunto particular faz sobre investimentos mútuos, sobre identificações comuns, sobre uma comunidade de ideais e crenças, sobre modalidades toleráveis de realizações de desejos.

Nos casais, nas famílias, nos grupos e nas instituições, as alianças, contratos e pactos inconscientes sustentam, em particular, o destino do recalcamento (*repressão*).

Kaës considera que esse polo do pacto denegativo é o complemento e a contraface daquilo que Piera Aulagnier (1993) denominou *contrato narcisista*. De acordo com a autora, trata-se de uma incursão que extrapola os limites do espaço familiar, já que no contrato narcisista observamos o fator social como interveniente no modo de catectização do filho por parte do casal parental. A relação que os pais mantêm com o filho contém a marca da relação do casal com o meio social, de tal forma que podemos dizer que, no investimento dos pais ao bebê, está presente a demanda do grupo pela preservação de valores e leis. Em contrapartida, o bebê demanda ao grupo e aos pais o reconhecimento de pertencimento.

Kaës ainda ressalta e enfatiza a sujeição do sujeito aos conjuntos dos quais ele procede, seja a família, o grupo, as instituições ou a massa. Como refere o autor:

> *Neste conjunto que recebe a criança, que a nomeia, que terá sonhado com ela, que nela investe e lhe fala, o sujeito do grupo se torna sujeito falante e sujeito falado, não somente pelo efeito da língua, senão pelo efeito do desejo dos que – como antes de tudo a mãe – se fazem também os porta-vozes do desejo, da proibição, das representações*

> *de conjunto, ou seja, ocorrem inúmeras ações psíquicas que fazem com que o sujeito, em seu inconsciente, perceba uma necessidade dupla: de ser para si mesmo seu próprio fim e também de ser o elo de uma cadeia à qual está submetido sem a participação de sua vontade. (apud Trachtenberg & Chem, 2013, p. 24)*

A outra face do pacto denegativo, a defensiva, fala dos apagamentos, rejeições, recalcamentos, "deixados de lado" etc. cria, no conjunto do não significável e do não transformável, as zonas de silêncio, as criptas, os bolsões de intoxicação, os espaços-lixeira ou as linha de fuga que mantêm o sujeito estrangeiro à sua própria história.

A faceta defensiva do pacto denegativo se articula com os conceitos de transmissão transpsíquica (Kaës), das transmissões "em bruto". Nota-se uma falha da transmissão transubjetiva, sem espaço de transcrição transformadora. Assim, também se articula com os conceitos de cripta e fantasma (Nicolas Abraham e Maria Torok), fundamentais para o tema da transgeracionalidade (Trachtenberg, 2023).

Nos seus estudos, Kaës interessa-se pelos aspectos culturais da civilização humana, pela forma como os lutos foram sendo transmitidos por intermédio dos tempos, tanto entre os sujeitos como entre as instâncias psíquicas do próprio sujeito. A problemática da transmissão investigada em Freud por Kaës ressalta quatro áreas significativas: 1) a área *intrapsíquica*, que se caracteriza pela passagem dos elementos transmitidos de uma instância a outra, como do inconsciente ao pré-consciente, da vigília ao sono, ou dos pensamentos latentes ao manifesto; 2) a área *intersubjetiva*, em que as transmissões entre os indivíduos pelos espaços psíquicos permitem transformações dos conteúdos transmitidos; 3) a área *transpsíquica*, que não permite a transcrição transformadora da transmissão, pois não há espaço para isso entre os sujeitos; e 4) a *formação do ego*, cuja instância é necessária para que os fenômenos citados ocorram.

Cripta (Nicolas Abraham e Maria Torok)

Esse é um conceito fundamental cunhado por Abraham e Torok (1995) para definir uma espécie de lugar psíquico destinado a manter as perdas não elaboradas, que não puderam ser confessadas enquanto perdas. É quando a Incorporação ocorre diante da impossibilidade da introjeção, impedindo que a dor da perda seja transformada em linguagem, proibindo que esta adquira significação.

> *Todas as palavras que não puderam ser ditas, todas as cenas que não puderam ser rememoradas, todas as lágrimas que não puderam ser vertidas, serão engolidas, assim como, ao mesmo tempo, o traumatismo, causa da perda. Engolidos e postos em conserva. O luto indizível instala no interior do sujeito uma sepultura secreta. (p. 248)*

Na cripta está viva, reconstruída a partir de lembranças, palavras, imagens e afetos, a imagem da pessoa, com tópica própria, bem como os momentos traumáticos – efetivos ou imaginados – que tornaram a introjeção impraticável. Assim, criou-se um mundo fantasístico inconsciente que leva uma vida separada e oculta.

Fantasma

O fantasma para Abraham e Torok (1995) é uma invenção dos vivos. "Invenção, no sentido de que ela deve objetivar, ainda que de modo alucinatório, individual ou coletivo, a lacuna que criou em nós a ocultação de uma parte da vida de um objeto amado" (p. 395).

O fantasma não está ligado somente à perda de um objeto, como também não poderia ser somente o resultado de um luto falho, de um trauma não elaborado, de uma vergonha, um segredo. Os descendentes do enlutado é que terão o destino de objetivar, sob a espécie daquele que está de volta, tais túmulos escondidos. O fantasma das crenças populares trabalha no inconsciente como uma metáfora: o enterro no objeto de um fato vergonhoso.

O fantasma é uma formação do inconsciente que tem a particularidade de nunca ter sido consciente; ele é produto da passagem do inconsciente de um dos pais ao inconsciente de um filho. A aparição do fantasma indicaria, pois, os efeitos sobre seu descendente daquilo que tivera, para o pai ou para a mãe, valor de ferida e até de catástrofe narcísica ou trauma não elaborado. O fantasma tem manifestamente uma função diferente da do recalcado dinâmico. Seus retornos periódicos, compulsivos, vão além da formação dos sintomas desde a perspectiva do retorno do recalcado; funciona como um ventríloquo, como um estranho com relação à tópica própria do sujeito. Pois, "o fantasma que volta a encarnar é o testemunho da existência de um morto enterrado no outro" (Abraham; Torok, 1995, p. 395).

As ideias de *cripta* e de *fantasma* são de fundamental importância para falarmos de Herança Transgeracional, que é um dos destinos possíveis do trauma.

Resiliência (Boris Cyrulnik)

A ideia de *resiliência* parte da Física e está relacionada à capacidade de um determinado material voltar a seu estado físico anterior depois de um choque traumático. Um exemplo poderia ser o dos carros modernos, construídos para absorver o impacto e retornar (parcialmente) à sua forma original. Está claro que não podemos manter esse modelo para pensar o humano, dado que não retornamos ao nosso estado anterior (psíquico, físico etc.) depois de uma experiência, seja ela traumática ou não. Porém, pensá-lo desde um possível desfecho da situação trauma é muito valioso.

Entendo resiliência, de acordo com Cyrulnik (2001), como um *processo*, e não como um catálogo de qualidades. É "arte de navegar nas correntes", é um devir, e pode dar-se a qualquer momento da vida.

Não é uma vacina contra o sofrimento, tampouco um estado adquirido e imutável, mas sim um caminho a ser percorrido (essa ideia não se liga à de sublimação, que está reservada ao destino das pulsões e não é o objetivo da presente reflexão).

Vínculos (Isidoro Berenstein, Janine Puget e Julio Moreno)

Pensemos em modelos que expandem a subjetivação aos primeiros anos de infância, ao complexo de Édipo, aos objetos internos e às representações. Refiro-me aos autores Isidoro Berenstein (2004) e Janine Puget (2015), que pensam a vincularidade, a relação *entre* sujeitos e nas famílias, como constitutivos pela *presença* de um *outro*. Esse outro (específico), e não um outro (inespecífico), promove marcas e se deixa marcar pela presença. Assim, um novo psiquismo nasce, ou se funda, permanentemente, a partir dos vínculos. A *presença* é essa qualidade-espécie de evidência do outro que incide fortemente em mim como sujeito, ou, se é minha, incide no outro – que impõe a mim e a ele uma marca, me modifica e o modifica (Berenstein, 2004). A des-acomodação decorrente do e com o trabalho de vínculo permite o surgimento de novos sujeitos, permanentemente.

Desejo esclarecer que, aqui, o termo vínculo, polissêmico na atualidade, obedece ao sentido específico que os referidos autores utilizam: produção de relações *entre* sujeitos, a partir da qual ambos advêm outros (sujeitos) e que necessita *presença*, e não ocorre pela representação.

Alguns vínculos, tanto no sentido utilizado por Kaës quanto no de Berenstein e Puget, poderão ser fundamentais para o aparecimento dos *suportes da resiliência* (Cyrulnik, 2001), já que o sujeito não é resiliente por si próprio, mas depende de encontrar a *outro* para se tornar *resiliente*: uma professora que devolveu a esperança, um treinador, um amigo, um irmão, um psicanalista etc. que possa exercer uma espécie de penetração no sujeito do trauma, a fim de que, *juntos*, possam criar algo novo, *num trabalho de vínculo*, uma nova experiência que seja suficientemente capaz de gerar novas marcas, tanto nos sujeitos como nos grupos, sejam eles familiares ou sociais.

A tentativa de "costura" entre os conceitos é alimentada pela ideia de um sujeito em constante devir (Moreno, 2020) e na importância do encontro.

> *Os vínculos têm algo assim como um núcleo, que é um entramado de zonas excluídas [...] do pensamento associativo. O encontro acontece [...] por fora do império racional e do associativo,. O reconhecimento – como opina Deleuze – é o encontro. (p. 19)*

A Psicanálise Clássica tem o seu lugar, o lugar da transferência, da repetição, a do mundo infantil como determinante, a da história do sujeito, do determinismo psíquico, da causalidade. Porém, entendem que isso não é suficiente tanto para os pacientes individuais quanto para os casais e famílias. Algo mais ocorre além da repetição do passado infantil, sexual, reprimido, na transferência. Berenstein e Puget estavam realmente dedicados a mostrar a trama vincular e o novo que o efeito de presença potencialmente traz. Abre-se espaço para o indeterminado, o acaso e o novo (Trachtenberg, 2022).

> *Hoje já cabe ter em conta que já não podemos nos referir a que nossas vidas têm só uma origem, nem só um centro, do qual dependeria a vida das pessoas e dos conjuntos. Mas sim é necessário pensar em múltiplos centros, cada um com sua lógica própria. O que rege cada um deles não é transladável ao que rege o outro, ou seja, as lógicas que têm em conta o múltiplo e a heterogeneidade são incompatíveis com os corpos teóricos que herdamos desde Freud em diante. (Puget, 2020a)*

Selecionei alguns trechos dos últimos trabalhos que Puget chamou de *Tal vez* (2020b):

> *Talvez a tendência a predizer, a proteger-se do acontecimento do mundo chamado exterior não consiga apagar a força vital que emana do futuro. Talvez deixemos abertos caminhos para que o futuro não seja repetição, nem elaboração mas sim algo aberto, iluminado por alguns dos seus muitos universos e sóis que iluminam nossas vidas sem que tenhamos advertido.*

Essa é uma fala de esperança, que eu acho fundamental para termos em conta, já que a teoria vincular nos mostra que podemos pensar que novas subjetividades podem ser criadas permanentemente. Penso que é importante salientar isso, porque o passado infantil que deixa marcas e representações importa, mas o risco... o risco é nós ficarmos *sequestrados* na repetição, no passado infantil, que está presente e nos acompanha a vida toda, assim como o transgeracional. Porém, a psicanálise pode nos salvar, a presença, o outro, o encontro, o vínculo.

Finalizo com as recentes contribuições de Puget (2015) sobre o Princípio da Incerteza, quando afirma que "a incerteza conecta com a percepção da fragilidade dos pertencimentos, dos vínculos e das certezas, e do efêmero de alguns valores sobre os quais fundamos segurança ilusórias" (p. 65).

Referências

Abraham, N.; Torok, M. *A casca e o núcleo*. São Paulo: Escuta, 1995.

Aulagnier, P. *La violencia de la interpretación*: del pictograma al enunciado. Buenos Aires; Amorrortu, 1993.

Berenstein, I. *Devenir otro com otro(s)*: ajenidad, presencia, interferencia. Buenos Aires: Paidós. 2004.

Cyrulnik, B. *Resiliência*: essa inaudita capacidade de construção humana. Lisboa: Instituto Piaget, 2001.

Freud, S. (1914). Sobre o narcisismo: uma introdução. In: Freud, S. *Obras completas*. Rio de Janeiro: Imago, 1974. v. 14.

Kaës, R. El pacto denegativo en los conjuntos trans-subjetivos. In: Missenard, A. *et al. Lo negativo*: figuras y modalidades. Buenos Aires; Amorrortu, 1991.

Kaës, R. *O grupo e o sujeito do grupo*: elementos para uma teoria psicanalítica de grupo: São Paulo: Casa do Psicólogo, 1997.

Moreno, J. *Elogio a cierta ignorancia*: el psicoanálisis en clave vincular. Buenos Aires: Letra Viva, 2020.

Puget, J. (2020a). *Profanar creativo... profanar desubjetivante: Tal vez... los caminos de lo incierto*. Ciclo 2020 "Las lógicas de producción de las prácticas". Departamento de Pareja y Familia APdeBA, Buenos Aires.

Puget, J. (2015). *Subjetivación discontinua y psicoanálisis: incertidumbre y certezas*. Lugar Editorial.

Puget, J. (2020b) *Profanar creativo... profanar desubjetivante: Tal vez... los caminos de lo incierto*. Ciclo 2020 "Las lógicas de producción de las prácticas". Departamento de Pareja y Familia APdeBA, Buenos Aires.

Trachtenberg, A. R . C. A lógica da esperança: nascemos novos sujeitos a cada encontro. *Psicanálise – Revista da Sociedade Brasileira de Psicanálise de Porto Alegre*, v. 24, n. 1, p. 26-33, 2022.

Trachtenberg, A. R. C. *Transgeracionalidade/intergeracionalidade*: Holocausto e dores sociais. São Paulo: Blucher, 2023.

Trachtenberg, A. R. C.; CHEM, V. D. M. Homenagem a René Kaës. In: Trachtenberg, A. R. C. *et al.* 2. ed. *Transgeracionalidade*: de escravo a herdeiro: um destino entre gerações. São Paulo: Sulina, 2013.

Sobre os autores

Addys Attías de Cavallin
Psiquiatra – Psicanalista. Membro titular da Federação Psicanalítica da América Latina (Fepal). Membro da Sociedade Venezuelana de Psiquiatria. Autora do livro *El Muñeco de Trapo* (1998) e *Reflexiones sobre la Adolescencia* (2008). Possui diversas publicações sobre temas psicanalíticos em revistas especializadas.

Adriana Navarrete Bianchi (org.)
Psicanalista da Sociedade Brasileira de Psicanálise de Ribeirão Preto – Associação Internacional de Psicanálise (SBPRP – IPA). Membro Efetivo da Associação Brasileira de Psicanalise de Casal e Família (ABPCF). Coordenadora da Comissão de Psicanálise de Casal e Família (CPCF) da Fepal e da 2ª Jornada IPA-Fepal: Psicanalistas trabalhando com casais e famílias: dispositivos de subjetivação contemporâneos, 24/06/2023. Autora de vários capítulos de livros.

Alicia Lotufo de Wainstein
Médica psicanalista. Membro com função didática da Asociación Psicoanalítica Argentina (APA). Especialista em abordagem psicanalítica da patologia psicossomática pela Universidad CAECE e em Casal e Família da APA. Membro do Comitê de Bioética do Hospital Nacional Alejandro Posadas.

Ana Rosa Chait Trachtenberg
Médica psicanalista. Membro titular com função didática, fundadora e ex-presidente da Sociedade Brasileira de Psicanálise de Porto Alegre (SBPdePA). Integrante do Núcleo de Vínculos da SBPdePA. Presidente da Associação Brasileira de Psicanalise de Casal e Família (ABPCF).

Ana Velia Vélez de Sánchez Osella
Membro titular, diretora do Instituto Virginia Leone Bicudo da Sociedade de Psicanálise de Brasília (SPBsb). Membro da Comissão de Psicanálise Vincular de Casal e Família e do Grupo de Estudos de Casal e Família da SPBsb.

Angela Piva
Analista de crianças, adolescentes, casal e família. Membro titular de SBPdePA. Coordenadora do Núcleo de Vínculos da SBdePA. Diretora geral e coordenadora do curso de Psicanalise Vincular do Contemporâneo – Instituto de Psicanalise e Transdisciplinaridade. Autora de *Vincularidade – Teoria e Clínica* (2020), entre outras publicações

Berta Elena Fonseca Zárate
Médica pela Universidad Nacional de Colombia. Psicanalista e membro titular da Sociedad Colombiana de Psicoanálisis (SOCOLPSI). Membro da IPA e da Fepal. Membro do departamento de Pareja y Familia da SOCOLPSI.

Carmen Maria Souto de Oliveira
Membro do Instituto Virginia Leone Bicudo da SPBsb e da Comissão de Psicanálise Vincular de Casal e Família e Membro do Grupo de Estudos de Casal e Família da SPBsb.

David Léo Levisky
Psiquiatra. Psicanalista didata da Sociedade Brasileira de Psicanálise de São Paulo (SBPSP) ligada à IPA. PhD em História Social pela Univesidade de São Paulo (USP). Especialização em psicanálise de crianças e adolescentes. Foi editor da Revista Brasileira de Psicanálise e diretor da SBPSP. Autor de artigos e livros publicados no Brasil e exterior.

Elizabeth Palacios
Psiquiatra. Psicanalista titular com função didática da Asociación Psicoanalítica de Madrid (APM) e da IPA. *Chair* do Comité de Familia y Pareja da IPA (COFAP). Diretora do Centro de Adolescentes ASPADE. Fundadora da Sociedad para la invetigación del psiquismo infantil (AAPIPNA). Autora de vários livros sobre casal e família, crianças e adolescentes.

Federico R. Urman
Médico. Psicanalista membro titular com função didática da APdeBA. Especialista em crianças e adolescentes IPA. Mestre em Família e Casal pelo Instituto

Universitario de Salud Mental da Asociación Psicoanalítica de Buenos Aires (IUSAM-APdeBA) e docente no mestrado em Família e Casal e na especialização em Psicologia Clínica com crianças e adolescentes pela mesma instituição.

Franco Berardi

Filósofo e pensador da atualidade italiana, foi fundador da revista A/traverso (1975-1981) e membro da equipe da Rádio Alice. Em Paris, trabalhou com Félix Guattari. Autor de vários livros publicados pelo mundo. Nos últimos dez anos, lecionou em várias universidades em todo o mundo.

Graciela Rajnerman

Graduada em Psicologia pela Universidade de Buenos Aires (UBA). Membro da Asociación Argentina de Psicología y Psicoterapia de Grupo (AAPPG). Ex-supervisora do Programa de atención Comunitaria (PAC) e do Centro de Atención Integral a la Niñez y Adolescencia (CAINA), Argentina. Autora y coautora de varios capítulos de libros y diversos artículos sobre filiación, niños y familia, adopción e infancia en situación de vulnerabilidad social. Supervisora de situações complexas de crianças em situação de vulnerabilidade social no município de Quilmes.

Griselda Santos

Graduada em Psicologia pela UBA. Membro da AAPPG. Supervisora de situações complexas de crianças em situação de vulnerabilidade social no município de Quilmes. Ex-docente e pesquisadora da Cátedra de Psicologia Evolutiva da Faculdad de Psicología y de Ciencias de la Educación da UBA.

João A. Frayze-Pereira

Psicanalista. Membro efetivo e analista didata da SBPSP. Professor livre-docente do Instituto de Psicologia e do Programa de Pós-Graduação em Estética e História da Arte da USP.

Lea S. de Setton

Graduada em Psicologia pela Universidad Santa María La Antigua (USMA). Mestre em Psicologia Educacional pela University of Oklahoma. Doutorado em Psicologia e Educação pela University of Miami. Graduada em Terapia de Pareja y Familia International Psychotherapy Institute (IPI – Washington). Título de Psicanalista pelo International Institute for Psychoanalytic Training (IIPT Washington) e pelo Instituto Latino-Americano de Psicanálise (ILAP). Certificado de Psicoanalista Didacta IPA. Ex – Directora del Instituto Alberto Einstein.

Ex – Directora del IPI – Panamá. Presidenta de la Asociación Panameña de Psicoanálisis (APAP). Foi profesora da Licenciatura em Psicologia da USMA por mais de 20 anos. Mestre em Terapia de Familia y Pareja. Doutorado em Psicología Clínica. Professora do IPI – Panamá, no IIPT e professora e fundadora do APAP.

Lúcia Eugênia Velloso Passarinho
Membro associado, coordenadora da Comissão de Psicanálise Vincular de Casal e Família e Membro do Grupo de Estudos de Casal e Família da SPBsb.

Lucia Morabito
Psicanalista titular com função didática da Asociación Venezolana de Psicoanálisis. Membro convidado da Asociación Psicoanalítica de Madrid.

Luiz F. D. Duarte
Professor titular da Universidade Federal do Rio de Janeiro (UFRJ).

Maria Aparecida Quesado Nicoletti
Médica e psicanalista. Membro efetivo e docente da SBPSP. Membro fundador da CPCF. Membro da Fepal, da Associação Internacional de Psicanálise de Casal e Família (AIPCF) e da International Psychoanalysis Association (IPA). Ex-coordenadora da CPCF – Fepal.

María Dolores Ara
Bacharel em Artes pela Universidad Católica Andrés Bello (UCAB). Professora de Linguagem e Comunicação na UCAB. Professora de literatura em Escrita Criativa, Roteiro Narrativo e Audiovisual e Narrativa Russa na Universidade Metropolitana (UNIMET). Escreve artigos sobre literatura na Revista Viceversa, Ideas de Babel, Aldea Educativa, Pasión País.

Maria Inês Assumpção Fernandes
Professora doutora, titular do Instituto de Psicologia da USP. Presidente da AIPCF (2021-2023). Ex-diretora científica da CPCF. Psicanalista e supervisora institucional.

Maria José Miguel
Membro associado da SPbsb e SBPSP. Membro da Comissão de Psicanálise Vincular de Casal e Família e do Grupo de Estudos de Casal e Família da SPBsb.

María Laura Méndez

Antropóloga. Professora de pós-graduação do Instituto Universitário do Hospital Italiano e do IUSAM da APdeBA e doutora da Universidade Nacional do Litoral – Argentina (UNL). Professora titular do ISALUD. Oferece diversos cursos na Associação Argentina de Psicologia e Psicoterapia de Grupo (AAPPG) e na Associação de Casais e Família e na Escola Argentina de Psicoterapia Associação de Graduados (AEAPG). Possui diversas publicações sobre os temas pesquisados em seu doutorado e os processos de subjetivação.

Maria Lúcia de Aragão Canalli

Membro associado da Comissão de Psicanálise Vincular de Casal e coordenadora do Grupo de Estudos de Casal e Família da SPBsb.

Mariana Cantarelli

Historiadora. Docente da UBA, do Instituto Universitario en Salud Mental e da Universidad ISALUD. Coordenadora da Equipe de Gênero e Políticas Públicas del Consejo Federal de Inversiones. Foi coordenadora da da formação do Hospital Nacional em Rede especializado em saúde mental e Dependências "Laura Bonaparte", dependente do Ministerio de Salud de la Nación de la República Argentina e do centro de referencia en la aplicación de la Ley Nacional de Salud Mental. Autora de livros e artigos sobre as transformações nas subjetividades contemporâneas.

Nize Nascimento

Membro associado da SPBsb e da Asociación Psicoanalítica del Uruguay (APU). Coordenadora do Centro de Atendimento e Pesquisa em Psicanálise (CENAPP) do Instituto de Psicanálise de Brasília Virginia Bicudo. Membro da Comissão de Psicanálise Vincular de Casal e Família e do Grupo de Estudos de Casal e Família da SPBsb.

Paulina Zukerman (org.)

Graduada e doutora Psicologia pela UBA. Membro titular com função didática da APA. Ex-diretora da Maestría en Familia y Pareja (2017-2023) no IUSAM-APdeBA. Coordenadora docente da Diplomatura en Clínica Psicoanalítica Vincular con Familias, online, em convênio entre a Escola de Psicoterapia Psicanalítica de Maringá, Brasil, e a IUSAM/APdeBA (2021-2022). Artigos sobre o tema vínculos, infância e adolescência publicados em revistas de referência da Argentina e do exterior.

Silvia Resnizky

Membro titular com função didática da APdeBA. Ex-directora e docente da Maestría de Familia y Pareja do IUSAM. Ex-membro da Junta Diretiva (2017-2021) e do Comitê Executivo (2019-2021) da IPA. Codirectora para a América Latina do COFAP – IPA (2021-2025). Coautora do livro *Dispositivos clínicos en Psicoanálisis* (Letra Viva, 2014).

Susana Muszkat

Psicanalista, membro efetivo e docente da SBPSP. Mestre em Psicologia Social pelo Instituto de Psicologia da USP. Membro da ABPCF. Autora dos livros *Violência e Masculinidade* (Casa do Psicólogo, 2011) e coautora de *Violência Familiar* (Blucher, 2016).

Teresa Nora Popiloff

Doutora em Psicologia pela UBA. Membro titular com função didática da APA, Fepal e IPA. Especialista en Abordagem Psicanalítica em Família e Casal pela CAECE). Integrante da comissão ad Hoc de la Carrera de psicoanalista de familias, grupos y multifamiliares (APA) e da diretoria de Sociedade e Cultura da Fepal. Membro da comissão de publicações da APA.

Yubiza Zárate Zuvic

Psicanalista titular com função didática e membro da Asociación Venezolana de Psicoanalisis (ASOVEP) e da Asociación Psicoanalítica do Chile (APCH). *Magister Scientiarum* em Filosofia e Ciências Humanas. Prêmios Sigmund Freud (1998) e Psicoanálisis de Niños y Adolescentes (2004), outorgados pela Fepal.

GRÁFICA PAYM
Tel. [11] 4392-3344
paym@graficapaym.com.br